企业并购

反垄断审查抗辩制度研究

Research of M&A Antitrust Review Defense System

吴长军／著

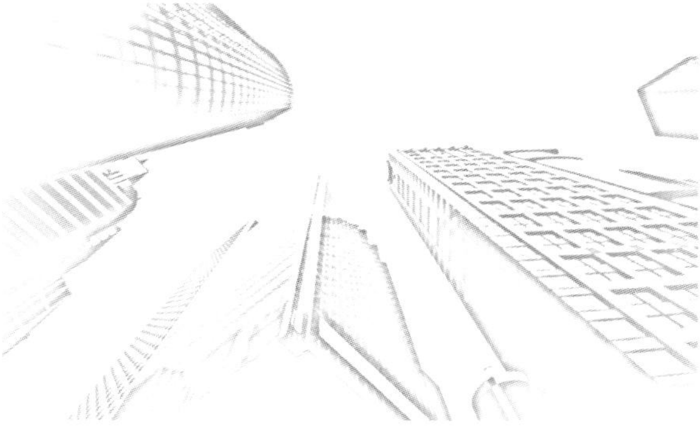

中国政法大学出版社

2014 · 北京

图书在版编目（CIP）数据

企业并购反垄断审查抗辩制度研究/吴长军著. —北京:中国政法大学出版社，2014.11
ISBN 978-7-5620-5706-2

Ⅰ.①企… Ⅱ.①吴… Ⅲ.①企业兼并－反垄断法－研究－中国 Ⅳ.①D922.291.924

中国版本图书馆CIP数据核字(2014)第271723号

出版者　中国政法大学出版社
地　址　北京市海淀区西土城路25号
邮寄地址　北京100088信箱8034分箱　邮编100088
网　址　http://www.cuplpress.com（网络实名：中国政法大学出版社）
电　话　010-58908524(编辑部)　58908334(邮购部)
承　印　固安华明印业有限公司
开　本　880mm×1230mm　1/32
印　张　11.25
字　数　270千字
版　次　2014年11月第1版
印　次　2014年11月第1次印刷
定　价　35.00元

序　言

作为吴长军博士的导师，我很高兴为本书作序，并与各位同仁分享观点。

并购反垄断审查抗辩制度由实体性抗辩规则和程序性抗辩规则系统组成。该项制度立足社会本位观，旨在防止因企业经济力过度集中而产生严重的限制竞争行为，以维护公平自由的市场竞争秩序；同时也重视维护市场主体的正当权益，保障正常的市场并购活动，促进管理创新与技术进步，增进社会整体福利。

本书以并购反垄断审查抗辩制度的生成、价值、运行及构建为主线，研究一般理论框架、制度成因与源流，探讨基本价值和理念，分析我国相关立法及运行状况。从法律规范、法律行为、法律关系和法律责任维度，探析并购反垄断审查抗辩制度的体系构建与完善路径。实体性抗辩规则及运行的研究内容主要涉及市场进入抗辩、效率抗辩、破产企业抗辩和公共利益抗辩等，阐述其内涵、原理及适用条件。程序性规则及运行的研究，主要阐述申报、立案、审查、抗辩、裁决、公告和救济等程序性抗辩规则体系。

并购反垄断审查抗辩制度由实体性规范与程序性规范组成，具有公私法交融性、社会本位性、经济性、政策性、法益多元性和手段综合性等特征。并购反垄断审查抗辩制度应当平衡协调社会、国家、并购企业、竞争者、消费者及其他利益相关方之间的利益，处理好审查权与抗辩权的辩证关系，赋予当事人程序性抗辩权利，保障执法机构审查过程与结果的正当性和公正性。

多数国家和地区竞争法律均赋予并购当事人申辩、发表意见、提供证据、申请听证等程序性抗辩权利，规定了市场进入抗辩、效率抗辩、破产企业抗辩、公共利益抗辩等抗辩情形及适用条件。各国和地区并购反垄断审查抗辩规则及实施，既有利于规范反垄断审查行为，维护公平自由的竞争秩序；又有利于培养市场主体的竞争文化意识，维护并购当事人的抗辩权利，促进正常的并购活动。

并购反垄断审查抗辩制度立足于社会本位观，以大多数人的意志和利益为重。该项制度旨在防范和禁止实质性限制竞争的并购行为，有效维护公平自由的竞争秩序，增进社会整体利益；同时也保障市场主体的合法权益，促进市场主体的竞争活力发挥，提升企业技术和管理创新水平，增进社会公众和一般消费者的福祉。并购反垄断审查抗辩制度突破了传统民商法意义上的形式正义，把实质正义作为基础性价值目标。并购反垄断执法机构、并购当事人及其他利害相关者既应遵守法律规范本身的规定，又要符合内在的法治精神，合乎实质正义的价值。并购反垄断审查抗辩制度应当坚持公平自由的竞争秩序这一基本理念。该项制度能够有效规制实质性限制竞争的并购，促进正常的市场并购活动，维护公平自由的竞争秩序，促进社会整体利益最大化。并购反垄断审查抗辩制度具有多元性价值目标体系，以公平自由竞争为直接法益目标，以经济效率为间接法益目标，以消费者福利为核心目标，以社会整体利益为最终目标。

我国并购反垄断审查抗辩制度已经基本具备体制、经济、竞争文化和国际环境等基础性因素，拥有较好的法制、市场和信息资讯制度等运行环境。实体性和程序性抗辩规范体系一定程度上达到合法性、合理性与先进性评价要求。一套完善的实体性和程序性抗辩规则能够有效保障执法机构、并购当事人及利害相关者的行为合法化，能够有效保障并购当事人充分表达抗辩主张，保障反垄断审查决定的公正性和权威性，实现并购反垄断审查的价值目标。

并购反垄断审查抗辩制度须贯彻平衡协调原则、合理原则、正当程序原则、透明度原则、规制与合作原则。我国相关制度应完善并购反垄断执法机构的组织结构及职能设置，实现调查与裁决职能的科学分离。并购反垄断审查抗辩制度的设计与运行，应保障利害关系人对并购审查的参与、抗辩及救济权利，赋予社会公众对并购反垄断审查的参与和监督权利，保证并购审查抗辩过程及裁决的正当性与公正性。并购反垄断审查抗辩制度应贯彻经济法的责任理念，重视责任、职责、义务的设置及优化，做到责任、权利、利益、效益的辩证统一。

并购反垄断审查抗辩制度须立足社会本位观，追求实质正义价值目标，贯彻维护公平自由竞争秩序基本理念。国家通过制定与实施并购反垄断审查抗辩制度，能够有效实现经济管理职能与市场经济调节的良好互动，维护公平自由的竞争秩序。从实体性抗辩规则的角度来看，我国应建立和完善市场进入抗辩、效率抗辩、破产企业抗辩、公共利益抗辩等实体性抗辩规则，保障并购当事人行使实体性抗辩权利，证明并购交易利大于弊，或者不存在反竞争的后果，以得到审查机关的豁免或批准；同时应完善具体适用条件，增强实体性抗辩制度的操作性。从程序性规则的角度看，我国应贯彻正当程序原则与公开透明原则，完善立案受理、审查抗辩、裁决及公告、法律救济等规范系统，保障审查抗辩过程及结果的公平与公正，实现并购反垄断审查抗辩制度的价值目标。

吴宏伟
中国人民大学法学院教授、博士生导师
中国人民大学竞争法研究中心主任
中国商业法研究会副会长
2014 年 9 月 21 日

目　录

导 论

一、研究背景与意义

（一）研究背景

“企业联合并非仅是垄断之母，它也经常带来附加的利益。”[1] 适度的企业并购对社会经济发展有良好的推动作用，可以提高规模经济效益，促进经济技术进步，增加一般消费者总体福利。过度的企业并购也可能导致滥用优势地位、双边协调等垄断行为及效果的发生，损害公平自由竞争秩序，减损一般消费者利益，甚至危害社会公共利益。“造成经济力量过度集中的企业合并对竞争和经济发展的弊害在于：由于经济力量的过度集中，市场上往往只存在几个甚至一个经营者，大大增加了滥用支配地位行为和垄断协议行

[1] ［英］庇古著，金镝译：《福利经济学》，华夏出版社2007年版，第258页。

为发生的危险性，使其他竞争者的处境更为不利，潜在竞争者进入市场的难度也大大提高，产生'阻却竞争'(dissuading competition)效应。"[1] 故而世界各国和地区均对企业并购活动实施必要的反垄断法律规制。

并购反垄断审查抗辩制度内容主要包括：实质性审查标准、审查步骤、审查内容、实体性抗辩和程序性抗辩规则系统。该项制度旨在防止因企业经济力过度集中而产生严重的限制竞争行为，维护公平自由的市场竞争秩序；同时，也重视维护市场企业主体的抗辩权利，促进正常的市场并购活动，促进管理创新与技术进步，增进社会整体福利水平。并购反垄断审查制度既赋予执法机构以调查权、审查权等行政执法权，也赋予并购当事人以申辩权、抗辩权、救济权等权利，以实现公权力与私权利的平衡协调，保证并购反垄断执法的公开、公平、公正。

本书对并购反垄断审查抗辩制度的研究，主要基于国际并购趋势及法治动态、我国经济发展水平和经营者集中审查制度运行情况等时代背景。

1. 国际并购趋势及法治动态

随着经济全球化的发展，各国和地区间的经济贸易交流联系更加密切，跨国公司并购现象更为活跃，并购反垄断审查案件大幅增加。在国内、区域乃至全球层面，采纳一套能够有效实施的竞争制度法则，并造就一种真正的竞争文化，必将有助于建立起一套缓解全球化压力的制度体系，因为这些制度规则不仅倡导经济效率的提高，也倡导公平公正。[2] 竞争法立法及

---

〔1〕 盛杰民："论我国《反垄断法》的调整范围"，载《法学杂志》2005年第5期。

〔2〕 See Brusik, "UNCTAD's Role in Promoting Multilateral Co - operation on Competition Law and Policy", *World Competition*, Vol. 24, 2001, p. 24.

执法层面的国际交流合作日益增多，并购反垄断审查抗辩制度的立法、执法及司法经验的交流与合作也日趋密切。后金融危机时代，各国和地区均更趋重视竞争执法的透明度建设，强调正当程序原则，注重并购反垄断审查制度的科学设计与有效实施，不断完善并购反垄断审查抗辩规范体系，保障当事人及利害关系人的实体性和程序性抗辩权利。例如，OECD 于 2009 年 10 月召开了专门论坛，讨论并购反垄断审查破产企业抗辩原则的贯彻及实施情况，体现了国际组织对并购反垄断审查抗辩制度立法及运行的关注。[1] 世界各国和地区并购反垄断审查抗辩制度的立法及执法政策、经验，对我国相关制度建设与完善亦具有良好的借鉴价值。

2. 我国社会经济发展阶段与总体水平

我国社会经济发展尚处于社会主义初级阶段，国内多数产业总体规模相对偏小，生产要素配置较为分散，一些产业集中度水平偏低。企业并购在一定程度上有利于国民经济发展，可以增强企业规模效应，提升企业生产效率和市场竞争力，提高企业国际竞争力。“在规模经济条件下，各种资源可以得到合理配置，减少消耗，降低生产经营成本，因而规模经济对企业、对消费者以及对整个社会都会带来益处。”[2] 我国并购审查法律政策总体上鼓励企业重组，以促进企业做大做强。但对达到申报标准的并购行为亦依法进行反垄断审查，以维护公平自由

---

〔1〕 See The Failing Firm Defence 2009, OECD POLYCY ROUNDTABLES, 10 - Aug - 2010.

〔2〕 张瑞萍：《反垄断法理论与实践探索》，吉林大学出版社 1998 年版，第 23 页。

竞争秩序，同时也重视外资并购国家安全审查。[1] 我国并购法律既要保障依法实施反垄断审查规制，又要贯彻好国家鼓励重组、发展规模经济效益的产业经济政策。[2] 并购反垄断审查实体性和程序性抗辩规则的设计与实施，必须考虑我国现阶段经济发展水平和整体经济发展的客观需要。

3. 我国并购反垄断审查制度自身建设及运行状况

我国《反垄断法》于2008年8月1日正式实施，建立了内外资统一的并购反垄断审查制度。为配合《反垄断法》的实施，国务院制定了《关于经营者集中申报标准的规定》，商务部制定了《经营者集中申报办法》、《经营者集中审查办法》、《关于评估经营者集中竞争影响的暂行规定》等行政规章。作为并购反垄断审查执法机构，商务部已经审查了相当数量的经营者集中案件，积累了一定的执法经验。国内外企业并购活动更加活跃，并购规模不断扩大，并购反垄断审查规制亦出现新的发展趋势和要求。为实现立法目标，维护公平自由竞争秩序，我国亟需不断探索完善符合实质正义的并购反垄断审查抗辩制度理念、原则及体系。并购反垄断审查抗辩规则的制定与实施，须以社会本位观为指导，平衡协调好社会、国家、并购企业、竞争者、消费者等利益相关方之间的利益，处理好审查权与抗辩权的辩证关系，保障审查过程与结果的科学性和公正性。

（二）研究意义

本书研究并购反垄断审查抗辩制度的理论框架和规范体系，

---

〔1〕 2010年4月6日公布的国务院《关于进一步做好利用外资工作的若干意见》第12条规定："鼓励外资以参股、并购等方式参与国内企业改组改造和兼并重组。支持A股上市公司引入境内外战略投资者。规范外资参与境内证券投资和企业并购。依法实施反垄断审查，并加快建立外资并购安全审查制度。"

〔2〕 参见吴宏伟："简析后金融危机时代经济暨公司并购法治新趋向"，载《国际商报》2010年5月12日。

构建符合中国政治、经济、社会环境的并购反垄断抗辩制度，研究如何从程序上和实体上科学配置执法机构、并购企业及相关利益方的权利义务，对实现并购反垄断审查法律制度的价值目标，维护公平自由竞争秩序，具有较强的理论与实践价值。

1. 理论意义

“参与集中的经营者的申辩权对于集中审查程序的客观公正性至关重要。”[1] 本书以正当程序和公开透明等原则为指导，以抗辩、抗辩权及抗辩规则等概念为逻辑起点，系统研究并购反垄断审查抗辩制度的价值目标选择、权利义务设置、实体性和程序性抗辩规范体系及运行等问题，具有较强的理论创新价值。国内已有一些学者开始注重对并购反垄断审查抗辩具体制度的研究，但目前从法学视角对该项制度进行综合性研究的成果相对较少。“考虑到经营者集中规制是在集中可能导致的积极效果与消极效果之间作取舍，经营者集中规制一定程度上可以理解为围绕集中可能导致的反竞争效应的‘认定—抗辩—救济’三个核心环节展开。”[2] 本书从法律规范、法律行为、法律关系和法律责任维度，分析比较各国和地区的并购反垄断审查抗辩制度设计及实施情况，结合我国立法及执法经验，分析制度生成、价值、运行、构建等理论与实践问题，探索实体性和程序性抗辩规则的原理及适用，对完善科学系统的制度体系具有较强的理论意义和学术价值。

---

〔1〕 黄勇、赵栋：“中国竞争法律与政策制定的最新发展”，载中国世界贸易组织研究会竞争政策与法律专业委员会主编：《中国竞争法律与政策研究报告（2011年）》，法律出版社2012年版，第55页。

〔2〕 王晓晔：“中国竞争法律与政策实施的现状与发展”，载中国世界贸易组织研究会竞争政策与法律专业委员会主编：《中国竞争法律与政策研究报告（2011年）》，法律出版社2012年版，第83—84页。

2. 实践意义

我国并购反垄断审查制度建立与实施尚处于初步阶段，实体性和程序抗辩规则均存在不足之处，亟待进一步完善相关立法及执法体系。研究并购反垄断审查抗辩原理，设计一套规范、透明、公平、公正的科学制度框架，对指导并购反垄断审查执法实践，培育执法机构及并购当事人的竞争文化，增强当事人实施并购行为的法律预期性，保障审查过程及结果的公平公正，维护公平自由竞争秩序，保护社会整体利益，增进一般消费者整体福祉，均具有重要的实践价值。

二、研究问题与文献综述

（一）研究问题界定

本书以并购反垄断审查抗辩制度为研究对象，主要研究其制度框架、内涵特征、基本价值理念、实体性和程序性规范体系构建及运行问题。

关于价值理念层面的研究，主要阐述社会本位观、实质公平正义价值和维护公平竞争理念，奠定并购反垄断审查抗辩制度的理论基础。

关于实体性抗辩规则及运行的研究，主要围绕市场进入抗辩、效率抗辩、破产企业抗辩和公共利益抗辩展开，其他相关实体性抗辩事由不过多涉及，重点分析各项实体性抗辩制度的生成、基本原理、适用条件、典型案例、发展趋势等相关问题。市场进入、效率、破产企业和社会公共利益等实体性抗辩规则的制定与适用，赋予并购当事人等利害相关方以实体性抗辩权利。如果抗辩事由成立，可能会导致一些本来由于限制竞争效果而未通过执法机构实质审查标准测试的并购交易，获得批准的机会和结果；如果抗辩事由不成立且存在实质性限制竞争效果，则并购交易可能会被依法禁止。

关于程序性规则及运行的研究，主要以正当程序和公开透明等原则为指导，从申报、立案、审查、抗辩、裁决、公告、救济等环节，阐述程序性规范体系及运行机制完善问题。重点论述审查程序的正当性问题、并购当事人等主体的程序性抗辩权保障问题，阐述听证程序、利害关系方及公众参与审查程序、调查与裁决职能分离机制问题。

关于综合制度体系构建及对策的研究，主要分析比较借鉴国外先进立法、执法和司法经验，结合我国政治、经济、法制实际情况，从法律规范、法律行为、法律关系和法律责任等视角，阐述我国并购反垄断审查实体性和程序性抗辩规则体系的完善路径。

（二）分析框架

1. 研究思路

本书以并购反垄断审查抗辩制度的生成、价值、运行及构建问题为中心，首先阐述一般理论框架体系；随后分析制度演变、生成、典型国家和地区立法及执法概况；继而探讨基本价值和理念；接着分析讨论并购反垄断审查抗辩制度的运行状况；最后从法律规范、法律行为、法律关系和法律责任等维度，分析阐述我国并购反垄断审查实体性和程序性抗辩规则的构建与完善问题。

2. 论文结构

本书共分为五章，各章之间的逻辑及结构关系如下：

导论主要阐释了研究背景与意义、研究问题与文献综述、核心概念与研究方法。重点总结评述国内外并购反垄断审查抗辩制度的研究现状和主要成果，分析该课题未解决的理论与实践问题。

第一章为“一般原理：并购反垄断审查抗辩制度解析”。主要阐述了该项制度的基本理论与法律体系，具体包括实质审查标准、步骤、内容、审查抗辩程序，阐述并购反垄断审查抗辩制度的重要特征。就实体性抗辩规则，重点分析阐述市场进入抗辩、效率抗辩、破产企业抗辩和公共利益抗辩的一般内涵、基本原理及适用条件。

第二章为“历史考察：并购反垄断审查抗辩制度追本溯源”。主要阐述并购反垄断审查抗辩制度的成因、立法模式和实施效应。分析了美国、日本、欧盟等国家和地区的制度概况、实体性抗辩适用条件、举证责任及证明要求，阐述程序规则设计及运行情况，结合典型案例进行综合评析。

第三章为“价值目标：并购反垄断审查抗辩制度的实质正义与维护公平自由竞争理念”。主要阐述该项制度的社会本位观与实质正义价值。该项制度以社会本位观为立法宗旨，其实体性和程序性规则的制定和实施，必须以社会整体效益最大化和消费者福祉最大化为依归。阐述论证了维护公平自由竞争是并购反垄断审查抗辩制度的基本理念，辨析并购反垄断审查抗辩制度的多元价值目标体系，论证提出：公平自由竞争是并购抗辩制度的直接价值目标，效率是并购反垄断审查抗辩制度的间接价值目标，消费者福利是抗辩制度的核心价值目标，社会整体利益是抗辩制度的终极价值目标。

第四章为“现状反思：中国并购反垄断审查抗辩制度的立法与运行检讨”。分析了我国并购反垄断审查抗辩制度的社会经济基础和环境因素，讨论我国现行并购反垄断审查抗辩制度的立法概况及主要问题，对并购反垄断审查抗辩制度的实体性和程序性规范进行了系统分析，对我国并购反垄断审查抗辩制度进行了合法性、合理性与先进性评价。结合典型案例，分析论证我国并购反垄断审查抗辩的具体立法规范及运行总体情况。

第五章为“改革方向：构建符合实质正义与公平自由竞争理念的并购反垄断审查抗辩制度”。从法律规范、法律行为、法律关系、法律责任视角，探讨分析我国相关制度体系及机制的完善建议。其一，分析论证如何构建并购反垄断审查抗辩制度的原则和规则。阐述了平衡协调原则、合理原则、正当程序原则、透明度原则、依法规制与对等合作原则的内涵与要求；阐述了并购反垄断审查抗辩法律规则逻辑结构及分类。其二，分析论证并购反垄断审查抗辩的法律行为模式、法律行为的界定及分类，具体论述申报及审查环节中的抗辩法律行为模式及完善建议。其三，分析并购反垄断审查抗辩法律关系的主体、客体及权义配置。我国须重视并购当事人实体性和程序性抗辩权利，重视保障利害关系第三人对并购审查的参与、抗辩及救济权利；重视并保障社会公众对并购反垄断审查的参与权利，保证并购审查抗辩过程及裁决的正当性与公正性。其四，分析论证如何完善设计违反并购反垄断审查抗辩制度的法律后果。并购反垄断审查抗辩制度应贯彻经济法的责任理念，重视责任、职责、义务的设置及优化，做到责任、权利、利益、效益的辩证统一。

结论：并购审查抗辩制度以实质公平正义作为基础性价值目标，以维护公平自由竞争秩序为基本理念。从实体性规则角度看，我国应完善市场进入、效率、破产企业、公共利益等实体性抗辩的内涵及适用条件规则。从程序性规则的角度看，我国须贯彻正当程序原则与公开透明原则，科学设计立案受理、审查抗辩、裁决及公告、法律救济等规范系统，保障并购反垄断审查抗辩过程及结果的公平与公正。

（三）文献综述

国际组织及国外学者对并购反垄断审查抗辩制度进行了综

合及专题研究，形成了一些有价值的成果。有些研究成果综合阐述了该项制度的实体性和程序性规范；有些研究成果则专门分析了市场进入抗辩、效率抗辩、破产企业抗辩的基本原理及适用条件。我国法学界和经济学界的学者对并购反垄断审查制度也进行了一些研究，有学者对效率抗辩、破产企业抗辩和公共利益抗辩等制度进行了专门论述，形成了一定的研究成果。

1. 国际组织和外国学者的研究成果

一些国际组织和外国学者对并购反垄断审查抗辩制度进行了研究。关于程序性规范的研究，有些是融合于反垄断一般程序性规范分析之中，有些是在并购法律控制程序相关研究中进行论及，分析阐述了并购当事人及利害关系人的申辩、阅卷、提出证据、参加听证等程序性抗辩规范系统。关于实体性抗辩事由和规则的研究，有些是从并购反垄断审查评估考虑因素的角度，综合阐述市场进入、效率、破产企业等抗辩事由，分析了其内涵及适用条件；有些则具体针对效率抗辩、破产企业抗辩提出专门研究报告，分析总结了各国和地区相应立法及执法实践经验及理论。

（1）ICN 对市场进入、效率抗辩等问题进行了研究探讨。市场进入是指，合并被批准后产生新的市场条件下而发生的进入。一般来说，企业并购可以产生显著的效率，容许企业之间进行并购可以更好地利用现有资产，使得联合的企业能比原先两个独立的企业实现更低的成本。效率包括节省成本、现有产能的综合利用、规模经济，以及像网络规模或产品质量等需求方面的效率。它们还包括在并购实体刺激下发生的有利于竞争上的产品升级发展。[1]

（2）OECD 分析讨论了合并审查中的“破产企业抗辩”问题。澳大利亚、加拿大、德国、爱尔兰、日本、挪威、斯洛伐克共和国、英国、美国和欧盟，分别提交了本国或本地区的破产企业抗辩法律政策制定情况及分析评价报告。讨论认为，处于危险财务状况的并购企业可能会改变竞争主管当局的分析，竞争当局不仅考虑允许该项合并的后果，而且要考虑阻止该项合并的后果。抗辩企业提供的证据应表明：并购一方根据正常的会计方法计算将资不抵债；破产企业不能重组成一个有效的实体；它已做过善意努力，寻找可使竞争受到比现在打算中的兼并更小的不利影响的并购者；如果并购被阻止，破产企业的资产将退出相关产业市场。[2] OECD 分析认为，破产企业抗辩可以视为一种一般因果分析或反事实分析的特别事由；破产企业抗辩适用的基本条件之一是没有反竞争性更小的替代性收购者。执行这个标准却是比较难的，要求并购企业拥有可信度。另一个条件是如果没有该合并，那么破产企业将退出市场；企业退出市场的判定要分析企业财务状况，包括资产负债表、生产能力以及从投资者或股东获得的其他信息。[3]

（3）关于欧盟企业并购控制制度，包括并购控制程序性抗辩规则及实体性抗辩事由问题，安德雷斯 · 冯特 · 葛拉雷兹、爱德娜 · 纳瓦罗 · 瓦罗纳等在其著作中，从立法设计、执法实践和法院判决等角度进行了阐述与分析，剖析了欧盟企业并购

---

〔1〕 See ICN Merger Guidelines Workbook, Prepare for the Fifth Annual ICN Conference in Cape Town, ICN Merger Working Group: Investigation and Analysis Subgoup April 2006.

〔2〕 See THE OECD ROUNDTABLE The Failing Firm Defense 1995.

〔3〕 See THE OECD ROUNDTABLE The Failing Firm Defense 2009.

控制的整体法律框架、执法经验与司法改革实践情况。结合欧盟企业并购案例考察与分析，强调欧盟并购立法、竞争执法与司法须确立和贯彻“尊重当事方抗辩权原则”，竞争当局应遵守所有抗辩程序规则，例如，异议声明、当事人文件查阅权、听证权等权利保障的程序性规范。就实体性抗辩制度，阐述了进入壁垒分析、买方势力、效率抗辩、破产企业抗辩制度规则及其实践情况。[1]

（4）就美国并购反垄断审查的实体性抗辩规则，赫伯特·霍温坎普在其专著中详细阐述了竞争者之间的合并法律政策，提出美国合并政策关注的基本问题是通谋、寡头垄断和效率补偿。结合美国反托拉斯法的立法、执法及判例实践，详细分析了效率与合并政策的关系，阐述了效率抗辩制度的发展历程，分析了合并案件中的进入壁垒及市场进入壁垒存在与否的证明要求，详细分析了“失败企业”抗辩的历程及其适用条件。[2]

（5）就并购反垄断审查抗辩的价值目标问题，Robert H. Bork 提出：无论是否看到反垄断的法律条文，其立法意图或正确的司法行为的要求是在对反垄断法的解释中必须坚持消费者福利的唯一目标。只有这个目标与国会的意图相符，同时，也只有这个目标才能使法庭的行为更加负责并达到法律的恰如其分的效力。[3]

（6）就效率抗辩原理和规则问题，美国学者帕特里克·A.

---

〔1〕参见安德雷斯·冯特·葛拉雷兹、爱德娜·纳瓦罗·瓦罗纳等著，解琳、叶军译：《欧盟企业合并控制制度——法律、经济与实践分析》，法律出版社 2009 年版，第 3、235—253、273—280、312—323、365—373 页。

〔2〕参见［美］赫伯特·霍温坎普著，许光耀、江山、王晨译：《联邦反托拉斯政策——竞争法律及其实践》，法律出版社 2009 年版，第 541—605 页。

〔3〕转引自［美］W. 吉帕·维斯库斯、约翰·M. 弗农、小约瑟夫·E. 哈林顿著，陈甬军等译：《反垄断与管制经济学》，机械工业出版社 2004 年版，第 39 页。

高根（Patrick A. Gaughan）系统阐述了美国兼并、收购和公司重组的理论背景与实务操作规则。分析指出，美国1997年修改后的并购指南强调反托拉斯机构考虑并购的反托拉斯净效果的意愿，负面的反竞争效果可能会被正面的效率收益所抵消，并购参与者需要能够证明收益与并购直接相关。尽管认识到这种收益很难在交易前进行量化，但并购参与者提供的证明不可以是模糊的或推测性的。[1]

（7）就市场进入、效率、破产企业抗辩规则，美国学者罗伯特·F. 布鲁纳（Robert F. Bruner）系统研究了企业兼并与收购的应用性法律规则与操作流程，并对美国反托拉斯法律进行了分析阐述。有潜在进入者在市场外伺机而动所产生的效果，可能会损害市场的竞争性；有潜在进入者在市场外伺机而动所产生的效果，会对市场参与者的行为有很大的约束。这里的分析会考虑潜在进入者的身份、进入的可能性以及对市场可能产生的影响。管理机构会考虑合并公司有效地利用资本、降低成本或改进质量的能力——这些改变可能会增进消费者福利。当一个交易会引起市场集中的时候，效率的可信度是其寻求反托拉斯机构批准通过的关键问题。对合并提出质疑会推动竞争，但是如果有破产公司存在，则可能会引发其他公共政策方面的考虑，如失业、养老金以及税收收入的损失等。[2]

（8）美国学者E. 吉尔霍恩、W. E. 科瓦西克论述了美国反托拉斯法关于合并的控制问题。论述提出，合并政策也承认企业合并经常并不损害竞争反而有利于实现有益的社会目标。反

---

〔1〕参见［美］帕特里克·A. 高根著，顾苏秦、李朝晖译：《兼并、收购和公司重组》（第4版），中国人民大学出版社2010年版，第113页。

〔2〕参见［美］罗伯特·F. 布鲁纳著，张陶伟、彭永江译：《应用兼并与收购》，中国人民大学出版社2011年版，第767—768页。

托拉斯并购法律寻求消除那些可能的反竞争后果大于其好处的交易。[1] 产生竞争危害的水平合并交易也可能创造出诸如规模经济和范围经济等重大的效率。学者们提出三种处理并购分析中效率主张的方法：一种方法是放弃逐案评估而优先设置一个市场集中度标准，足够允许企业实现来自于并购的最大的效率。第二种策略通过把效率抗辩融入司法和实施机构对拟进行的并购交易的分析，而形成对结构标准的互补。第三种方法是实施机构事先衡量并购方的效率主张且批准了大量的并购交易，而且进行事后的审查以决定这些效率是否能在实践中实现。通过这种方法，政府能够对预期效率未能实现的并购实施事后的结构性救济措施。[2] 这些方法中的第二种承认效率抗辩可以反驳基于市场份额数据和其他结构性因素的责任承担。该种方法目前是水平合并分析中处理效率问题时最被广泛接受的方法。[3]

（9）韩国原公平交易委员会委员长权五乘教授，在其专著《韩国经济法》中阐述了企业结合控制制度，提出限制竞争性的企业结合，首先形成审查标准所规定的支配关系，其次在一定的交易领域实质上限制竞争。但是，对于提高效率效果大于妨碍竞争弊端的企业结合或目的为救济不可再生企业并符合一定要件的企业结合，即使满足上述两要件，企业结合当事人亦可提出抗辩主张，公平交易委员会亦可许可进行该企业合并。在

---

〔1〕 参见［美］E. 吉尔霍恩、W. E. 科瓦西克著，王晓晔注，汤树梅校：《反垄断法律与经济》，中国人民大学出版社2001年版，第349—350页。

〔2〕 See Joseph F. Brodley, The Economic Goals of Antitrust: Efficiency, Consumer Welfare, and Technological Progress, 62 N. Y. U. L. Rev. 1020 (1987). 转引自［美］E. 吉尔霍恩、W. E. 科瓦西克著，王晓晔注，汤树梅校：《反垄断法律与经济》，中国人民大学出版社2001年版，第335页。

〔3〕 参见［美］E. 吉尔霍恩、W. E. 科瓦西克著，王晓晔注，汤树梅校：《反垄断法律与经济》，中国人民大学出版社2001年版，第355—366页。

此情形下，关于提高效率或者救济破产企业举证责任由经营者承担。由此可见，韩国垄断规制法亦规定了并购审查效率抗辩和破产企业抗辩制度。该项立法制度的要旨在于，企业结合虽有限制竞争的效果，但为了实现提高效率、救济破产企业等公益目标，可允许企业提出抗辩，竞争主管机关可例外予以认可。[1]

2. 中国学者的相关研究成果

（1）有学者论证了并购反垄断审查抗辩程序性规则的重要性。并购审查是一个行政决策过程，效力、效率、透明和可预测性是一个良好的并购审查制度的基本要素，而且是并购审查各阶段都应追求的目标。在并购调查和审查阶段，应当给予当事人面谈和参与讨论调查中重要问题的机会，而且为了更好地做出审查结论，应该给予与并购案件有着合法利益的第三方当事人表达其观点的机会。在做出反对并购的最终决定前，并购当事人应该得到及时充分的信息，并有合理的机会对这些观点做出回应。[2]

（2）中国现任商务部反垄断局局长尚明先生主编的《企业并购反垄断控制：欧盟及部分成员国立法执法经验》一书，对欧盟、英国、意大利、葡萄牙的并购反垄断控制制度进行了系统研究，探讨了欧盟及部分成员国的并购控制法律制度概况、反垄断审查机构的设置和运行、企业并购反垄断审查程序和实体规则问题，研讨了欧盟并购审查中买方力量、市场进入、效率和破产企业四大抵消性因素，亦即实体性抗辩事由；阐述了

---

〔1〕参见［韩］权五乘著，崔吉子译：《韩国经济法》，北京大学出版社 2009 年版，第 114—285 页。

〔2〕参见唐家要：《反垄断经济学：理论与政策》，中国社会科学出版社 2008 年版，第 142 页。

欧盟并购审查程序的正当性、透明度要求，分析了尊重并购当事人及利害关系人抗辩权的基本原则。特别值得关注的制度介绍还有保障并购当事人抗辩权的公告制度、答辩制度、听证制度设计及实践情况介绍。[1]

（3）有学者对美国、欧盟横向并购指南开展了专题性比较研究，研究了与并购规制相关的经济理论，分别对美国和欧盟并购指南的内容演变进行研究。分析了并购影响竞争的因素，特别是分析了企业并购规制中的补偿因素：市场进入辩护、效率辩护、垂危企业辩护，实则属于实体性抗辩因素。当进入一个市场足够容易时，一起并购不可能具有重大的反竞争风险，不论企业采取协调行为还是单边行为，都无法将价格提高到高于并购前的水平，那么这样的并购就没有导致市场力量的集中或者没有导致集中后市场势力的运用。并购中产生的效率是指通过并购才能产生的效率，美国、欧盟企业并购控制总体是采用消费福利标准来评价并购行为的效率。垂危企业辩护的分析框架在于，假定并购牵涉一个垂危企业，在没有并购发生的情况下，该企业很可能无法在此产业中存活，这就需要与垂危企业可能退出该产业而出现的情况相比较，以确定垂危企业抗辩是否被接受而批准该项并购。[2]

（4）就破产企业抗辩制度的内涵及适用条件问题，黄勇教授等撰写了《经营者集中反垄断审查中的破产企业抗辩制度研究》一文。该文介绍了破产企业抗辩制度的一般内容，结合典型案例分析阐述了美国破产企业抗辩制度，包括破产企业抗辩

---

〔1〕 参见尚明主编：《企业并购反垄断控制：欧盟及部分成员国立法执法经验》，法律出版社 2008 年版，第 24—38、72—74 页。

〔2〕 参见董红霞：《美国欧盟横向并购指南研究》，中国经济出版社 2007 年版，第 136—158 页。

构成要件及其适用。同时指出，美国《横向合并指南》中破产企业抗辩制度的逻辑基础是：如果是符合指南中规定条件的破产企业的合并，则不可能创设或增强市场力量，或者推动市场力量的行使。从适用条件、举证责任和证明要求等方面，就我国破产企业抗辩制度提出了立法建议。[1]

（5）就我国并购反垄断实质审查抗辩制度完善问题，史建三研究员撰文阐述了效率抗辩、破产企业抗辩和公共利益抗辩制度。论证提出，抗辩制度是对并购反垄断实质审查标准的合理补充，而抗辩权是企业并购实质审查的重要内容。分析了效率抗辩和破产企业抗辩的起源及适用条件。我国并购反垄断实质审查中引进效率抗辩和破产企业抗辩，健全公共利益抗辩的认定标准，制定科学的适用标准与构成要件，完善我国经营者集中实质审查的抗辩体系。[2]

（6）就我国破产企业抗辩制度的源流问题，叶军、鲍治在其专著中分析了外资并购境内企业反垄断审查豁免或抗辩中的几种情形：可以改善市场公平竞争条件的；重组亏损企业并保障就业的；引进先进技术和管理人才并能提高企业国际竞争力的；可以改善环境的等情形。根据各国规定和做法，有利于提高效率、有利于国家整体经济的发展等也可成为并购反垄断审查的豁免或抗辩理由。[3]

（7）就并购反垄断审查抗辩制度的实体性和程序性规则的

---

〔1〕 参见黄勇等："经营者集中反垄断审查中的破产企业抗辩制度研究"，载尚明主编：《中国企业并购反垄断审查相关法律制度研究》，北京大学出版社 2008 年版，第 153—177 页。

〔2〕 参见史建三："完善我国经营者集中实质审查抗辩制度的思考"，载《法学》2009 年第 12 期。

〔3〕 参见叶军、鲍治：《外资并购境内企业的法律分析》，法律出版社 2008 年版，第 448—453 页。

重要性，邱本教授在其专著中也予以论证。当主管机构对所申报的企业合并经过分析、评价，认定为会损害竞争并加以禁止后，合并企业有权进行辩解；正确的决定往往于论争、抗辩、对答中得出。这既有利于充分听取合并企业的申述，也有利于纠正主管机构做出的错误决定，真正做到准许合理的合并，禁止反竞争的合并。要从相关市场的界定、市场份额的计量、市场集中的程度、潜在反竞争效果的预测、市场进入的难易、效率高低的考评、破产条件的可能等方面进行辩解，要有力地证明企业合并提高了质量，节约了成本，降低了价格，改进了效益，优化了资源配置，理顺了市场供求，推动了整体经济发展，满足了消费者需求和促进了社会公共利益等。[1]

（8）沈四宝等著的《美国反垄断法原理与典型案例研究》设专章阐述了企业兼并控制法律问题。提出，在合并被干预时，参与合并的企业应当有机会为自己辩解，即以事实证明，兼并不损害竞争性的市场结构，从而也不损害市场竞争。结合典型案例阐述了市场进入障碍、兼并企业的效率、破产公司原则等并购审查抗辩事由的基本原理。[2]

（9）我国台湾学者黄铭杰提出，最近不少国家，包括许多发达国家，在有关结合规范的分析中，大量引进效率性的观点，对于虽有减少竞争之虞，但却可增进国内效率，迎战国际竞争的结合，采取宽容的态度。[3] 我国台湾学者范建得、庄春发提

〔1〕 参见邱本著：《经济法研究（中卷：市场竞争法）》，中国人民大学出版社2008年版，第204页。

〔2〕 参见沈四宝、刘彤：《美国反垄断法原理与典型案例研究》，法律出版社2006年版，第130—188页。

〔3〕 参见黄铭杰：《竞争法与智慧财产法之交会——相生相克之间》，元照出版有限公司2009年版，第25页。

出，固定成本减少的效率利得（gains）并不当然为反竞争行为合法化的根据。反之，只有降低边际成本立即嘉惠消费者之效率利得，才应是合法的效率抗辩，而且，这种效率利得，也只有在双方成功地将各自特色结合，有效降低边际成本时才会发生。唯有这种将消费者之权益纳入考虑的效率理论才符合反垄断真正的立法目的。[1]

3. 对现有研究成果的评价

（1）国内外并购反垄断审查抗辩综合性研究成果较少。有的研究成果集中于效率抗辩、破产企业抗辩等专题性分析研究，涉及并购反垄断审查的程序性和实体性抗辩原则、规则、运行的综合性研究成果不多。本书对并购反垄断审查抗辩制度进行综合性研究，阐述其基本原理、价值目标、规范体系、运行实践及完善对策。

（2）国内外从经济学视角研究并购反垄断审查抗辩制度的成果较多，系统地从法学原则、规则、规范、责任理论的视角进行综合研究的成果相对较少。本书主要从法律规范、法律行为、法律关系和法律责任视角进行分析，同时结合经济学分析，系统分析阐述并购反垄断审查抗辩制度理论及操作框架。

（3）国内外并购反垄断审查抗辩程序性规则的系统性研究较少。相关主题的一般研究集中在市场进入抗辩、效率抗辩和破产企业抗辩等实体性抗辩事由、规则及实施问题。系统地研究并购反垄断审查抗辩制度的程序性规范的原则、规则及运行的成果相对较少。本书在注重实体性规范研究的同时，也注重并购反垄断审查的抗辩的程序性规范体系研究，针对抗辩程序

---

〔1〕 参见范建得、庄春发：《公平交易法——独占、结合、联合》，汉兴书局有限公司 1999 年版，第 180 页。

性规范的透明度原则、公正性原则及申报、受理、审查、听证、裁决、公告、救济等程序性规则设计进行系统研究，对并购反垄断审查制度完善具有理论和实践价值。

三、概念界定与研究方法

（一）概念界定

1. 企业并购的法律含义

（1）企业并购概念辨析。反垄断法范畴的“企业并购”概念，是指企业间为达到某种经济目的，通过一定的方式和手段形成资产、人员或资产及人员的融合。[1] 换言之，是指两个或两个以上的企业相互合并，或者一个或一个以上个人或企业获得其他企业全部或部分控制或决定性影响的行为。只要企业之间形成了控制与被控制关系，就构成了反垄断法上的并购。

企业并购主要包括四种形式：企业合并、取得股份或资产、经营结合、人事控制等类别。企业合并是指，两个以上具有独立实体地位的企业通过一定的形式归并为一个企业的集中。取得股份或资产是指，在不改变各自法律主体资格的前提下，企业通过取得其他企业的股份或者资产，进而直接或者间接控制其他经营者的行为。经营结合是指，企业通过合同等方式取得对其他企业的控制权或者能够对其他企业施加决定影响。所谓人事控制，是指存在竞争关系的数个企业之间通过参与决策的主要干部的交叉任职，可以协调行为，消除彼此之间的竞争；或者某企业通过直接或者间接控制其他企业的主要人事任免，

---

〔1〕 参见尚明主编：《反垄断——主要国家与国际组织反垄断法律与实践》，中国商务出版社2005年版，第80页。

而达到对该他企业的控制。[1]

《欧共体139/2004号并购条例》指出，企业并购可以界定为导致相关企业控制权持续变化，进而在市场结构方面产生变化的交易。[2] 由此可见，欧盟认为，并购的核心问题是控制权问题。欧共体意义上的集中需要具备三个基本要素：一是，时间要素，即变化的持久性；相关企业在结构上的变化必须是持久的。二是，变化要素，即结构变化要求；在很多情况下，这种结构性变化意味着公司股权控制结构的变化。三是，实质要素，即新商业实体在法律和经济上的自主性。[3]

我国《反垄断法》使用的是"经营者集中"概念。对经营者集中的界定采取列举的方式，并且其内容与其他国家和地区的规定基本一致。该法第20条规定的经营者集中情形包括："经营者合并；经营者通过取得股权或者资产的方式取得对其他经营者的控制权；经营者通过合同等方式取得对其他经营者的控制权或者能够对其他经营者施加决定性影响。"

（2）企业并购的形态。按照并购当事人是否属于相同的生产经营阶段，并购又可分为横向并购、纵向并购和混合并购。横向并购，又称水平并购，是指因生产或销售同类产品，或者提供同种服务而相互直接竞争的企业之间的合并；在同一相关市场内处于同一生产、流通环节的企业之间的并购。纵向并购，又称垂直并购，是指同一产业中处于不同阶段而实际上有买卖

---

〔1〕 参见史际春等：《反垄断法理解与适用》，中国法制出版社2007年版，第202—207页。

〔2〕 参见尚明主编：《企业并购反垄断控制：欧盟及部分成员国立法执法经验》，法律出版社2008年版，第4页。

〔3〕 参见安德雷斯·冯特·葛拉雷兹、爱德娜·纳瓦罗·瓦罗纳等著，解琳、叶军译：《欧盟企业合并控制制度——法律、经济与实践分析》，法律出版社2009年版，第6—9页。

关系或上下游关系的企业之间的并购；亦指处于相关市场不同生产、流通环节的企业之间的并购。混合并购，是指发生在既非横向关系又非纵向关系的企业之间的并购活动。

本书对“企业并购反垄断审查”与“企业并购控制”、“集中控制”、“经营者集中控制”等概念的使用，并不作严格区分，如无特指，“并购”、“合并”、“集中”与“结合”等概念亦作为同义词使用。

2. 抗辩及抗辩权的内涵

一般认为，抗辩是指在诉讼中或者诉讼外，一方当事人依据实体法和程序法享有的防御性事由或者据此对另一方当事人提出的主张。抗辩可以分为实体上的抗辩和程序上的抗辩。实体上的抗辩又分为事实抗辩和权利抗辩。事实抗辩又分为权利未发生的抗辩和权利消灭的抗辩；程序上的抗辩则包括防诉抗辩和证据抗辩。[1]

赋予当事人抗辩的机会，意味着裁判者依据在当事人诉辩过程中所呈现出来的事实决定案件。抗辩规范对举证责任分配的意义在于抗辩人依据抗辩规范提出的抗辩，应由抗辩人承担举证责任，从而明确了案件涉及特定抗辩规范时，由哪一方当事人承担举证责任的问题。[2]

抗辩权阻碍的对象是责任，它所针对的是救济性请求权。由于抗辩权的行使导致救济性请求权不能实现，因此，责任就无从谈起。[3] 一般认为，抗辩具有须主张性。抗辩权人主张抗辩权之前，不产生任何效力，这不仅适用于抗辩权的本体效力，

---

〔1〕 参见尹春梅：《民事抗辩权研究》，知识产权出版社2008年版，第51页。

〔2〕 参见尹春梅：《民事抗辩权研究》，知识产权出版社2008年版，第55页。

〔3〕 参见尹春梅：《民事抗辩权研究》，知识产权出版社2008年版，第182—183页。

还适用于抗辩权的附随效力。既然抗辩权被界定为一项权利，那么就应以当事人主张为其效力的发生前提；无论是抗辩权的本体效力还是附随效力，都应该在主张抗辩权之后才生效。[1]

抗辩与抗辩权这两个概念内涵有所区别。抗辩（Exception）指的是，实行针对原告的诉讼请求，提出使自己免责或减轻责任的事由。抗辩事由就是实行针对原告的诉讼请求而提出的证明原告的诉讼请求不成立或不完全成立的事实。[2]抗辩权又称异议权，是指，对抗对方的请求或否认对方的权利主张的权利。抗辩权的行使必须严格遵循法律规定的抗辩权行使的条件和程序，不能违反法律规定而行使权利，或滥用抗辩权，否则，不仅不能发生抗辩的效果，而且还可能承担相应的民事责任。[3]

3. 并购反垄断审查抗辩内涵诠释

并购反垄断审查制度，又称经营者集中控制制度，是指反垄断执法机构针对企业并购行为实施法律控制的制度体系。并购反垄断审查抗辩制度是指国家通过立法或判例确定的，旨在保障反垄断审查当事人程序性与实体性抗辩权利规则的制度体系。

反垄断审查过程涉及执法机关及其人员的调查、取证、听证、审议、裁决和执行程序。鉴于审查过程和结果涉及并购当事人和利害关系人的切身利益，法律应赋予当事人以实体上和程序上的抗辩权利，以有效制衡反垄断执法机构的行政权力行

〔1〕 参见尹春梅：《民事抗辩权研究》，知识产权出版社 2008 年版，第 196—197 页。

〔2〕 参见王利明：《侵权行为法研究》（上卷），中国人民大学出版社 2004 年版，第 550 页。

〔3〕 参见王利明：《民法总则研究》，中国人民大学出版社 2003 年版，第 219 页。

使，维护当事人的合法权益，保障审查及裁决结果的公平公正，实现维护公平自由竞争秩序的价值目标。

实体上抗辩权是实体性规则确认和保障的抗辩权利。并购反垄断审查制度规定了市场进入抗辩权、效率抗辩权、破产企业抗辩权和公共利益抗辩权等实体性抗辩权利。一项并购行为本身可能会产生限制竞争性影响，但因存在市场进入、效率、破产企业、公共利益等特殊抗辩理由而产生“阻却违法”的效果，即被豁免而不予禁止。抗辩理由被采纳的法律效果为：依照反垄断法本来应当或可以禁止的并购行为，基于法律规定的免责条件而不予禁止或不予追究法律责任。

程序上的抗辩权是指，被告或行政相对人为对抗原告的诉讼请求或行政执法机关的调查、取证、裁决，而从程序上提出异议的权利。世界各法域的并购反垄断审查法律均赋予并购当事人和利害关系从程序上提出意见、提供证据、进行申辩、实施辩护、寻求救济的权利。例如，《韩国规制垄断与公平交易法》（2005年）第52条规定：（一）对于违反本法规定的事项，公平交易委员会在作出采取纠正措施或者责令缴纳课征金的规定以前，应给予当事人或者利害关系人陈述意见的机会。（二）当事人或者利害关系人可以进行听证，并陈述意见或者提交有关资料。〔1〕

（二）研究方法

1. 比较研究方法

本书研究并购反垄断审查抗辩原理与制度，较大程度上运用比较分析的研究方法。美国、日本、欧盟等国家与地区的制

---

〔1〕 参见时建中主编：《三十一国竞争法典》，中国政法大学出版社2009年版，第212页。

度背景、原理、立法设计与运行既有联系又有差别，需要进行综合比较分析，以把握制度的现实基础与基本理论框架。对不同法系、不同国家的相关规则及实施情况进行比较研究，有利于分析共同规则与制度差异，寻求可借鉴的立法及执法经验。结合我国立法特色及执法经验，借鉴国际先进立法及执法经验，有助于探究我国并购反垄断审查抗辩制度的完善路径。

2. 规范分析方法

规范分析方法的主要特点是在进行分析以前，先确定相应的准则，然后再依据这些准则来分析判断研究对象目前所处状态是否符合这些准则。本书根据“实质公平”、“维护自由公平竞争”等基本理念，分析和检视我国现行并购反垄断审查抗辩制度的设计与运行情况，以实现价值原则理念与立法执法实践的良好契合。

3. 实证分析方法

通过实证分析方法，观察立法实践、执法实践和司法运行等情况，研究并购反垄断审查抗辩制度“是什么”或者究竟是什么样的问题。对并购反垄断审查抗辩制度具体适用情况予以验证，来概括和说明已有的结论是否正确。

4. 法经济学方法

法经济学的分析方法，是运用成本、收益、效率等经济分析工具研究法律制度的方法。并购反垄断审查抗辩制度是法学与经济法的一个交叉地带。有关市场进入、效率、破产企业等抗辩情形的分析和并购的竞争影响评估，经济分析同样发挥着重要作用。

5. 案例研究方法与文本分析研究方法

本书重视研究各法域的并购审查执法及司法案例，研讨我国并购反垄断审查案件，分析研究并购反垄断审查抗辩制度的运行情况，探究并购反垄断审查抗辩制度的基本原理，研讨立法、执法及司法进程、现状及改革方向。本书同时也重视对不同国家和地区法律、法规、指南等立法文本的比较研究分析，总结反垄断审查抗辩的立法动态，把握发展趋势与规律。

第一章　一般原理：并购反垄断审查抗辩制度解析

从辩证观点出发，企业并购除了能产生规模经济效应之外，也可能会形成垄断，从而构成对市场竞争秩序的限制以及社会整体利益的损害。[1] 各国在鼓励企业并购重组、优化产业组织与产业结构的同时，也对企业并购行为进行法律规制。并购反垄断审查抗辩制度立足社会本位观，重视平衡协调发展规模经济与维护公平竞争秩序的辩证关系，实现实质正义价值目标。本章主要阐述并购反垄断审查抗辩制度体系，阐述实质审查标准、步骤及内容；分析并购反垄断审查实体性和程序性抗辩规则，论述并购反垄断审查抗辩制度的特征；阐述市场进入抗辩、效率抗辩、破产企业抗辩和公共利益抗辩的内涵、原理及适用条件。

---

〔1〕 参见种明钊：《竞争法》，法律出版社 2008 年版，第 304 页。

第一节 并购反垄断审查抗辩制度的框架体系

一、并购反垄断审查标准

并购反垄断实质审查标准是指，反垄断执法机构对一项并购进行审查，综合分析评估其反竞争性或违法性影响时所依据的判断标准。审查标准一般有种：一是市场支配地位标准；二是实质性减少竞争标准。[1]

（一）市场支配地位标准

市场支配地位标准是指，对并购做出禁止或者不予禁止的决定，是以企业的市场份额大小以及并购是否形成或加强市场支配地位为主要标准，着重考查企业并购后市场集中度的变化。市场支配地位本身并不违法，但蕴含着损害竞争的可能性，可能会对竞争秩序产生破坏作用。市场支配地位标准具有一定的明确性，能增强企业的法律预期。市场支配地位标准也存在不足，因为企业取得市场支配地位并不必然会实施实质性限制竞争行为，由于市场进入、买方力量、濒临破产企业、公共利益等抵消性因素的存在，并购后企业可能不会实施垄断行为。另外，有些企业并购虽未增强市场支配地位，也有可能对市场竞争产生负面影响。

（二）实质性减少竞争标准

实质性减少竞争标准是以企业并购是否产生或者可以合理预见产生实质性限制竞争的后果，作为是否允许该并购的标准。[2]

---

〔1〕 参见孔祥俊：《反垄断法原理》，中国法制出版社 2001 年版，第 614—615 页。

〔2〕 参见史建三、钱诗宇等：《企业并购反垄断审查比较研究》，法律出版社 2010 年版，第 164 页。

实质性减少竞争标准滥觞于美国1914年《克莱顿法》。该法第7条规定，任何人不得直接或间接并购其他人的全部或部分资产，如果该并购造成实质性减少竞争的效果。目前，世界各国和地区并购反垄断审查标准呈现趋同现象，基本上采用或接近"实质性减少竞争"标准。

二、并购反垄断审查的步骤及内容

反垄断执法机构审查评估一项并购是否实质性限制竞争，首先需要界定相关市场，对市场份额和市场集中度进行分析。然后对限制竞争影响进行评估，根据产业、产品的特点，从单边效应和协调效应角度分析并购潜在的限制竞争效应。同时评估买方力量情况；分析市场进入情况，评估是否存在进入障碍，进入能否及时、充分、可能，是否能够有效抵消限制竞争效应；评估并购能否产生足够大的效率以抵消限制竞争效应；评估是否存在破产企业抗辩等其他抗辩因素。最后，在上述评估的基础上，对正反两方面效应进行权衡，以判定并购是否会对竞争产生实质性损害，从而决定是否批准该项并购。[1]

（一）界定相关市场

相关市场，是指经营者一定时期内就特定商品或者服务进行竞争的商品范围和地域范围。反垄断执法通常需要界定相关商品市场和相关地域市场。第一步界定商品市场。从需求角度和供给角度考察商品的替代关系。需求弹性考察的是消费者对某产品价格变化的反应，而供给弹性考察的是生产者的竞争者或潜在竞争者对某产品价格变化的反应。第二步界定地域市场。地域市场为

〔1〕参见于立、吴绪亮：《产业组织与反垄断法》，东北财经大学出版社2008年版，第104页。

产品市场提供了空间范围的约束，需要分析空间范围所导致的成本对于相互竞争产品之不同地区生产者加入市场竞争可能性的约束。[1]

（二）市场份额和市场集中度评估

市场份额（MS）是一定时期企业的产出（O）占总销售额（S）的比例。一般而言，企业占有的市场份额越大，越有可能影响市场价格。市场集中度的测量，是对整个产业的市场结构集中程度的考察，是对一个或者多个企业的市场份额或规模分布的考察。相关市场界定完成后，需要计算并购前后的市场集中度指标。市场集中度指标主要有 CR4 和 HHI 两种。美国 1968 年《并购指南》受哈佛学派理论的影响较大，采用 CR4 方法计算市场集中度，即计算行业内最大的四家企业所占的市场份额占总的市场份额的比例。[2] 美国 1982 年《并购指南》及以后 1992《并购指南》开始采用 HHI 指数作为集中度指标。

（三）反竞争效果考量

企业横向并购会产生两种反竞争效应，即合谋促进效应和单边限制竞争效应。合谋促进效应理论认为，企业之间的并购会促进企业之间的合谋，企业之间更可能合谋来提高价格。根据合谋理论的分析，在市场集中度较高、产品同质、进入障碍高和信息不透明等情况下，合谋的结果容易实现。企业之间的横向并购会带来企业数量的减少和集中度的上升，会产生有利于达成协同性条款的条件，有利于发现和惩罚背离行为，因此有利于企业之间达成合谋。单边限制竞争效应理论认为，企业并购可能会使并购企业单方面行使市场势力和提高价格。并购之前市场竞争限制了

---

〔1〕 See 1992 Horizontal Merger Guidelines, sec. 1.2: Geographic Market Definition.

〔2〕 参见王传辉：《反垄断的经济学分析》，中国人民大学出版社 2004 年版，第 118—119 页。

企业的市场势力，但并购之后，由于市场竞争者的减少导致市场竞争程度的下降，这会增强并购企业的市场势力。即使不存在合谋促进效应，并购企业的市场势力也会增强，可能会产生高价格和低产量。[1]

（四）实体性抗辩情形分析

根据各法域的立法及执法规则，除了依据实质性限制竞争标准予以审查评估外，并购当事方企业一般被赋予某些实体性抗辩权利。实体性抗辩规则的适用可能使得某项并购交易虽然产生了明显反竞争效果，但是仍然可能基于某种理由获得通过，即获得实质审查标准的豁免，相关的理由就被称为抗辩事由。[2]

并购反垄断审查过程中，参与并购的企业应当有机会为并购行为进行辩解，即以事实证明，并购不会损害竞争性的市场结构，从而也不损害市场竞争。[3] 抗辩权是企业并购实质审查的重要内容。实体性抗辩事由的主张与举证，可能会使一些本来未能通过实质审查标准测试的并购得到批准。实体性抗辩情形主要包括市场进入抗辩、效率抗辩、破产企业抗辩和公共利益抗辩等情形。

三、并购反垄断审查抗辩的主要程序

并购反垄断审查抗辩制度的有效执行必须实体与程序并重。程序性规范的科学设计是并购反垄断审查法律原则及实体规则得以贯彻的重要基础，有利于保障当事人程序性权利的行使，保证

---

〔1〕 参见唐家要：《反垄断经济学：理论与政策》，中国社会科学出版社 2008 年版，第 117—118 页。

〔2〕 参见史建三、钱诗宇等：《企业并购反垄断审查比较研究》，法律出版社 2010 年版，第 198 页。

〔3〕 参见沈四宝、刘彤：《美国反垄断法原理与案例研究》，法律出版社 2006 年版，第 134 页。

审查程序的正当性和审查结果的公正性。并购反垄断审查抗辩程序一般包括申报、立案、审查、抗辩、批准或禁止等环节。

(一) 申报及立案程序

从各国通行做法来看，企业并购反垄断审查一般实行事前申报制度。如果一项拟实施的并购交易达到申报标准，并购企业应将相关申报文件资料提交反垄断执法机构，请求予以批准，即为申报程序。并购当事人可通过申报材料，提出关于并购不会产生实质性限制竞争效果的主张及证据，提出有关市场进入、效率、破产企业和公共利益等实体性抗辩事由。反垄断执法机构经审查，认为申报人提交的材料完备则予以立案，从而启动审查程序。

(二) 审查及抗辩程序

审查程序是反垄断执法机构依据法定的程序及标准，调查、分析、评估并购交易的目的、性质及竞争后果的过程。抗辩程序是并购当事人在审查过程中提出证据、主张和申辩事由的过程。一项并购交易能否获得批准，审查与抗辩是具有决定意义的关键程序。为了确保裁决的准确性和公正性，反垄断法必须赋予执法机构以调查权和强制权等权力，同时也要保障当事人的抗辩权和公众的异议权。为贯彻正当程序和公开透明原则，执法机构须将当事人申请内容（涉及商业秘密的除外）向公众公开，接受利害关系人的异议，形成有效的社会监督，赋予当事人为其行为做充分辩解的机会是合法、合理裁决的基础。[1]

1. 审查的基本阶段

绝大多数国家和地区的并购反垄断审查采用两个阶段的审查

---

〔1〕 参见郗伟明：《经济全球化下中国反垄断执法专题研究》，法律出版社 2010 年版，第 79 页。

程序。[1]

第一阶段审查，又称初步审查，可视为一种简易程序。法定时限一般较短，可能包括听证、补充信息和材料等相对独立的小程序。第一阶段的程序设计有利于并购反垄断审查机构对一些达到申报门槛但明显可能通过实质审查标准的交易进行快速批准，以节约行政成本和交易成本，促进市场交易。初步审查也有利于并购交易方能够第一时间提出抗辩的证据与理由，证明并购交易不会产生实质性的限制竞争后果。第一阶段审查的法定期限结束前，并购审查机构须作出决定：认为并购不会产生实质性反竞争效果的予以批准，如果交易已经实施或完成的则宣布其有效；认为第一阶段的审查程序不足以对并购交易作出准确评价，需要进一步审查，则宣布启动第二阶段审查的决定；该决定必须通知当事方或者第三方，一般还需要向社会公布。

第二阶段审查，又称进一步审查。在第二阶段审查期间，反垄断审查机构须对申报的并购交易情况进行详细调查、分析和评估。并购当事人也可提供充分证据，行使抗辩权，提出抗辩理由，证明并购交易不会产生实质性限制竞争效果，或者证明存在市场进入、效率、破产企业等抗辩情形，并购交易产生总体效益明显大于其对竞争的损害。并购审查机关进行综合调查及评估情况后作出最终裁定。第二阶段审查程序既能够使并购当事方有足够的机会阐明并购的合理理由，对不利的证据和观点作出辩驳；又能够使并购审查机关有充分的时间得到详细的案件事实、材料等信息，以作出正确的判断和裁决。

---

〔1〕 实施两个阶段审查程序的国家和地区主要有：爱尔兰、冰岛、克罗地亚、马其顿、塞尔维亚、斯洛文尼亚、爱沙尼亚、奥地利、保加利亚、比利时、丹麦、德国、法国、捷克共和国、美国、塞浦路斯、意大利、欧盟等。参见史建三、钱诗宇等：《企业并购反垄断审查比较研究》，法律出版社 2010 年版，第 269 页。

2. 实质审查的法定期限

大多数国家和地区对并购审查程序均设立了法定期限，明确实质审查程序的起算时间，规定了审查机构应当作出决定的最晚日期和并购交易可以被实施或完成的最早日期、自动等待期和申报后的一系列程序。审查法定期限的规定有利于给予并购当事人以合理预期，防止审查机构因无限期地拖延案件而增加执法成本和当事方的交易成本。并购当事人提出申报、提供材料、提出答辩意见、提出抗辩理由等，亦需要遵守法定的期限。并购当事人行使抗辩权等程序性权利应遵守法定期限的约束，否则将承担不利的法律后果。

3. 调查程序

并购反垄断审查机构依法享有对并购案件的调查权，有利于更全面地获取并购案件的相关信息和材料，有利于作出客观公正的行政裁决。反垄断执法机构行使调查权必须遵守法定程序，保障并购当事人的抗辩权等程序性权利。调查人员进行调查必须出示执法证，须两人以上执法，并制作调查笔录，对获取的书证及物证要进行登记，以保障行政相对人的合法权益。

4. 信息提交程序

完善的信息提交程序规定能够保障并购审查机构全面获得并购交易的相关信息，以作出正确评估与判断。各国并购反垄断审查法律一般均规定，审查机构有权在申报程序完成后要求并购当事方或第三方进一步提供相关信息。审查机构可以依照法律法规或依职权反复要求提供信息，直到其认为信息完整为止。被反垄断执法机构要求提供信息的主体除了当事方企业外，还可能包括消费者、供应商、当事方的合作商、竞争者、利害关系第三人、其他政府机构、专家学者等主体。从抗辩权的角度分析，当事方企业进一步提供信息，也有利于充分提供抗辩理由及证据材料，以证明并购交易符合法律规定，不会产生实质性限制竞争效果。

5. 听证程序

狭义的听证是行政机关为了合理、有效地制定和实施行政决定，公开举行由利害关系人参加的听证会，听取各方面意见的活动。[1] 各法域并购审查制度大都规定反垄断审查裁决应当依法举行听证，以保障并购当事人、第三方等主体充分行使辩护权，提出相关主张和证据。并购审查听证包括书面听证、口头听证等形式。听证当事人一般包括并购当事人、消费者、竞争者、供应商、其他政府机关等主体。听证制度的目的在于执法机构获得相关主体提交的新信息和建议，给予当事方企业对执法机构异议进行反驳和辩解的机会；这对保障当事方企业获得公正合理的程序性权利相当重要。[2]

（三）实质审查决定及公示程序

并购反垄断审查机关在法定期限内须作出并购案件审查决定，一般包括无条件批准、附条件批准和禁止三种类型。并购反垄断审查机构作出审查决定，一般必须遵守决定前公示、信息保密、决定公告等程序性规定。审查决定的公示或称公告程序，有利于并购当事方等主体了解审查程序与内容，保障并购当事人、利害关系人及社会公众的知情权，对并购审查过程及结果形成有效监督。审查决定的公示也有利于保障并购当事人的抗辩理由被合理审查评估，有利于并购当事方和利益关系人及时知悉裁决情况，以决定是否采取相应的救济措施。欧盟、美国、德国、日本等法域的立法及执法实践，均非常重视审查决定的公示与公告程序，

---

〔1〕 参见杨惠基主编：《听证程序理论与实务》，上海人民出版社 1997 年版，第 3 页。

〔2〕 参见史建三、钱诗宇等：《企业并购反垄断审查比较研究》，法律出版社 2010 年版，第 283 页。

以保证并购反垄断审查程序与裁决的透明性与公正性。[1]

四、并购反垄断审查抗辩制度的特征

并购反垄断审查抗辩制度具有公法和私法的交融性，体现了经济法的社会本位性，同时内容上具有鲜明的经济性和政策性，法益目标具有多元性和复合性，调整手段也具有综合性。

(一) 社会本位性

经济法的社会本位，实际上是要求以社会责任为最高原则，无论是国家还是企业，都必须对社会负责，在对社会负责的基础上处理和协调好彼此之间的关系。[2] 并购反垄断审查抗辩制度的实体性和程序性规范设计，亦须立足于社会整体利益，维护自由公平竞争秩序，增进广大消费者的福利，保障社会公共利益。

并购反垄断审查抗辩制度的社会本位观，体现了反垄断法的实质公平正义价值理念，也体现了其社会整体效率价值追求。例如，效率抗辩的适用规则，即要求并购当事人应当证明并购交易

---

〔1〕 例如，德国《反限制竞争法》第43条规定了集中控制审查的公布程序：(一) 联邦卡特尔局依据第40条第1款启动的主要审查程序以及申请部长批准的情况都应即时地在联邦公报上或者其电子版上公布。(二) 下列事项应公布在联邦公报上或者其电子版上：1. 联邦卡特尔局依第40条第2款作出的决定；2. 部长批准书，其拒绝和变更；3. 联邦卡特尔局的合并许可书撤回或撤销或部长批准书的撤回或撤销；4. 集中的解散以及联邦卡特尔局依第41条第3款和第4款作出的其他决定。(三) 第1款和第2款规定的公告的具体内容包括第39条第3款第1项以及第2项以及第2款第1项和第2项所规定的内容。参见时建中主编：《三十一国竞争法典》，中国政法大学出版社2009年8月第1版，第107页。美国《克莱顿法》第5条 (b)、(c)、(d) 款规定，有关判决决议、公众评论、政府竞争性影响说明书等，应在联邦注册簿上或公众能够进行有效查阅的地方公布。参见时建中主编：《反垄断法——法典释评与学理探源》，中国人民大学出版社2008年版，第324页。

〔2〕 参见吴宏伟主编：《经济法》，中国人民大学出版社2007年第2版，第21页。

的整体经济效率要足够重大，能够有效抵消并购所产生的限制竞争效果，并购所产生整体社会福利要大于其负面效果；而且并购所产生的效率要能够向消费者转移。可见，效率抗辩适用规则充分体现了社会本位观的立法宗旨。

（二）经济性和政策性

经济法的规则必须建立在专业性和经济性的基础之上，这也意味着法律规则的设计必须尊重市场机制，考虑当事人或经济个体的主动性和能动性。[1] 经济法往往把经济制度、经济活动的内容与要求直接规定为法律或法规，以期社会成员共同遵守。[2] 并购反垄断审查实体性和程序性规范设计须符合经济法治的基本要求，注重经济分析，体现市场经济的基本规律；既要维护公平自由竞争，又要促进符合市场规律、规模经济效益的正常并购活动，体现了鲜明的经济性。

并购反垄断审查抗辩制度亦具有政策性。世界各国和地区关于市场进入、效率、破产企业、公共利益等实体性抗辩规则的设计及实施，均明显受到其经济政策和经济实践的影响。不同国家或地区、不同时期和不同政策背景下的并购反垄断审查抗辩制度的立法及执法情况，会因各自经济政策的变化而有所不同。以美国并购审查效率抗辩为例，从坚持哈佛学派的结构主义经济政策对效率抗辩的拒绝，到奉行芝加哥学派的福利均衡政策重视效率抗辩的价值，其相关制度的改革演变明显受到了国内经济政策的影响。

（三）法益复合性

经济法对公共利益的强调，并不是对私人利益和国家利益的

---

〔1〕 参见史际春、邓峰：《经济法总论》，法律出版社2008年版，第147页。

〔2〕 参见吴宏伟主编：《经济法》，中国人民大学出版社2007年版，第24页

漠视，而恰恰是强调对这些利益的均衡保护。[1] 同理，并购反垄断审查抗辩法律制度的制定和实施，不仅要维护并购反垄断当事人、经营者、消费者的合法权益，同时也要维护公平自由竞争秩序，维护社会整体利益。

并购反垄断审查程序性抗辩规则，能够有效维护并购当事人及利益相关方的合法利益，促进合理的正常并购活动，禁止实质性限制竞争的并购活动，这也体现了对市场主体的权益保护宗旨。并购反垄断审查抗辩制度关于市场进入抗辩、效率抗辩、破产企业抗辩和公共利益抗辩的具体设计，以自由公平竞争秩序为直接保护法益，以经济效率为间接法益，以消费者一般福利为核心法益，以社会整体利益为最终法益。由此可见，并购反垄断审查抗辩制度的法益目标具有多元性和复合性特征。

（四）手段综合性

并购反垄断审查抗辩制度兼顾公法因素和私法因素的综合平衡协调。一方面以行政措施等公法手段来对并购活动进行调查、审查和裁决，对违反法律规定的并购行为予以禁止，对违法行为予以行政性制裁；另一方面也体现了现代法治的协商式执法、合作式执法和指导性指法的特征和要求。并购反垄断审查抗辩制度设计了并购申报前商谈制度、并购当事人承诺制度、附条件批准制度等制度规则，利用平等协商、事前指导、救济措施商谈等私法手段，更好地平衡协调好公共利益与个体利益的关系，实现并购反垄断审查的价值目标。

并购反垄断审查抗辩制度的综合性特征，还表现在其实体性规范和程序性规范内容的有机结合，强行性规定、任意性规范和指导性规范、诱劝性规范的结合。法律赋予并购当事人及利益相

---

〔1〕 参见张守文：《经济法理论的重构》，人民出版社2004年版，第322页。

关方以申辩权和辩解权，有利于保障并购审查的程序公正。并购反垄断审查效率抗辩、破产企业抗辩、公共利益抗辩等实体性抗辩规范设计，则有利于维护自由公平竞争，维护消费者福利，保障社会公共利益等价值目标的有效实现。

并购反垄断审查抗辩制度的综合性亦体现在调整手段的综合性。既采用民事的、行政的、程序的、实体的等传统调整手段，又运用一些社会性的新型调整手段。多数国家和地区的反垄断法均规定，对禁止集中裁决、并购违法行为的处罚决定等予以公告，实际上也对并购当事人进行名誉性的减损处罚。

第二节　市场进入抗辩的内涵及原理

一、市场进入抗辩的一般内涵

市场进入分析的要义在于，并购当事人可以提出有关“市场进入”的抗辩理由，证明市场进入容易，足以抵消可能产生的反竞争影响，拟进行的并购不会实质性限制竞争。反垄断执法机构对市场进入因素进行综合评估，如果判定市场进入具备可能性、及时性和充分性，则可能不会对拟进行的并购交易予以禁止。并购所导致相关市场的集中会使一些反竞争行为更有可能发生，如果市场进入无障碍或障碍较小，那么这种因并购所形成的市场力量就会因新的竞争者进入市场所带来的竞争压力而难以发挥作用，该项并购一般不会被认定具有反竞争性。[1]

并购后的企业没有能力阻止竞争者的扩张和潜在竞争者的进

〔1〕 参见吴炯主编：《中华人民共和国反垄断法解读》，中国工商出版社 2007 年版，第 159 页。

入，无法通过控制知识产权或销售网络等策略，限制竞争对手的扩张和潜在竞争者的进入，因此也不会形成单边效应的反竞争效果。合并后企业达成共谋后，如果进入该市场非常容易，则其他潜在竞争基于逐利性会迅速进入该市场，分享该高额利润，那么，并购后企业的协调效应也不易产生。由此可见，市场进入抗辩分析与并购交易的反竞争效应分析密切相关，实际也可称为反竞争效应的抵消因素，能够抑制限制竞争行为产生的市场进入机会，意味着如果市场外企业想参与竞争，进入该市场将是及时的、可能的和充分的。〔1〕

二、市场进入抗辩的基本原理

市场进入抗辩的经济学理论依据在于：并购后市场进入的可能性减少了可获利并购的数量，也影响了可获利并购的平均盈利水平。〔2〕合并之后如果相关市场产品的价格显著上涨到竞争水平以上，新企业的进入是否速度很快以及规模较大，而使得现有的企业维持高价格已无利可图。〔3〕拟议中并购容易产生的双边效应和单边效应，会因其他竞争者“可能、充分、及时”的进入市场而被控制和抵消，故该项并购可以经综合评估而不被禁止。

《ICN 合并审查指南》阐明：通常所说的市场内竞争行为的约束，仅仅出现在企业已积极参与该市场的情况下，并通过集中度测量的方式进行评估。然而，市场外企业带来的竞争约束在不久

---

〔1〕 参见王中美：《并购与反垄断》，上海世纪出版集团、上海人民出版社 2008 年版，第 68 页。

〔2〕 参见［美］迈克尔·D. 温斯顿著，张嫚、吴绪亮、章爱民译：《反垄断经济学前沿》，东北财经大学出版社 2007 年版，第 55 页。

〔3〕 参见孔祥俊著：《反垄断法原理》，中国法制出版社 2001 年版，第 618—619 页。

就可能会由于该并购交易而发生改变，当这种改变极有可能发生的时候，监管机构在评估并购交易的竞争效果时就不得不加以考虑。通常监管机构需要考虑的变化包括：①由于新竞争者进入该市场，不断增加的大量竞争者活跃在该相关市场；②由于新的生产能力增强或扩张，市场上现有的竞争者较前变得更具竞争力；③现有竞争者对现有产品的重新定位。[1]

反垄断执法机构审查一项并购交易，除了分析该交易本身对相关市场竞争的影响以外，还应当考虑相关市场之外的企业对该并购交易的实施可能采取的相应策略行为。这些策略行为可能影响到相关市场的竞争格局，抵消并购交易的实施对竞争环境的不利影响。并购活动从本质上来说会带来市场垄断可能性的提高，但是如果新的企业得以进入市场，或者市场上现有的企业得以扩张，进而阻止并购当事方实施垄断行为，那么，企业并购将不会产生持续的、反竞争的影响效果。如果并购交易的实施使得相关市场的集中度提高，从而提高了相关产品的利润水平，这将吸引相关市场以外的企业投入大量的成本进入相关市场，或者促进现存的竞争者扩大规模。无论是市场进入还是扩张，一旦实现，都将改变市场竞争格局。[2]

平均而言，如果市场进入更容易，使可获利的兼并带来更高的效率，那么，在进入较为容易的市场中的兼并可能反而会增加总剩余，同时也会增加消费者剩余。[3] 例如，2011 年 9 月 1 日我

---

〔1〕 See ICN Merger Working Group: Investigation and Analysis Subgroup, ICN Merger Guidelines Workbook, Prepared for the Fifth Annual ICN Conference in Cape Town, April 2006.

〔2〕 参见史建三、钱诗宇等：《企业并购反垄断审查比较研究》，法律出版社 2010 年版，第 198 页。

〔3〕 参见［美］迈克尔·D. 温斯顿著，张嫚、吴绪亮、章爱民译：《反垄断经济学前沿》，东北财经大学出版社 2007 年版，第 56 页。

国台湾地区公平交易委员会批准宏基收购 iGware，宏基在台湾台式机和笔记本电脑市场份额分别占第一位和第二位，但 TFTC 认为相关市场成熟度高、竞争激烈；TFTC 同时认为，云计算市场方兴未艾，潜力巨大，且进入门槛低，此项纵向交易不会导致竞争问题。〔1〕 该并购反垄断审查案例即涉及市场进入抗辩原则的适用问题。

三、市场进入抗辩制度的适用条件

并购当事人提出市场进入抗辩，须举证证明拟实施的并购交易符合规定的适用条件。反垄断执法机构经过调查、分析与评估认可抗辩属实，可以接受并购当事人的市场进入抗辩而对该并购交易予以批准。一般认为，市场进入抗辩应当具备可能性、充分性和及时性三个条件。

（一）市场进入的可能性

如果市场壁垒不高，市场进入较容易，且进入能够有利可图，进入市场就是可能的。在审查一项企业并购案件时，并购反垄断审查机构面临两大问题：一是并购本身能否引发市场进入；二是拟议的并购本身能否创造巨大的进入机会。这时需要对进入的可能性进行评估，因此，考察进入的壁垒以及进入或退出的以往历史是非常有用的。〔2〕 一般认为，如果拟进入市场的绝对壁垒、结构壁垒和策略优势均不强，则新企业进入市场具备较强的可能性，

〔1〕 详细内容参见《东亚地区竞争法动态》，2011 年第 9 期，载 http：//fldj. mofcom. gov. cn/aarticle/i/201112/20111207879972. html，访问日期：2012 年 4 月 10 日。

〔2〕 See ICN Merger Guidelines Workbook, for the Fifth Annual ICN Conference in Cape Town, ICN Merger Working Group: Investigation and Analysis Subgroup, April 2006, E7.

能够进入市场，并获得预期的利润，以分享或抵消并购形成的企业可能产生的垄断利润，抑制并购后企业实施限制竞争行为。

（二）市场进入的充分性

这个条件通常要求新企业的进入能成功地阻止原有企业在并购后提高价格，或者通过足够多的销售量快速地扭转价格上涨。一般认为，原有企业仍然可以通过价格的上涨而增加利润，进入者如果不能从原有企业手中赢得足够多的业务量，即使它是赢利的，也是不具优势的。小规模的进入由于没有足够的规模尚不能成为一种制约因素。[1] 并购当事人须举证证明，新进入市场者能够充分进入市场，亦即能够获得一定规模的市场份额并能够取得预期的利润，拟并购企业不会提高价格以追求垄断利润。

（三）市场进入的及时性

一些国家和地区的并购反垄断审查制度规定，两年内发生的进入会对并购后企业的反竞争行为起到一种限制效果。现有协议的期限、终止和续期的条款也是考虑市场进入及时性的一个重要因素。[2] 并购当事人应提出有关原有市场进入事例、现有市场进入条件、市场进入壁垒情况等证据材料，证明新进入市场企业能够较快地进入相关市场，从而抵消并购交易可能产生的限制竞争影响。

---

〔1〕 See ICN Merger Guidelines Workbook, for the Fifth Annual ICN Conference in Cape Town, ICN Merger Working Group: Investigation and Analysis Subgroup, April 2006, E15.

〔2〕 See ICN Merger Guidelines Workbook, for the Fifth Annual ICN Conference in Cape Town, ICN Merger Working Group: Investigation and Analysis Subgroup, April 2006, E16.

第三节 效率抗辩的内涵及原理

一、效率抗辩的一般内涵

“对于反垄断现象的解释和评价应该回归到效率价值上来。”[1] 各法域对滥用支配地位、限制竞争协议和合并的法律控制，一般都规定了效率抗辩规则。大多数国家在滥用市场支配地位和并购规制方面适用效率抗辩的宽容与严格程度保持一致。[2] 美国、加拿大、英国、法国、德国、日本和欧盟等国家和地区，先后分别完善了并购反垄断审查法律政策指南，明确规定把效率作为反垄断审查的抗辩事由之一。

效率抗辩的本质内涵在于，如果一项企业并购可以产生显著的效率，足以抵消或超过其限制性竞争效果，那么利大于弊，总体有利于消费者福利，有利于技术进步，有利于社会整体经济的健康发展。如果并购当事人能够证明并购交易能够产生显著效率，足以抵消其限制性竞争效果，且该效率为并购交易所特有并能够向消费者传递，则其提出的效率抗辩可以被竞争主管当局所接受。[3]

合并如果产生了巨大的效率，则应当是合法的，并购当事人应当可基于并购所产生的重大效率进行抗辩。重要的是，只有在

---

〔1〕 盛杰民、叶卫平：“反垄断法价值理论的重构——以竞争价值为视角”，载《现代法学》2005 年第 1 期。

〔2〕 See Keith N. Hylton Fei Deng, Antitrust Around The World: An Empirical Analysis of The Scope of Competition Laws and Their Effects, 74 Antitrust L. J. 271 (2007).

〔3〕 See ICN Merger Guidelines Workbook, for the Fifth Annual ICN Conference in Cape Town, ICN Merger Working Group: Investigation and Analysis Subgroup, April 2006.

对合并进行了结构分析与行为分析，并且分析的结果是推定其为反竞争以后，才用得着“效率抗辩规则”。[1] 以韩国《垄断规制法》为例，基于企业结合的提高效率，是指仅依该企业结合方可达到提高效率的目的，且此种提高效率的效果应在短期内确定发生。审查标准将其理解为在生产、销售、研究开发等方面提高效率，或者在整体国民经济中提高效率。[2]

二、效率抗辩的基本原理

效率抗辩基本原理在于，并购当事人如果能够提出抗辩主张并证明一项并购产生的效率十分明显，足以抵消其带来的限制竞争效果，那么原本被认为限制竞争的并购可能因效率抗辩而通过。[3]

一般认为，效率抗辩的经济学依据源于芝加哥学派的效率理论。效率抗辩的理论源头为威廉姆森在1968年提出的福利权衡模型。该模型表明，一项并购是否会给社会带来净效益，取决于规模效益的增加是否大于竞争减少所带来的社会福利净损失。如果一项并购带来的成本下降的效率增长，能够替代价格上升所带来的效率损失，那么这项并购就应该被认为合理，应当受到肯定。[4]

尽管威廉姆森福利权衡模型是效率抗辩的理论源头，但美国

---

〔1〕 参见［美］赫伯特·霍温坎普著，许光耀、江山、王晨译：《联邦反托拉斯政策——竞争法律及其实践》，法律出版社2009年版，第551页。

〔2〕 参见［韩］权五乘著，崔吉子译：《韩国经济法》，北京大学出版社2009年版，第137页。

〔3〕 参见吴炯主编：《中华人民共和国反垄断法解读》，中国工商出版社2007年版，第159页。

〔4〕 参见王中美：《并购与反垄断》，上海世纪出版集团、上海人民出版社2008年版，第18页。

反垄断当局在并购立法和执法中并没有完全坚持威廉姆森的社会总福利标准，而是变通性地采纳了消费者福利标准。消费者福利标准比社会福利标准更严格，不仅要求社会福利的增加，而且还要求并购产生的效率要部分或全部转移给消费者。美国1997年《并购指南》提出了一个分析并购产生效率的完整框架，从效率的类型、效率是否为并购所特有、确认效率的证据要件、效率是否能转移给消费者等方面进行分析。[1]

固定成本节约所导致的效率改进也许还会产生正福利效应，但仅仅由于合并减少了固定成本的重复，从而增加了利润，消费者福利不会变化。如果竞争当局比较重视消费者福利，或者竞争法要求企业改进效率的部分收益能转移给消费者，那么就应该比较看轻主要来自于固定成本节约的效率改进。只有在合并实现的成本节约通过其他方式无法实现时，效率观点才应该被接受。凡是可不通过合并来实现的效率改进，就不应该以合并改进效率为由进行抗辩。[2]

三、效率抗辩制度的适用条件

效率抗辩规则的适用须符合严格的法定条件。一般认为，并购所产生的效率须足够重大；效率须能够传递给消费者；效率须为并购所特有；效率须为能够证实。

（一）效率须为重大

达到申报标准的企业并购，有可能产生协调效应和单边效应等限制竞争性影响。并购当事人提出效率抗辩，须能够证明并购

---

〔1〕 参见于立、吴绪亮著：《产业组织与反垄断法》，东北财经大学出版社2008年版，第109—110页。

〔2〕 参见马西莫·莫塔著，沈国华译：《竞争政策——理论与实践》，上海财经大学出版社2006年版，第204页。

所产生的效率重大，即超过了并购交易可能带来的反竞争效果，足以抵消合并对竞争的负面影响。如果并购产生的反竞争效果越强，那么竞争主管当局所要求的效率也会更高。如果合并构成巨大的竞争威胁，则合并参加者就必须证明该合并会产生巨大的、不同寻常的节约。并购所产生效率须大到足以推定合并后的价格不会比合并前的价格高，其举证责任由被告承担。[1]

（二）效率能够传递给消费者

限制性竞争可能导致价格提高、质量下降、选择权受限等后果，最终会损害消费者的整体福利。并购所产生的效率必须能够传递给消费者，使得消费者能够分享优质产品、较低价格、较优服务等效益。如果并购所产生的效率仅仅为并购企业所独享，根本起不到抵消反竞争性后果的作用，那么该效率抗辩当然不能被竞争主管当局所接受。并购当事人必须证明，合并所产生的效率足够大，因而合并后的价格会保持在合并前的水平，或者低于合并前的水平。[2] 换言之，合并所产生的效率收益须保证一般消费者能够通过接受低价格、高质量的商品或服务而予以分享。

一般而言，并购产生的效率向消费者转移的评估标准有两个：整体经济福利标准和消费者福利标准。总体经济福利标准既要考虑有利于消费者的因素，又要考虑厂商的效率收益，但考察的重点还是消费者福利能否获得。该项标准更为科学，既能有效发挥并购促进效率的功能，激励企业并购发展，加大创新力度，同时又能有效维护消费者福利不受损失。消费者福利标准只评估效率是否足以抵消限制竞争效果，并且是否能向消费者传递，使一般

---

〔1〕 参见［美］赫伯特·霍温坎普著，许光耀、江山、王晨译：《联邦反托拉斯政策——竞争法律及其实践》，法律出版社2009年版，第555页。

〔2〕 参见［美］赫伯特·霍温坎普著，许光耀、江山、王晨译：《联邦反托拉斯政策——竞争法律及其实践》，法律出版社2009年版，第553页。

消费者受益。效率抗辩的审查，需要竞争主管当局根据具体案情自由裁量，但消费者能够分享并购所产生的效率或者至少不能因并购而受到利益损害是底线。

（三）效率须为并购所特有

企业并购所特有的效率是指，并购当事人所主张的效率，是由并购交易本身所产生，不能源于并购以外的合资、许可等替代方式。并购企业应当证明不存在能产生该效率的其他替代性方式，该效率为本项并购所特有。如果证明其他替代性方案能够产生同样的效率，则当事人所主张的效率抗辩不会为反垄断执法机构所认可。

（四）效率须具有可证实性

并购所产生的效率评估与衡量非常困难，只有能够证实的效率才能作为抗辩事由被执法机构认可。如果并购当事人试图论证其并购产生了可抵消负面效应的效率，举证责任应当由其自行承担。[1] 并购当事人出于自身企业发展的利益最大化考量，提出效率抗辩的主张和证据时往往有夸大效率的趋向，这就需要反垄断执法机构全面调查，深入分析，综合评估。一般认为，能被接受的效率包括规模经济、生产设施的整合、研发能力的提升、工厂专业化以及运输成本的降低。例如，葡萄牙竞争局在审查企业并购对市场的反竞争影响时，合并当事方可以把效率作为抗辩理由，提供充足的证据表明并购提高了效率。通过并购产生的效率可以提高并购后企业的能力，并激励它们更好地参与竞争，表现为降低产品价格、提高产品质量、改善服务和增加新产品。另外，需要区分企业之间并购是对企业的可变成本带来积极影响还是给固

---

〔1〕 参见王中美：《并购与反垄断》，上海世纪出版集团、上海人民出版社2008年版，第100页。

定成本带来影响，对于后者，葡萄牙竞争局不予认可。[1]

第四节 破产企业抗辩的内涵及原理

一、破产企业抗辩的一般内涵

破产企业抗辩的基本内涵在于：若并购当事人能够证明目标企业濒临破产，且虽做过努力但没有反竞争性更小的替代性方案，那么反垄断执法机构可以接受该抗辩理由而对该项并购交易不予禁止。美国、欧盟等法域的并购控制法律政策均规定了破产企业抗辩制度。当然，目前破产企业抗辩制度适用标准极为严格，同时也面临着一些争论和质疑。有学者论证指出，收购破产企业并非一定会导致产生或增强市场支配地位的结果，批准这样的合并也不一定比让破产企业退出市场更有利于竞争。[2]

如果经营者能够证明参与集中的一方企业濒于破产，一项原本可能产生或加强市场支配地位的集中有可能获得允许，其理由包括两点：其一，与其让一个经营者最终破产退出竞争市场，不如让另一个经营者对该濒于破产的经营者实施集中。这类集中可能并不产生或加强市场支配力量，甚至有可能改善市场竞争条件。其二，对一个濒于破产的经营者实施集中，可以避免出现大量失业、清算引起的资产浪费等破产对社会经济带来的负面影响。[3]

---

〔1〕 参见尚明主编：《企业并购反垄断控制：欧盟及部分成员国立法执法经验》，法律出版社2008年版，第190页。

〔2〕 See Cf. Derek C. Bok, Section 7 of the Clayton Act and the Merging of Law and Economics, 74 *Harv. L. Rev.* 226, 345 (1960).

〔3〕 参见时建中主编：《反垄断法——法典释评与学理探源》，中国人民大学出版社2008年版，第310页。

破产企业抗辩制度最早产生于美国，由美国最高法院在1930年“国际鞋业公司诉联邦贸易委员会”[1] 一案中首次提出并确立。联邦最高法院认定该案指控的并购不构成违法，因为被兼并的公司“资源耗尽而恢复的希望如此渺茫，它面临着经营失败的很大可能性”，而且对这家公司没有其他的有意向的收购者。1969年“国民出版公司诉美国”[2] 一案中，又进一步确定了破产企业抗辩制度的适用原则和标准。美国1992年《横向合并指南》规定了破产企业的检验标准，第5.1节和5.2节又具体规定了破产企业抗辩与破产分公司抗辩的适用条件。

欧盟破产企业抗辩制度，又称为援救合并（rescue merger）。欧盟启动破产企业抗辩的首个案例是1991年Aerospatiale－Alenia/De Havilland案，但该抗辩未被接受。[3] 欧盟委员会1993年在Kali and Salz/Mdk/Treuhand[4] 一案中正式确立了破产企业抗辩制度。2001年在BASF /Eurodiol/Pantochim一案中再次适用了该项制度。[5] 欧盟于2004年1月28日制定《企业合并控制条例横向合并评估指南》[6]，专门规定了破产企业抗辩制度适用问题。

---

〔1〕 International Shoe Co. v. FTC. 280 U. S. 291（1930）.

〔2〕 Citizen Publishing Company v. United States 394 U. S. at 131（1969）.

〔3〕 Case IV/M. 053 Aerospatiale－Alenia/de Havilland OJ 1991, L334/42, para. 31.

〔4〕 Case IV/M 308［1994］OJL 186/30,［1994］4 CMLR 526.

〔5〕 锁放：“论经营者集中反垄断审查中的破产抗辩制度”，载《商场现代化》2009年9月（下旬刊）总第588期。

〔6〕 See Guidelines on the assessment of horizontal mergers under the Council Regulation on the control of concentrations between undertakings（2004/C 31/03）, http：//eur－lex. europa. eu/LexUriServ/LexUriServ. do? uri＝CELEX：52004XC0205（02）：EN：HTML. 2010－10－17.

二、破产企业抗辩的基本原理

如果经营者能够证明，参与集中的一方即将破产，且符合相关条件，则该经营者集中不受禁止。其依据是，与其让一个经营者破产退出市场，还不如让新的经营者通过集中途径来取得并管理破产经营者的资产，以便保持市场上的竞争状态。〔1〕

破产企业抗辩基本原理在于：若并购当事人一方企业濒临破产，且会导致该企业资产退出相关市场，那么并购后的竞争状况可能并非比禁止并购后的竞争状况要坏。〔2〕假设合并案涉及一家濒临破产的企业，如果不进行合并，那么这家企业就无力在行业中生存下去，如遇到这种情况，那么合并后的情形不应该与合并前的情形进行比较，而应该与濒临破产的企业被淘汰出局的情形进行比较。〔3〕如果合并一方面临破产威胁，不合并将导致破产，破产将导致该企业资产从相关市场上消失，合并很可能不会产生或增强合并企业的市场力量，却有利于改善竞争条件，维护经济稳定和劳动力就业市场稳定。〔4〕“即使一项企业合并被认为可能产生或加强控制市场的地位，但如果参与合并的企业能够证明，合并还可同时改善市场的竞争条件，且改善市场竞争条件的益处可超过限制市场竞争的弊端，那么，该项合并就应该是被准许的。比较典型的可被认为是改善市场竞争环境的合并是‘企业整顿合

---

〔1〕参见［美］马歇尔·C. 霍华德：《美国反托拉斯法与贸易法规》，中国社会科学出版社 1991 年版，第 152 页。

〔2〕See ICN Merger Guidelines Workbook, for the Fifth Annual ICN Conference in Cape Town, ICN Merger Working Group: Investigation and Analysis Subgroup, April 2006, p. 66.

〔3〕参见马西莫·莫塔著，沈国华译：《竞争政策——理论与实践》，上海财经大学出版社 2006 年版，第 202 页。

〔4〕参见邵建东等：《竞争法学》，中国人民大学出版社 2009 年版，第 302 页。

并’，即涉及濒临破产的企业的合并。如果不进行此项合并，那么濒临破产的企业就可能被逐出市场，从而在该市场上出现更高的经济集中。”〔1〕适用破产企业抗辩有两个可能的理由：一是破产企业对竞争的作用如此温和，以致被竞争对手并购不会显著降低竞争；二是从相关投资者、雇员、客户和社区的角度看，并购比破产更受欢迎，并且破产后的退出前景某种程度上可能会降低市场进入壁垒。〔2〕

也有学者对破产企业抗辩理论持反对态度，认为企业破产是为有效的商业活动提供激励的一种必不可少的手段，它让决策失误的企业自己承担犯错误的成本。为了避免企业破产而纵容垄断，不仅保护了垄断，而且更糟糕的是保护了无效率的垄断。它甚至不会显著地减少破产，因为它降低了破产的预期成本，从而鼓励了企业去冒更大的财务风险。〔3〕破产企业抗辩的适用须满足严格的条件，且以濒临破产企业不能按照破产法进行重整为要件之一。“重整制度体现国家公力透过司法程序对经济活动的适度干预，目的是维护社会整体利益。综合利用各类法律规范协调解决破产所面临的社会问题，正是重整制度得以诞生并迅速发展为各国破产立法重要支柱的理念基础。”〔4〕“破产法的直接调整作用，是通过其特有的调整手段保障债务关系在债务人丧失清偿能力时的有序、公平实现，解决对多数债权人的公平清偿，挽救具有挽救可能的

---

〔1〕张瑞萍：《反垄断法理论与实践探索》，吉林大学出版社 1998 年版，第 97 页。

〔2〕See Phillip Areeda, Louis Kaplow, Antitrust Analysis: Problems, Test, and Case, *Citic Publishing House*, 2003, p. 525.

〔3〕转引自唐家要：《反垄断经济学：理论与政策》，中国社会科学出版社 2008 年版，第 122 页。

〔4〕王欣新、徐阳光：“上市公司重整法律制度研究”，载《法学杂志》2007 年第 3 期。

债务人，维护债权人和债务人的正当权益，维护社会利益与经济秩序。这才是破产立法的根本宗旨。”[1] 由此可见，破产企业抗辩制度的适用已经与破产重整制度进行了平衡协调，一般不会与破产法的原则与理念相冲突。

破产企业抗辩在以下情况下是有效率的：①能使该失败企业及其债权人避免破产程序所引起的管理成本；②将那些值得保留在生产中的生产性资产留在该市场上，而如果不是进行这项合并，则这些资产会退出生产领域。与此相抵消的，是该合并本身可能会引起垄断定价从而造成社会损失，但如果让这个失败企业退出市场，也有可能造成垄断局面，这也会产生社会成本，因而在前一社会损失中，应将这后一社会损失扣除。[2] 对濒临破产企业的收购即使会产生垄断，也可以是有效率的，但前提条件是该濒临破产企业不能进行重整并保持该市场竞争连续性，也不能通过被其他所有者并购且仍然把该企业作为竞争性企业从事经营。

三、破产企业抗辩制度的适用条件

各个国家和地区破产企业抗辩的适用条件有所差异，但也逐步趋同，总体持较为严格的立法及执法态度。以美国为例，尽管“失败”公司的辩称在并购审查程序中可能是决定性的，但是审查官员并不喜欢通过快速审查处理这一事项，因为只有在并购被认为限制竞争时这一抗辩才是适宜的，同时它也很难克服对竞争

---

〔1〕 王欣新、尹正友：“正确认识金融危机下破产法的社会调整作用”，载《第二届中国破产法论坛论文集》，http://www.chinalawedu.com/new/21604_21630_/2009_11_15_ji3838214653151119002111193.shtml.

〔2〕 参见［美］赫伯特·霍温坎普著，许光耀、江山、王晨译：《联邦反托拉斯政策——竞争法律及其实践》，法律出版社2009年版，第601页。

限制严重的担忧。[1] 一般认为，破产企业抗辩应符合以下三个条件：

（一）并购目标企业已濒临破产且如不进行并购，该企业的资产不久将会退出相关市场

并购当事人主张破产企业抗辩，必须提供目标企业的财务信息、财务审查报告、经营性资料等证明材料，证明目标企业已经濒临破产，如果不进行该项并购，该企业的资产将会不可避免地退出相关市场。例如，韩国《垄断规制法》把破产企业抗辩情形称为"与不可再生企业的结合"。该制度的适用条件如下：公平贸易委员会对于同在相当长一段时期内资产负债表上的资产总额低于债务等不可再生企业的结合，若不进行该企业结合，该不可再生企业的生产设备等难以继续在该市场使用，或者难以形成限制竞争性少于其他结合时，可以不适用企业结合限制规定（《垄断规制法》第7条第2项第2号，施行令第12条之4）。对于与不可再生企业的结合，是否完全符合上述要件，由当事企业承担举证责任。对此类企业的审查应依据下列标准：①该企业是否在相当长的一段时期内资产负债表上的资本总额低于债务额；②该企业是否持续一段时期内支付的利息总额超过营业利益，且经常损益为亏损；③该企业是否根据《破产法》的规定申请过启动和解程序，或者提出过破产申请；④该公司是否由于无法还清贷款，与金融机构订立了接管公司经营的委托协议。[2]

---

〔1〕 参见［美］美国律师协会反垄断分会编，伊莲·K. 格茨主编，李之彦、王涛译：《美国并购审查程序暨实务指南（第3版）》，北京大学出版社2011年版，第148页。

〔2〕 参见［韩］权五乘著，崔吉子译：《韩国经济法》，北京大学出版社2009年版，第138—139页。

（二）目标企业没有根据破产法进行重组的重大前景

如果目标企业已经进行破产程序，但重组计划没有达成或未获得法院批准，这也是证明没有重组可能的一个有效证据。“破产法所追求的，已不再是在债权人和债务人两极之间的平衡，而是加入了社会力量，成为在三维方向与三极层面上作用力量的平衡关系。”[1] 如果一项并购能够按照破产法进行重整，则有利于实现其平衡协调社会整体利益与市场主体利益的关系，则不能适用破产企业抗辩规则实施并购交易。例如，欧盟 BASF/Eurodiol/Pantochim（2001）案的情形即符合该项抗辩条件。欧盟委员会考察了 Eurodiol 和 Pantochim 即将破产的前景，在 Eurodiol 和 Pantochim 达成收购协议之前，Eurodiol 和 Pantochim 已经被比利时法院 Charlero 置于前破产程序之下。鉴于各项因素，欧盟委员会得出结论认为，合并带来的竞争结构的恶化并非比没有合并的情况下严重，因此破产企业抗辩得以成立，合并得以通过。[2]

（三）市场上没有比现在的并购者具有更小反竞争效果的购买者

多数国家和地区的法律法规指南要求，并购当事人提出破产企业抗辩必须证明市场上没有出现其他能够比现在的并购企业带来更小反竞争效果的购买企业。并购当事人应当证明，已经做了真诚的努力去寻找更小反竞争效果的购买者但没有成功。譬如，发出并购重组要约，但没有符合条件的企业来接受；主动与相关企业谈判，但未达成收购协议等都是典型的证据。该项适用条件旨在保障目标企业的市场份额和资产转让的竞争性，从而防止出

---

〔1〕 王欣新主编：《破产法》，中国人民大学出版社 2002 年版，第 24—25 页。

〔2〕 See ICN Merger Guidelines Workbook, for the Fifth Annual ICN Conference in Cape Town, ICN Merger Working Group: Investigation and Analysis Subgroup, April 2006, pp. 70 – 71.

现更大的限制竞争效果发生。例如，Granader v. Public Bank 一案[1]分析认为：如果该银行破产，则会对公众有损害，而且又没有其他可以接受的收购人，因而破产企业抗辩成立。

第五节 公共利益抗辩的内涵及原理

一、公共利益抗辩的一般内涵

公共利益抗辩制度的要义在于：一项可能产生实质性限制竞争效果的并购，如果符合社会公共利益，并购当事人可以基于此项理由提出主张和抗辩，反垄断执法机构审查后认为公共利益抗辩情形成立的，可以予以批准。该项实体性抗辩规则体现了反垄断法的社会本位观和社会整体利益价值目标要求。

公共利益内涵较为宽泛，不容易明确界定。一般认为，公共利益是具有公益性、全局性和整体性的社会利益。我国《反垄断法》第 27 条第 5 款规定审查经营者集中应当考虑的因素之一为“对国民经济发展的影响”。可见，国民经济的健康稳定发展涉及社会总体经济的稳定，也属于考量公共利益的具体标准。我国《反垄断法》第 15 条第 4 款规定了垄断协议的公共利益抗辩情形，“节约能源、保护环境、救灾救助等社会公共利益”，可视为《反垄断法》对社会公共利益范围的界定，同样可适用于并购反垄断审查中的公共利益抗辩情形。

并购反垄断审查“公共利益”抗辩理由具有原则性。各国和地区对“公共利益”界定得一般比较原则化，其具体适用须

---

〔1〕 Granader v. Public Bank, 281 F. Supp. 120 (E. D. Mich. 1967), cert. denied, 397 U. S. 1065, 90 S. Ct. 1503 (1970).

经由并购当事方举证证明，或由反垄断执法机构或其他公共机构予以审查、评估并作出自由裁量。例如，《乌克兰保护经济竞争法》第25条第2款只是原则规定了“合并若对公共利益的积极效果超过限制竞争的消极影响”时，即使合并可能导致实质性限制竞争的，乌克兰部长内阁可以批准该合并。[1] 可见，该“公共利益”也是原则性规定，并未予以具体列举或详细界定，其具体适用须由公共机构予以认定。

并购反垄断审查“公共利益”抗辩事由具有概括性。有些国家和地区相关法律、法规对公共利益也作出了概括性列举。例如，《南非共和国竞争法》第12节附则1规定，概括性列举了“重大公共利益”评估的考量因素，涉及特殊行政或地区公共利益、就业公共利益、小型企业或弱势主体控制企业的利益、国际竞争力利益。[2]

公共利益抗辩事由具有一定的抽象性。公共利益的主体具有集体性，公共利益的标的具有公益性，公共利益的实现具有自由裁量性，这些都导致“公共利益”的界定和评估考量标准具有抽象性特征。鉴于公共利益的抽象性，我国并购反垄断审查的公共利益抗辩标准，须采用内涵与列举相结合方式，在概括规定公共利益内涵的同时，尽量细化其外延，以增强公共利益抗辩的操作性，防止因公共利益评估标准的模糊性而导致权

---

〔1〕 参见时建中主编：《三十一国竞争法典》，中国政法大学出版社2009年版，第599页。

〔2〕《南非共和国竞争法》（2001年）第12节附则1规定了合并审议的评估标准与程序，其中涉及公共利益情形分析：基于重大公共利益的考虑确定是否能够证明合并的正当性时，竞争委员会或竞争法庭须审议合并对下列因素造成的影响：①某一特殊行业部门或地区；②就业；③小型企业或由历史上处于弱势地位的主体控制或所有的企业提高竞争力的能力；④国内行业在国际市场的竞争能力。参见时建中主编：《三十一国竞争法典》，中国政法大学出版社2009年版，第397页。

力寻租和执法权滥用，借口公共利益而损害并购当事人的合法权益的情况。

二、公共利益抗辩的基本原理

公共利益抗辩的基本原理在于：国家通过反垄断法对并购行为进行反垄断规制，目的在于维持公平自由的竞争秩序，最终是实现社会公共福利的最大化。如果一项并购符合社会公共利益，即使可能产生实质性限制竞争效果，也可因公共利益超过了负面影响而得到反垄断执法机构的批准。例如，《印度尼西亚禁止垄断行为和不公平商业竞争法》（1999 年）第 2 条规定了本法的基本原则：事业者在印度尼西亚从事商业活动时须以经济民主为基础，平衡事业者的利益和公共利益。〔1〕由该立法规定可见，公共利益考量与抗辩也是反垄断法执法的重要因素之一。

公共利益规制理论可以作为公共利益抗辩的理论基础之一。公共利益规制理论（The Public Interest Theory of Regulation）强调政府规制旨在使社会福利最大化，市场存在失灵现象，政府通过规制来矫正市场失灵，可以使经济资源配置达到最优以及公共利益最大化。〔2〕如果一项并购有利于公共利益增进，且能够抵消限制竞争影响，就会被认为符合政府制定实施反垄断法的最终目标，那么该项并购因符合公共利益可以被豁免和批准。例如，《经济合作组织（OECD）竞争法的基本框架》推荐的

---

〔1〕 参见时建中主编：《三十一国竞争法典》，中国政法大学出版社 2009 年版，第 316 页。

〔2〕 参见吴鸣：《公共政策的经济学分析》，湖南人民出版社 2004 年版，第 61 页；转引自詹昊：《〈反垄断法〉下的企业并购实务：经营者集中法律解读、案例分析与操作指引》，法律出版社 2008 年版，第 210 页。

“审查市场集中”条款第11节规定，国家并购反垄断审查可基于“压倒一切的公共政策理由”予以批准可能实质性限制竞争的合并交易。此处的“公共政策理由”即可理解为“公共利益抗辩事由”。[1]

三、公共利益抗辩制度的适用条件

公共利益抗辩制度的适用需要严格的适用条件，一般并购当事人须提交相关证据证明拟实施的并购有助于实现社会公共利益，反垄断执法机构亦可依职权进行调查，以作出是否接受公共利益抗辩而批准该项并购的裁决。一般认为，公共利益抗辩的适用条件包括以下三个方面：

（一）公共利益须为重大且能够超过限制竞争的负面影响

作为并购反垄断审查抗辩事由的“公共利益”须为重大的社会公共利益。公共利益抗辩理由，须足以抵消或超过并购交易限制竞争的负面效果。如果是一般性公共利益，可能不足以抵消或超过限制性竞争的负面影响，则不宜作为合理的抗辩事由予以接受。例如，德国并购控制法律规则规定，在个别情况下，如果竞争限制被结合的整体经济利益所抵消，或者合并由于压倒一切的公共利益是合理的，德国联邦经济事务部长基于

---

〔1〕《经济合作组织（OECD）竞争法的基本框架》推荐的“审查市场集中”条款第11节规定：在必须提交申请报告的集中里，那些已由竞争主管当局认定应根据本款第8节的规定予以禁止且无资格按第9节的规定享受豁免的集中，可以在以后由（国家的）政府根据某些压倒一切的公共政策理由以发布政府决定的方式予以批准。这类理由包括能对（全国）公民的总福利做出独一无二的、意义深远的贡献。参见尚明主编：《主要国家（地区）反垄断法律汇编》，法律出版社2004年5月第1版，第737页。

申请授予许可。[1]

(二) 公共利益外延一般须涉及国家安全、国计民生、环保等社会公益领域

公共利益标准并没有客观确定的内容，执法机构对于拟议并购是否符合公共利益的认知，可能会随着经济政策及执法环境的不同发生变动。日本学界对禁止垄断法保护的公共利益有三种主要观点：一是认为禁止垄断法上的公共利益，就是所维持的自由竞争的经济秩序本身；二是认为其包括比较高层次的生产者、消费者在内的整个国民经济利益；三是认为包含中小企业者、消费者等经济的从属者以及弱者的利益等。第一种观点占据着通说位置。[2] 公共利益抗辩的主张与采纳只有符合公共性和公益性的要求，才能有效防范执法机构可能被经营者所俘获而滥用权力，防止把个别企业或产业的利益凌驾于公共利益之上，或借口公共利益而放行一些严重限制竞争的并购交易，从而损害消费者福利，损害真正的公共利益。

(三) 公共利益应可证实

并购当事人提出公共利益抗辩主张，应当提出证据证实并购交易确实能够显著增进社会公共利益，并且能够超过并购所产生的负面影响。比如，只有通过举证证明一项并购交易能够显著提升产业的国际竞争力、能够显著改善环境、能够显著提升产业技术水平、能够显著优化产业结构、能够促进产业升级、能够显著扩大就业等，公共利益抗辩才可能被接受。公共利益的认定和证实须经过正当的程序。反垄断执法机构的初步认定

---

〔1〕 参见［德］沃尔夫冈·费肯杰著，张世明译：《经济法（第2卷）》，中国民主法制出版社2010年版，第342页。

〔2〕 参见［日］根岸哲、舟田正之著，王为农、陈杰译：《日本禁止垄断法概论（第3版）》，中国法制出版社2007年版，第53页。

和裁决，须经过法定的审查抗辩程序，经过公众的监督和评议，“公共利益”抗辩与裁决才具有程序正当性。

本章小结

通过本章分析论述，可以得出以下四点认识和结论：

第一，并购反垄断审查制度是各国反垄断法的一个重要组成部分。基本制度体系包括：审查标准、审查步骤、审查内容、实体性抗辩和程序性抗辩等规则系统。该项制度旨在防止因企业并购导致经济力过度集中而产生严重的限制竞争行为，以维护公平自由的市场竞争秩序；同时也重视维护市场企业主体的正当权益，充分行使实体性和程序性抗辩权利，保障正常的市场并购活动，促进企业管理创新与技术进步，增进社会整体福利水平。

第二，并购反垄断审查抗辩制度体现了经济法暨反垄断法的基本特征。该项制度具有公法和私法的交融性，体现了经济法的社会本位理念，内容上具有鲜明的经济性和政策性，法益目标具有多元性和复合性，调整手段也具有综合性。

第三，实体性抗辩事由的主张与举证，可能使一些本来未能通过监管机构实质审查标准测试的并购得以豁免被批准。实体性抗辩制度主要包括市场进入抗辩、效率抗辩、破产企业抗辩和公共利益抗辩等规则体系。实体性抗辩规则的适用须符合严格的法定要件，并经过执法机构的审查与认定。

第四，程序性抗辩规范的科学设计是法律原则及实体性规则得以贯彻的重要基础。并购反垄断审查抗辩程序一般包括申报、立案、审查、抗辩、批准或禁止、公告公示等环节。程序性抗辩规范的制定与实施，有利于保障当事人程序权利的行使，保障并购审查程序的正当性，实现并购反垄断审查制度的价值目标。

第二章 历史考察：并购反垄断审查抗辩制度追本溯源

并购反垄断审查制度是各国和地区反垄断法的重要组成部分，旨在通过对企业并购活动的法律规制，维护公平自由的市场竞争秩序，增进一般消费者福祉，保障社会公共利益。并购反垄断审查制度产生于国家对垄断市场失灵现象的矫正职能需要，主要成因在于国家实施经济管理职能与市场经济竞争机制的耦合。本章对并购反垄断审查抗辩制度的起源及发展进行了系统评述，主要阐述并购反垄断审查抗辩制度的产生发展、制度成因、立法模式和实施效应。重点阐释美国、日本、欧盟等国家和地区的制度源起、适用条件、证明要求、审查抗辩程序等理论及实践问题，并结合典型案例进行综合评析，以期探究总结制度起源、发展及运行规律。

第一节 并购反垄断审查抗辩制度的成因及效应

并购反垄断审查制度是反垄断法三大支柱制度之一，主要成因在于国家实施经济管理职能与市场经济竞争机制的耦合作用。并购反垄断审查制度最早源于美国《克莱顿法》的制定和实施。各国和地区并购反垄断审查抗辩规范的制定及运行，随着时代的发展和经济社会的变迁不断加以改革完善，形成了实体性规范与程序性规范有机统一的制度体系。实体性和程序性抗辩规则的制定与实施，对维护公平自由竞争秩序，增进一般消费者福利和维护社会整体利益发挥了良好的调整效应。

一、并购反垄断审查抗辩制度的成因

并购反垄断审查抗辩制度的成因有三：一是市场经济发展矛盾的必然要求；二是国家经济职能实现的客观需要；三是克服政府失灵的现实需要。

（一）市场经济发展矛盾的必然要求

市场机制自身并不足以实现所有的经济职能，离开了政府的市场将无法正常运转。[1] 自由竞争向垄断的演变产生了剧烈经济矛盾与社会矛盾，市场经济本身及市民法均无法解决垄断问题。这就产生了国家制定反垄断法规制垄断状态及垄断行为的现实需要。[2] 并购交易属于市场经济中的正常经济活动，绝

〔1〕 参见［澳］欧文·E. 休斯著，彭和平等译：《公共管理导论（第2版）》，中国人民大学出版社2001年版，第112页。

〔2〕 参见刘瑞复：《经济法学原理》，北京大学出版社2000年版，第49—50页。

大多数并购有利于扩大规模经济和范围经济，提高企业运行效率。国家法律对绝大多数并购交易并不禁止，反而可能通过产业政策对并购重组活动予以鼓励，以提升国内相关产业的国际竞争力，优化产业结构，促进产业升级。但如果企业并购超过法定标准，可能会导致单边协调效应和双边协调效应，从而产生实质性限制竞争效果，进而损害一般消费者福利，损害社会公共利益，原属于正常的市场竞争行为的并购活动则走向了其反面，成为限制市场竞争，遏制市场机制的异化力量。

超过一定标准的并购交易，可能损害市场经济对资源的优化配置功能，从而最终损害社会整体经济健康持续发展，这就出现了“市场失灵”问题。垄断导致的市场失灵问题不能再单纯通过市场本身予以解决。市场失灵问题迫切要求国家作为公共利益的代表介入市场并购活动，并购反垄断控制法律应运而生。国家制定出台并购反垄断控制法律，对严重限制竞争的并购交易活动予以审查控制，放行正常的或存在合理抗辩事由的企业并购交易，禁止或附条件批准实质性限制竞争的交易。并购反垄断审查抗辩制度的实体性和程序性规范设计须符合经济法治的基本要求，注重经济分析，体现市场经济的基本规律，有利于矫正市场失灵现象；既要致力于维护公平自由竞争，又要促进符合市场规律、规模经济效益的正常并购活动。由此可见，正是市场经济中并购交易活动发展中的矛盾本身，成为国家制定和实施并购反垄断审查抗辩法律制度的必然要求。

（二）国家经济职能实现的客观需要

“离开政府的控制，自由企业制度的优越性将无从体现。不受限制的竞争可能反而会导致对竞争的破坏，而竞争者也完全可能会由于合并或串谋而结束竞争。"[1] 建立和实施并购反垄断审查抗辩制度，也是实现国家管理经济的职能，协调与平衡社会、国家、企业等主体的利益的客观需要。为保证市场经济有序进行，国家并购反垄断控制法律必然会渗透到国家竞争及经济政策中。国家为实现其经济职能必然要把竞争等经济政策披上法律的外衣，并购反垄断审查制度的程序性规范和实体性抗辩理由的适用规则都是国家意志的体现。反垄断法制定的内在原因在于国家欲利用创制和维护竞争秩序的契机来贯彻其经济政策，以实现国家社会经济发展之目标。[2] 例如，通过公共利益抗辩制度的实施，国家可能会基于重大环境保护利益、国家安全、国际竞争力等重大公共利益足以抵消其限制竞争影响而接受公共利益抗辩，批准一项并购交易。可见，并购反垄断审查抗辩制度是国家经济职能实现的重要法律手段之一。

国家制定实施并购反垄断审查抗辩制度的直接目的可以概括为三个层面：其一，为公司审视其并购活动提供一个安全的法律框架；其二，提供的法律框架规定一些竞争保护措施，使一些并购交易在满足特定保护措施的前提下可以继续进行；其三，当保障措施不够充分时，能够阻止或禁止可能对市场公平自由竞争秩序产生不利影响的企业并购活动。并购反垄断审查抗辩制度的科学设计与实施，有利于保障并购当事人的程序性和实体性抗辩权利，确保执法机构公正裁决，维护自由公平竞争秩序，维护消费者的福利，维护社会公共利益。

---

〔1〕［澳］欧文·E. 休斯著，彭和平等译：《公共管理导论（第2版）》，中国人民大学出版社2001年版，第120页。

〔2〕参见吴宏伟、魏炜："论反垄断法的价值目标"，载《法学家》2005年第3期。

（三）克服政府失灵现象的现实需要

公共选择理论业已证明，国家和政府公共执行部门也不能成为社会公共利益的天然代表，执法部门及其人员也容易被利益团体或个体俘获，再加上信息不对称等因素，政府失灵现象由此产生。为有效克服并购反垄断审查中的政府失灵现象，国家须制定完善的相关规范体系，贯彻公开透明原则，健全正当程序规则，促进科学、民主执法。并购反垄断审查抗辩制度有利于保障并购当事人、利益相关方、消费者、行业协会、社会团体、其他公共部门乃至社会公众的参与权、意见表达权、申辩权、获得救济权等程序性权利。该项制度有利于保障并购反垄断审查抗辩的过程和裁决结果的有效公开，以完善并购反垄断审查的监督制约机制，提高反垄断执法机构的公正性和公信力，从而有效实现并购反垄断审查法律的立法宗旨和价值目标。

二、并购反垄断审查抗辩制度的立法模式

并购反垄断审查抗辩制度属于反垄断法的具体制度，其立法模式当然与反垄断法相一致，其立法模式大体可分为成文法立法模式、判例法立法模式和结合式立法模式。

（一）成文法立法模式

德国、日本等大陆法系国家的并购控制立法采取成文法立法模式，并购反垄断审查抗辩制度由相关法律法规予以确立。例如，德国《反限制竞争法》规定，除了注册要求乃至公告要求和结合事实之外，作为合并控制的实质性标准体现在第 24 条第 1 款。如果可以预期，通过一个结合，市场支配地位被形成或加强，并且介入的企业不能证明，竞争条件通过结合也发生了改善，并且这些改善远远超过了市场支配的负面影响，这样

联邦卡特尔局便能以禁止命令加以干预。[1]

德国并购反垄断审查抗辩制度由实体性规范体系与程序性规范体系构成。1973 年修改《反限制竞争法》，加入了企业合并控制的条款，真正形成了反垄断意义上的企业并购控制制度。合并控制通过 1973 年第二次《卡特尔法》修订，表现为第 23 - 24b 条。[2] 德国先后于 1976 年、1980 年、1989 年、1998 年、2005 年、2009 年修改了《反限制竞争法》，企业并购控制制度亦日益完善。《德国反限制竞争法》（2005 年）第 56 条规定了当事人发表意见的权利，当事人可以通过发表意见，提出自己的抗辩理由。德国《反限制竞争法》第 36 条第 1 款规定了并购反垄断审查的豁免或抗辩情形：如可预见，合并将产生或加强市场支配地位，联邦卡特尔局应禁止合并，但参与合并的企业证明合并也能改善竞争条件，且这种改善超过支配市场的弊端的，不在此限。

（二）判例法立法模式

英美等判例法国家，其并购反垄断审查案件的相关裁决、判决本身即具有法律效力，发挥着重要的法律调整功能。例如，美国破产企业抗辩原则就是由美国最高法院在 1930 年“国际鞋业公司诉美国联邦贸易委员”一案[3]中提出并确立。美国并购反垄断案件的大量案例是其重要法律渊源之一，指导和发展着并购控制反垄断抗辩制度体系的不断完善和有效实施。

美国作为判例法国家，反托拉斯法中成文法部分无论多么

---

〔1〕 参见［德］沃尔夫冈·费肯杰著，张世明译：《经济法（第 2 卷）》，中国民主法制出版社 2010 年版，第 339 页。

〔2〕 参见［德］沃尔夫冈·费肯杰著，张世明译：《经济法（第 2 卷）》，中国民主法制出版社 2010 年版，第 331 页。

〔3〕 International Shoe Co. v. FTC. 280 U. S. 291 (1930).

发达，都不能完全代替判例法的作用。美国的托拉斯成文法的规定比较原则，缺乏体系性，而判例则构成成文法原则性规定的有效解释。[1] 当然，随着判例法与成文法逐渐融合，美国并购反垄断审查抗辩制度不仅由判例法来调整，也制定了诸如《克莱顿法》等成文法对并购行为予以有效规制。

（三）结合式立法模式

目前世界范围内，大陆法系与普通法系呈现出相互融合的态势。就并购反垄断审查抗辩法律制度而言，英国、美国等典型的英美法系国家也已经采取成文法与判例法相结合的立法模式。英国、美国都颁布了控制企业并购的基本法律。如英国2002年《企业法》即是规范企业并购反垄断审查的重要法律。美国《克莱顿法》、《联邦贸易委员会法》等成文法律与判例法共同发挥着并购反垄断法控制的功能。德国、日本、欧盟等传统大陆法系国家和地区，在重视成文法的同时，也逐步重视判例的调整与引导作用。

三、并购反垄断审查抗辩制度的效应

并购反垄断审查抗辩制度的制定与实施具有良好的综合效应，对实现并购反垄断审查法律的价值目标具有重要的保障功能和积极的调整效应。

（一）有利于维护并购当事人的程序性权利

并购反垄断审查抗辩制度重视程序正义规则的设计，规定了并购当事人享有的申辩、表达意见、申请参加听证会、提出抗辩事由等权利，有效维护了并购当事人的程序性权利，有利

---

〔1〕 参见沈敏荣：《法律的不确定性——反垄断法规则分析》，法律出版社2001年版，第31页。

于维护并购当事人的合法权益。如果在审查机构有机会形成其自己的理论之前，当事方可以陈述关于交易的理论和竞争性影响，审查机构很可能会采纳当事方的想法来分析交易，以更有利的方式来对待该交易。[1] 由此可见，该项制度能够有效平衡协调国家反垄断执法机构和并购当事人的权利义务关系，实现并购反垄断审查的立法宗旨和价值目标。

（二）有利于平衡协调社会公共利益和市场主体利益等利益关系

并购反垄断审查抗辩制度能够有效保障实现社会公共利益、国家利益和市场主体利益之间的平衡协调。实体性和程序性抗辩规则的制定和实施，既有利于维护自由公平竞争秩序，维护消费者福利，保障社会公共利益；又有利于激发市场主体的竞争活力，发挥市场经济配置资源的优势，促进符合市场规律的正常并购活动，维护社会市场主体的正当利益。并购反垄断审查抗辩制度不仅重视维护公平自由竞争秩序，促进企业提升管理和技术创新，提高产品质量，降低产品和服务价格，而且重视促进规模经济和范围经济的实现，增强综合竞争实力，促进产业的健康稳定发展。

（三）有利于降低并购反垄断执法成本

并购反垄断审查抗辩制度制定了合理的程序性规范和实体性规范。法律赋予反垄断执法机构以调查、审查、制裁等行政性权限的同时，重视并购当事人和利益相关的第三方表明意见和行使提出抗辩的权利，鼓励相关当事人提供全面系统、客观真实的相关信息和证据材料，同时重视社会大众的监督和评议，

---

〔1〕 参见［美］美国律师协会反垄断分会编，伊莲·K. 格茨主编，李之彦、王涛译：《美国并购审查程序暨实务指南（第3版）》，北京大学出版社2011年版，第128页。

畅通了信息渠道，能够有效克服行政执法的信息不对称问题，从而有利于降低执法成本，提高执法成效。并购当事方提供相关信息，提供相关证据，提出相应抗辩主张和事实证据，既是并购当事方的权利，又是并购当事人的义务。反垄断执法机构通过主动调查和并购当事人依法定程序提交的申报材料、抗辩材料和证据等信息，通过其他竞争者、客户、消费者、社会团体、公共部门提供的信息、提出的意见和证据等综合信息，有利于全面掌握并购交易的信息与资料，作出准确分析与评估，以作出公平公正的裁决。

（四）有利于增强并购反垄断执法的公正性和公信力

各国和地区的并购反垄断审查抗辩制度非常重视公开性和透明度建设，保障并购反垄断审查抗辩程序贯彻公开透明原则，对并购反垄断审查的规范、进程、裁决结果等情况依法予以公开，加强并购当事人、利益相关方和社会公众对并购反垄断审查过程和结果的监督机制，避免暗箱操作，控制权力寻租和执法腐败，保障并购反垄断审查过程和结果的公正。公开、公平、透明的并购审查机制，也有利于增强并购当事人的合理预期，有效控制和减少并购交易成本，同时有利于培养市场主体的竞争文化和守法意识，营造良好的反垄断执法环境，增强反垄断执法机构的公正性和公信力。

第二节　美国并购反垄断审查抗辩法律制度评述

一、美国并购反垄断审查抗辩制度概略

（一）美国并购反垄断审查立法简史

美国并购反垄断审查制度起始于 1914 年《克莱顿法》。该

法第7条最初规定：如果该并购实质上减少竞争或旨在形成垄断，则从事商业活动的公司不能直接或间接占有其他从事商业活动的公司的股份或股票。[1] 1950年《塞勒-凯弗维尔法》修改了《克莱顿法》第7条，增加了取得公司资产这种合并方式。1976年《哈特-斯科特-诺迪罗反托拉斯改进法》(简称《HSR法》)对《克莱顿法》第7条补充了7A条，要求并购当事企业在合并前须向反托拉斯机构申报，在规定的期限内没有异议的才可以实施合并。1980年《反托拉斯诉讼程序改进法》对第7条予以修改：其一，用“人”代替了原规定中的“公司”，从而使合伙企业和不具备法人资格的合营企业也要受该法管辖；其二，除了原规定的“在任何商业部门中”，又增加了“或在任何影响商业的活动中”。[2]

美国并购反垄断审查抗辩的法院判例也是并购审查的重要法律渊源。例如，在 FTC v. Butterworth health and Blodget Memorial Medical Center 一案[3]中，联邦贸易委员会向法院申请禁令，被告成功证明，在特定情况下尽管竞争会减少，但是消费者利益会因为合并使得更为有效的、更高质量的、更低价格的医疗保健得到加强，法院支持了该项效率抗辩。

---

〔1〕 美国《克莱顿法》第7条规定：“从事商业或从事影响商业活动的任何人，不能直接或间接占有其他从事商业或影响商业活动的一人的全部或部分股票或其他资本份额。联邦贸易委员会管辖下的任何人，不能占有其他从事商业或影响商业活动的人的全部或一部分资产，如果该占有可能会实质性地减损竞争或旨在形成垄断。”

〔2〕 转引自马歇尔·C. 霍华德：《美国反托拉斯法与贸易法规》，中国社会科学出版社1991年版，第40页。

〔3〕 964, F. supp. 1285 (W. D. Mich. 1996), at 1200 - 1301; aff'd, 121F. ed 708 (6th cir. 1997).

（二）实体性抗辩情形分析

重要的实体性抗辩事由或称抗辩原则，最先是由美国法院判例予以确立并得以逐步发展成熟。美国并购反垄断审查制度主要规定了市场进入抗辩、效率抗辩、破产企业抗辩等抗辩情形及适用要件。

《美国司法部和联邦贸易委员会横向合并指南》（1992 年 4 月 2 日发布，1997 年 4 月 8 日修订，2010 年 8 月 19 日修订），详细分析了市场进入抗辩、效率抗辩和破产企业抗辩制度的内涵与适用条件。以效率抗辩为例，1992 年横向合并指南使得效率抗辩得以松绑，1997 年合并指南则更加强调了效率抗辩的重要意义。[1] 司法部又在 2011 年 6 月发布了新的《合并救济指南》，对合并反垄断审查起到重要的指引作用。《美国司法部和联邦贸易委员会横向合并指南》（2010 年8 月19 日修订）认为，强势买方往往能够在和供应商协商时得到更优惠的条款。执法机构会通过检查强势买方所具有的选择以及这些选择会由于合并发生什么变化，来分析强势买方限制合并后企业提高价格的能力。[2]

（三）并购反垄断审查抗辩的程序性规则

美国并购反垄断执法机构的审查程序大体分为初步调查和进一步调查两个阶段。竞争主管当局首先需要界定相关市场的产品范围和地理范围，确定合并各方企业的市场份额以及相关市场内的集中水平。分析并购在相关市场内的竞争效果的关键问题是，并购是否会形成或增强市场力量，或者是否会有利于

---

〔1〕 See Thomas B. Leary, The Essential Stability of Merger Plicy in the United States, 70 Antitrust L. J. 105, 29 – 30 (2002).

〔2〕 See Horizontal Merger Guidelines, U. S. Department of Justice and the Federal Trade Commission Issued: August 19, 2010.

通过协调行为或单方行为行使这种力量。[1]《美国司法部和联邦贸易委员会横向合并指南》(2010 年 8 月 19 日修订)阐述的执法重点有所变化:反垄断执法机构已经更多地使用单边效应理论,而非协调效应理论,来质疑并购行为给竞争带来的负面效果。[2]

从程序性抗辩规则的角度分析,并购当事人享有针对竞争主管当局所提异议与指控的否定、申辩权利,否定竞争主管当局指控的事实的存在,证明所从事或拟从事并购行为的正当性与合法性。

二、美国并购反垄断审查实体性抗辩适用条件

(一)市场进入抗辩适用条件

美国 2010 年《横向合并指南》指出,针对市场进入分析及抗辩问题,该指南指出,在评估进入是否及时、可能和充分的过程中,当局承认很难或不可能获取准确和详细的信息。当局认为合理获得的、可靠的证据就可以满足及时性、可能性和充分性的条件。[3] 一般认为,"市场进入"抗辩的适用需要具备及时性、可能性和充分性三个条件。

1. 进入的及时性

为了阻止或抵消合并的反竞争后果,进入者必须得尽快对相关市场上的价格产生显著影响。合并当事人应当证明存在两

---

〔1〕 参见[美]美国律师协会反垄断分会编,伊莲·K. 格茨主编,李之彦、王涛译:《美国并购审查程序暨实务指南(第 3 版)》,北京大学出版社 2011 年版,第 3 页。

〔2〕 See Carl Shapiro, "The 2010 Horizontal Merger Guidelines: From Hedgehog to Fox in Forty Years", 77 ANTITRUST L. J. 701, 715 (2010).

〔3〕 See Horizontal Merger Guidelines, U. S. Department of Justice and the Federal Trade Commission Issued: August 19, 2010.

年内可以完成从初定计划到对市场产生显著影响的受约束的进入。例如，Federal - Mogul - T&N（FTC 1998）一案中，反垄断执法机构通过对每种类型的轴承，对双方的 OEM 和售后市场的需求进行调查，联邦贸易委员会工作人员发现，及时的市场进入可能能够阻止相关反竞争影响。[1]

2. 进入的可能性

如果可能的进入者以合并前的销售价格可以获利，且进入者保证维持这个价格，该进入就是可能的。进入市场最低的可行规模信息为新的进入者传递这样一种信号，即新的进入者必须达到此等规模才能在竞争中获利。原有企业为了应对新进入者的加入，可以采取一些如大幅减价、投资新增产能等进攻策略。其中沉没成本（如广告和研发投入）和产品的声誉是两个重要方面。对于顾客来说，品牌的信赖可靠度非常重要，而这对于当前的供应商来说是一个优势。[2]

3. 进入的充分性

满足市场进入的充分性，须证明进入者产品的特性和范围要实现与反竞争效果有关的包括降低产量在内的局部销售机会。分析进入的充分性时，下列问题值得考虑：新进入者是否势单力薄以致现有企业可以毫无忌惮地占据市场、提高价格；新竞争者是否具有足够的市场优势可以与并购各当事方企业展开有效竞争；在一项差异化产品经销商之间的并购活动中，新的进入者是否可以与并购各当事方企业展开直接较量，使得足够多

---

〔1〕 Commentary on the Horizontal Merger Guideline（2006），see http：//www.justice.gov/atr/public/guidelines/215247.htm. August 9，2014.

〔2〕 See ICN Merger Guidelines Workbook，for the Fifth Annual ICN Conference in Cape Town，ICN Merger Working Group：Investigation and Analysis Subgroup，April 2006，E8.

的消费者为应对并购当事方企业提价转而购买进入者的产品；新加入者是否能够抵消并购交易带来的违反竞争的特定影响；新加入者是否能够抵制本地化违反竞争的行为。[1]

（二）效率抗辩的适用条件

美国并购审查效率抗辩适用的条件主要包括：并购产生效率须为重大足以阻止其反竞争效果；效率须为并购所特有；效率必须能够被证实；效率必须能够向消费者转移。

1. 效率应当是重大的

根据《美国司法部和联邦贸易委员会横向合并指南》所述，企业合并可使企业更好地利用现有资产，合并后的企业同合并前相比就相同数量和相同质量的产品生产可以降低成本，从而有潜力产生重大的效率。[2] 以 AT&T 公司并购 T－Mobile 公司案为例，2011 年 8 月 31 日司法部在哥伦比亚特区联邦地区法院发起民事诉讼阻止 AT&T 公司并购 T－Mobile 公司。司法部经过仔细考虑，不认为该项并购交易所带来的效率能够超过其造成的负面效果。[3] 该案反映出美国司法部对效率抗辩的审查与认定，要求效率应当是重大的，足以超过并购所造成的负面影响。

2. 效率应当为合并特有的效率

根据《美国司法部和联邦贸易委员会横向合并指南》第 4 条，合并特有的效率是指通过合并产生的效率，而且它们是在没有合并的情况下或在没有采取具有反竞争影响的其他方式时

---

〔1〕 See ICN Merger Guidelines Workbook, for the Fifth Annual ICN Conference in Cape Town, ICN Merger Working Group: Investigation and Analysis Subgroup, April 2006, E15.

〔2〕 参见尚明主编：《主要国家（地区）反垄断法律汇编》，法律出版社 2004 年版，第 246 页。

〔3〕 参见中国世界贸易组织研究会竞争政策与法律专业委员会主编：《中国竞争法律与政策研究报告（2011 年）》，法律出版社 2012 年版，第 257 页。

不能产生的效率。[1] 例如，西北航空公司和大陆航空公司合并案[2]中，西北航空公司未能提供有效证据证明其主张的效率为合并所特有，实际上，该效率的好处能够通过合并以外的方式获得，因此，司法部对其效率主张不予采纳。需要强调的是，并购所特有的效率中，创新效率可作为最有价值的效率类型。[3]

3. 效率应当能够被证实

根据《美国司法部和联邦贸易委员会横向合并指南》第4条阐述，参与合并的企业必须具体说明其关于效率的主张，以便当局能够通过合理方式证明它们所提各项效率的可能性以及重要性，说明它们是如何以及在什么时间予以实现（以及实现的成本），各项效率如何可能提高合并企业的能力，以及如何激励它们参与竞争，它们为什么就是合并特有的效益。合并特有的效率是可以认知的效率，它们是经过证明的，并且不是来自产出或者服务方面的限制竞争。可认知的效率是指因合并产生的成本效率，或在实现这种效率过程中而产生的成本效率。[4]

4. 效率应当能够向消费者传递

美国竞争主管当局侧重消费者福利标准，要求效率向消费者转移，即消费者应当在并购方企业所取得的效率中占有合理的分享比例，从其购买的商品或服务上享受到价格或质量方面的利益。效率抗辩主张应证明效率能够通过高质量、低价格等

---

〔1〕 参见尚明主编：《主要国家（地区）反垄断法律汇编》，法律出版社2004年版，第246页。

〔2〕 参见中国民用航空局政策法规司、航空安全技术中心编著：《航空运输业反垄断典型案例解析》，中国民航出版社2008年版，第138—150页。

〔3〕 See Neil W. Averitt; Robert H. Lande, Using The "Consumer Choice" Approach To Antitrust Law, 74 Antitrust L. J. 175 (2007).

〔4〕 参见尚明主编：《主要国家（地区）反垄断法律汇编》，法律出版社2004年版，第247页。

形式向一般消费者转移和传递，消费者能够分享并购所产生的效率收益。

(三) 破产企业抗辩适用条件

美国破产企业抗辩制度的原理在于：若参与合并的企业濒临破产从而其资产可能退出相关市场，合并便不可能产生或者扩大市场势力，或者推动行使市场势力。在这种情况下，合并后相关市场的运行后果也许比禁止合并从而使资产退出市场的后果好一些。[1] 考虑破产的经济逻辑在于，破产企业的当前市场份额不能反映其未来的竞争能力。[2]

美国破产企业抗辩的适用条件包括：①所说的破产企业在不久的将来资不抵债；②它没有能力根据《破产法》第 11 章的规定成功地进行重组；③它已作过虽不成功但却是真诚的努力，寻找对其破产公司财产比较合理的、可选择的报价，以便能使其有形和无形资产继续留存在相关市场上，又可使竞争受到比现在打算中的兼并更小的不利影响；④如果没有这个兼并，破产企业的资产将退出相关市场。[3] 例如，United States v. M. P.

---

〔1〕 参见《美国司法部和联邦贸易委员会横向合并指南》(1992 年 4 月 2 日发布，1997 年 4 月 8 日修订) 第 5.0 条阐述，载尚明主编：《主要国家（地区）反垄断法律汇编》，法律出版社 2004 年版，第 248 页。

〔2〕 参见董红霞：《美国欧盟横向并购指南研究》，中国经济出版社 2007 年版，第 198 页。

〔3〕 参见《美国司法部和联邦贸易委员会横向合并指南》(1992 年 4 月 2 日发布，1997 年 4 月 8 日修订) 第 5.1 条，载尚明主编：《主要国家（地区）反垄断法律汇编》，法律出版社 2004 年版，第 248—249 页。美国破产分公司抗辩的适用条件包括：其一，根据合理配置成本的原则，该分公司在经营中存在亏损。其二，如果不被合并，公司的财产若不出售便很快从相关市场流失。因为母公司有能力在它与子公司和分公司间配置成本、收益并进行内部交易，当局应要求提供不是因为管理计划的原因而出现了亏损或者资产将从相关市场流失的证据。其三，破产分公司的所有者必须符合第 5.1 节规定的有利于竞争的购买者的要求。

M.，Inc. 一案[1]中，被并购企业的失败几乎是肯定的，而该企业也尝试过找其他人来收购但没找到，因而其抗辩被接受。

三、美国并购反垄断审查抗辩举证责任及证明要求

（一）抗辩举证责任主体

美国并购反垄断审查抗辩的举证责任主体应为拟并购当事人，或称并购申报人。抗辩权的行使实行“谁主张、谁举证”的原则。并购当事人提出市场进入抗辩、效率抗辩、破产企业抗辩等抗辩主张，必须提出相应证据予以证明。并购反垄断审查抗辩的举证责任归于并购当事人，并购当事人须提供相应的证据材料证明其所主张的抗辩具有事实和法律上的依据，反垄断执法机构经调查证实后可以采纳，并裁决批准该项并购交易。

（二）抗辩举证证明对象

一般意义上讲，证明对象是指需要证明的事实，又称证明的客体。抗辩举证的证明对象是存在市场进入容易、重大效率、濒临破产企业情形等抗辩事实。例如，效率抗辩需要举证证明效率是重大的、效率为并购特有、效率是可证实和效率可向消费者转移。这些证明对象是以并购当事人抗辩事实主张为基础，而且与证明责任密切相关，所有证明对象都须有相应的证明责任。美国并购审查抗辩的证明对象一般包括并购行为符合抗辩适用条件的事实、并购行为合法性和合理性的事实、排除违反反垄断法违法性与可罚性的事实等。如并购当事人提出破产企业抗辩，需要提供资产负债表、财务报告、经营记录、寻求替代性并购者的谈判记录等证据材料，以证明存在破产企业抗辩的事实主张。

---

[1] United States v. M. P. M., Inc., 397 F. Supp. 78, 96 (D. Colo. 1975).

（三）抗辩证明环节

鉴于并购审查的准司法性，美国实体性抗辩的证明环节一般包括取证、举证、质证和认证四个环节。审查抗辩过程中一般也要经过举证、质证和认证的环节，以保障审查程序及结果的正当性和公正性。美国并购反垄断审查机关的调查人员，须集中精力查找潜在的证人和呈堂证物，为举行临时禁止令听证会做准备。调查人员在调查期间形成的证据将会纳入反托拉斯局的事实备忘录或者证据单，或者纳入 FTC 委员们的事实备忘录。备忘录将依据《横向合并指南》的要求对证据进行分析，并评估在法院胜诉的几率。潜在的呈堂证物、书面证词节选、潜在证人的宣誓词通常可以佐证备忘录的内容。[1]《美国司法部和联邦贸易委员会横向合并指南》（2010 年 8 月 19 日修订）增加了一章内容阐述“负面竞争效果的证据”，主要讨论执法机构认为几类可以用来提示或预测并购可能导致的竞争效果的证据。证据类型包括：在已完成的并购中所观察到的实际效果、基于经验的直接比较、相关市场的市场份额和集中程度、实质性的直接竞争与合并企业的破坏性角色。证据来源包括并购当事人、客户和其他行业参与者与观察者。执法机构在审查时通常会设想在哪些理论下面某项并购可能会造成负面竞争效果，然后再找到相应的证据来支持或否定这些理论。[2] 以破产企业抗辩举证为例，如果当事人不能证明自己已经尝试了所有对竞争限制更小的其他替代性方法，包括尝试从其他来源获得所需

---

〔1〕 参见［美］美国律师协会反垄断分会编，伊莲·K. 格茨主编，李之彦、王涛译：《美国并购审查程序暨实务指南（第 3 版）》，北京大学出版社 2011 年版，第 23 页。

〔2〕 See Horizontal Merger Guidelines, U. S. Department of Justice and the Federal Trade Commission Issued: August 19, 2010.

融资，则不能适用破产企业抗辩。

四、美国并购反垄断审查抗辩程序规则

美国司法部和联邦贸易委员会都有权审查和调查并购案件，并反对其认为很可能具有实质性竞争影响的交易，从联邦层面属于典型的平行式二元行政执法体制。[1] 联邦贸易委员会对《克莱顿法》的民事程序具有实施职权；司法部反托拉斯局对民事及刑事程序均具有实施职权。

一个并购案件被正式确认审查机关后，交易当事方会得到调查已经启动的通知，并被告知由谁来进行调查。在最初的 HSR 等待期内，调查人员很可能要求当事方在自愿的基础上提供关键客户名单、战略规划、营销文件之类的信息，以协助调查人员的审查。调查人员还可能要求当事方在自愿的基础上提供约谈其管理人员的机会。此外，调查人员可能约谈业内人士、供应商以及客户。初步调查的结果将决定是否签发进一步审查令。

如果调查机关签发进一步审查令，那么 HSR 等待期就延长到当事方实质履行了进一步审查令时，或者调查机关自行或者与交易当事方合作解决了所有未决问题时为止。在接下来的期间里，调查人员将加大调查力度，以便决定是否反对该项收购，如果有必要，同时还会准备诉诸法院。作为该项工作的一部分，调查人员可以更深入地展开约谈，并且向业内人士、供应商和顾客发出自愿性调查函或者强制性令状，要求提供文件和信息。调查机关人员还可以对交易当事方人员和第三方人员采取录取

---

〔1〕 关于美国平行式二元反垄断执法体制的相关阐述，可参见李国海：《反垄断法实施机制研究》，中国方正出版社 2006 年版，第 49—56 页。

书面证词（在反托拉斯局）或调查听证（在FTC）的措施。[1]

并购当事方的上层高级管理人员在审查抗辩过程中，需要答复反托拉斯监管机构更详细的信息请求，准备书面的交易辩护词，参加有反托拉斯监管机构工作人员、审查人员和决策者参加的会议。寻求为并购交易进行辩护的各方通常选择在延长的等待期或更早时候向反托拉斯监管机构提交一份或者多份书面材料，陈述他们的观点，即为什么交易不会损害竞争。由于上层的反托拉斯监管机构决策不是必须同意工作人员的建议去挑战交易，所以各方通常还寻求在反托拉斯监管机构办公场所向各级别的官员口头陈述他们的观点。在审查程序中，并购当事人聘请经济学家参与答辩与抗辩也是明智之举。[2]

如果审查机关确定合并交易不违反美国的反托拉斯法，会正式向当事方建议“同意令”，其中包括一系列消除合并中的反竞争行为的要求，很多案件最后的解决是通过以政府能接受的形式重新组织交易。如果司法部反托拉斯局对合并的问题以和解裁决（consent decree）的方式解决，那么该协议应当根据《塔尼法》（the Tunney Act）进行公告，经过公众评议期并经司法机关批准。根据《塔尼法》规定的程序要求，反托拉斯局向联邦地区法院提交拟定的和解裁决书和一份“竞争影响报告”，并将这些资料在联邦公报（Federal Register）上公布。竞争影响报告将阐明该程序的性质，解释和解裁决书的内容，报告反托

---

〔1〕 参见［美］美国律师协会反垄断分会编，伊莲·K. 格茨主编，李之彦、王涛译：《美国并购审查程序暨实务指南（第3版）》，北京大学出版社2011年版，第22页。

〔2〕 参见［美］美国律师协会反垄断分会编，伊莲·K. 格茨主编，李之彦、王涛译：《美国并购审查程序暨实务指南（第3版）》，北京大学出版社2011年版，第52页。

拉斯局考虑过的其他解决方案以及放弃这些方案的理由，并报告私人当事方参与审查过程的程序。反托拉斯局还必须将决定性的文件供公众查阅。[1]

如果没有就和解方案达成一致，并购申报方没有表示将放弃交易，政府将会通过诉讼禁止交易完成。如果当事方和政府不能达成双方都同意的解决方案，而且当事方拒绝放弃交易，政府则动用联邦法院，请求联邦法院发出禁止令以阻却合并交易的完成，直到法院完全听审案件之后，禁止令才终止。[2]

司法部有权根据《克莱顿法》第 14 条提起衡平诉讼，要求法院禁止违法行为。可以请求法院发布禁止令，发布没收财产、分解企业以及其他对于补救被告违法行为后果所必需的命令。当诉状已送达被起诉人时，法院要尽快予以审理和判决。在诉讼进行期间或禁令发出之前，法院可以随时发出暂时禁止令或限制令。[3] 当然，当事人或司法部对联邦地区法院的判决不服的，均可以向联邦上诉法院提起上诉。

五、美国并购反垄断审查抗辩制度评述

（一）成文法与判例法渊源并重

美国《克莱顿法》、《联邦贸易委员会法》等成文法渊源，增强了并购反垄断审查抗辩制度实施的规范性，提高了并购反垄断审查抗辩的可预期性，有利于保障并购交易安全，降低并

---

〔1〕 参见［美］美国律师协会反垄断分会编，伊莲 · K. 格茨主编，李之彦、王涛译：《美国并购审查程序暨实务指南（第 3 版）》，北京大学出版社 2011 年版，第 15 页。

〔2〕 参见白艳：《美国反托拉斯法/欧盟竞争法平行论：理论与实践》，法律出版社 2010 年版，第 174 页。

〔3〕 参见李国海：《反垄断法实施机制研究》，中国方正出版社 2006 年版，第 289 页。

购审查成本。同时，美国《合并指南》的修订非常及时，对并购反垄断审查抗辩的实施具有重要的指导意义。美国并购反垄断审查的实体性抗辩事由体系及规则相当成熟，构建了包括市场进入、效率抗辩、破产企业抗辩等抗辩规则体系。

美国法院的并购判例，推动了并购反垄断审查抗辩理论与实践经验的发展。以市场进入抗辩为例，在 Alcan – Pechiney（加拿大 Pechiney 铝业公司）（DOJ2003）一案中，美国司法部于 2003 年质疑了该项收购交易。司法部发现，加拿大铝业公司生产和销售的一类称为“钎焊板”的铝合金，可能存在着反竞争的影响。生产该钎焊板需要昂贵的轧机，至少需要三年的时间建造。司法部还发现，成功地销售钎焊板需要掌握特定的技术和合金，它可能在数年之后增加一个新的工厂开始生产，以合适的产量取得主要客户，并开始取得显著的销售额。因此，司法部得出结论认为，该案中不太可能进入和将要考虑的进入时间远远超过两年，并据此质疑该合并交易，要求剥离加拿大铝业公司铝钎焊板的业务，其中包括冶炼设备、轧机以及相关的知识产权。[1]

以效率抗辩为例，在 FTC v. Butterworth health and Blodget Memorial Medical Center 一案[2]中，联邦贸易委员会向法院申请禁令，被告成功证明了在特定情况下，尽管竞争会减少，但是消费者利益会因为合并使得更为有效的、更高质量的、更低价格的医疗保健得到加强，法院支持了该项抗辩。

以破产企业抗辩为例，美国一些成功抗辩的案例是重要法

---

〔1〕 Commentary on the Horizontal Merger Guideline（2006），see http：//www.justice.gov/atr/public/guidelines/215247.htm.

〔2〕 964，F. supp. 1285（W. D. Mich. 1996），at 1200 – 1301；aff'd，121F. ed 708（6th cir. 1997）.

律渊源。如 California v. Sutter Health System 一案[1]中，被告即合并当事人看起来显然会符合失败企业抗辩的要件，因而法院拒绝做出禁令。医院在两种意义上无力偿还债务：一是不能偿还其到期债务；二是其净值是负值。濒临破产医院也雇用了投资银行，好几年来一直在寻找其他人来收购。

（二）重视保障并购当事人的程序性抗辩权行使

美国并购反垄断审查制度对抗辩权保障和正当程序非常重视，并购审查过程及裁决过程须经过正当的行政程序或司法程序方为有效的裁决。并购当事人、利益相关方有权对并购审查提出意见、建议、辩解。司法机关对反垄断执法机关的行政执法具有审查权，从而保障了并购反垄断审查裁决和判决的权威性和公信力。另外，美国非常重视并购反垄断审查抗辩制度的透明度建设，建立完善了详细公告公众评论、澄清特定决定理由的新闻发布、有关政策陈述的演讲等形式，专门开展透明度建设项目研究及改革活动。

（三）重视执法机构与并购当事人协商和解程序

“美国最新的横向合并反垄断审查政策紧扣国家经济结构以及经济理论的变化，反垄断审查分析过程更加精确、灵活，也更加符合执法实践，并且也尽量减少并购企业的负担。”[2] 通过和解、同意判决、自行纠正等协商式办法解决并购可能产生的竞争性问题，从而高效率地完善并购审查程序。协商和解程序规则的实施，既能够维护执法机构的权威与执法效率，又可保障并购当事人抗辩权利的行使。加之美国反垄断执法重视公

[1] California v. Sutter Health System, 84 F. Supp. 2d 1057 (N. D. Cal.), aff'd mem, 217 F. 3d 846 (9th Cir. 2000), amended, 130 F. SupP. 2d1109 (N. D. Cal. 2001).

[2] 中国世界贸易组织研究会竞争政策与法律专业委员会主编：《中国竞争法律与政策研究报告（2011 年）》，法律出版社 2012 年版，第 248 页。

开性和透明度建设，保障公众的参与权和监督权，能够最大限度地保障并购反垄断审查抗辩程序的公正性及正当性。

（四）重视国家整体利益的考量

美国非常善于把其国家利益披上法律的外衣，通过立法及执法活动来维护国家核心利益和整体利益。并购反垄断审查抗辩法律制度的制定与实施同样如此。美国并购反垄断审查制度注重国家战略利益和国家整体利益。波音与麦道公司合并案[1]即典型地反映了美国重视国家利益的竞争政策趋向。

波音和麦道公司在美国航空制造业分别排行第一和第二，处于世界航空制造业的第一位和第三位。1996 年底，波音公司用 166 亿美元兼并了麦道公司。在干线客机市场上，合并后的波音不仅成为全球最大的制造商，而且是美国唯一的供应商。美国政府批准了这一兼并活动，同时努力促成欧盟委员会附条件批准了该项并购交易。依据 1997 年 3 月 17 日《欧盟委员会与美国政府应适用各自竞争法的条约》第 6 条和第 7 条规定，美国国防部和美国司法部以美国政府的名义通知共同体委员会：首先，否决该合并计划将给美国的国防利益造成很大的损害。其次，即使不考虑欧共体委员会将采取措施放弃与麦道公司的购买协议而与别的公司签订购买协议，倘若将麦道公司中的道格拉斯飞机公司的份额转让给他人，那么波音公司就无法收购并且拯救麦道公司的道格拉斯飞机公司，道格拉斯飞机公司将无法再生产新型飞机，这样的结果就是浪费资源，并将危及美国的就业岗位。最后，鉴于道格拉斯飞机公司在美国有一定的市场份额，倘若将道格拉斯飞机公司的份额转让第三人而导致

[1] 参见黄勇、董灵等：《反垄断法经典判例解析》，人民法院出版社 2002 年版，第 455—473 页。

该公司不再生产飞机的话，那么该机型的配件价格将会上升，维持该种机型的服务也将大大减少。最终，欧盟委员会在并购当事人承诺履行各项补救措施义务的基础上附条件批准了该项并购交易。《欧盟委员会与美国政府应适用各自竞争法的条约》已经明确规定欧共体应考虑美国的利益。

本案涉及美国的国防利益，而且麦道公司没有别的买主，欧盟委员会接受了波音公司的承诺，并认为竞争性问题已经得到解决，波音公司强化其支配地位的可能性已经受到限制。美国批准波音与麦道合并案，也充分说明并购反垄断执法过程中，美国政府仍以国家利益为重，为了提高美国企业在全球的竞争力，支持大型企业的重组和并购。〔1〕

第三节　日本并购反垄断审查抗辩法律制度评述

一、日本并购反垄断审查抗辩制度概略

日本反垄断法是第二次世界大战后经济民主化政策的重要一环。维护竞争秩序是要依此尽可能地发挥市场的自我调节作用，在阻止政治权力肆意扩大的同时，分散私人的经济权利，并通过确保消费者的选择自由以及企业的机会平等和自由来实现民主的经济秩序，以此形成自由民主社会的存在基础。〔2〕

日本《禁止私人垄断和确保公平交易法》于1947年制定，先后在1949年、1953年、1977年、1991年、1992年、1996

〔1〕 参见徐孟洲：《经济法学原理与案例教程》，中国人民大学出版社2006年版，第170—171页。

〔2〕 参见［日］根岸哲、舟田正之著，王为农、陈杰译：《日本禁止垄断法概论（第3版）》，中国法制出版社2007年版，第5页。

年、1997 年、1998 年、2002 年、2005 年、2009 年等多次修订。[1]

日本禁止垄断法对企业结合限制竞争行为予以规制，相应地也形成了并购反垄断审查抗辩制度体系。企业结合的规制，则是禁止将市场构造变为非竞争的、并将会实质性地限制一定交易领域内的竞争的股份保有、兼任管理职务、合并、分割公司、让受营业等企业结合的制度。[2]

日本并购反垄断审查采用“实质性限制竞争”标准。并购并不是发生在企业并购合约本身，而是因为一定市场中的市场结构变化将造成实质性限制竞争的发生，因此，必须以中长期的竞争结构和经济分析为中心进行思考。这就需要从市场占有率的变化、新企业参与市场的难易度、经营效率化程序、竞争者的状况、技术革新的情况、未来竞争的形态以及市场的变化等角度进行分析。[3]

二、日本并购反垄断审查实体性抗辩适用条件

日本并购反垄断审查实体性抗辩包括市场进入抗辩、效率抗辩和破产企业抗辩等情形。日本并购反垄断审查相关事务处理基准明确规定了效率抗辩、破产企业抗辩的适用条件和规则。

（一）市场进入抗辩适用条件

关于并购反垄断审查考量的主要因素，日本《关于审查公

---

〔1〕 日本《禁止私人垄断及确保公平交易法》第 15 条第 1 款规定，公司符合下列条款之一的不得合并：①因该合并而实质性限制一定交易领域竞争的；②该合并是以不公正的交易方法进行的。

〔2〕 参见［日］根岸哲、舟田正之著，王为农、陈杰译：《日本禁止垄断法概论（第 3 版）》，中国法制出版社 2007 年版，第 37 页。

〔3〕 参见［日］丹宗昭信、伊从宽著，吉田庆子译：《经济法总论》，中国法制出版社 2010 年版，第 462—463 页。

司拥有股份的事务处理基准》规定，对水平型拥有的审查首先应审查因股份拥有而形成结合关系后的当事公司的市场占有率，其次应审查当事公司所属市场的竞争状况等情况。该市场的竞争状况包括：竞争者的数量及其状况、市场占有率的变动状况、进入市场障碍的状况、进口状况等。关于“进入市场障碍的状况”，应观察必要最小资金规模、选址条件、技术条件、原材料供应方面的条件、销售方面的条件、产品差别化的状况、有无进入市场的法律规制（进入市场障碍越多，该股份拥有对竞争造成的影响就越大）。[1] 日本《关于审查公司合并等的事务处理基准》也就公司合并的市场进入因素分析作出了类似规定。上述规定实际上涉及市场进入因素分析，从并购当事人角度则涉及市场进入抗辩。并购当事人提出市场进入抗辩，亦应符合进入的及时性、可能性和充分性条件。

（二）效率抗辩适用条件

日本并购反垄断审查承认效率抗辩。日本《关于审查公司合并等的事务处理基准》规定，关于效率性，应观察合并的规模经济性、生产设备的集中、工厂的专门化、运输费用的降低以及研究开发的效率化等效率性的改善对竞争造成的影响程度。当效率性的改善被认为有利于促进竞争时（例如，认为下位企业通过股份拥有能提高成本竞争力、促进竞争的情形），应考虑之。[2] 此条实际上规定竞争分析的效率因素，从并购当事人的角度涉及效率抗辩问题。并购当事人提出效率抗辩，须满足效率的重大性、效率并购特有性和效率可证实性三个条件。

---

〔1〕 参见尚明主编：《主要国家（地区）反垄断法律汇编》，法律出版社 2004 年版，第 530 页。

〔2〕 参见尚明主编：《主要国家（地区）反垄断法律汇编》，法律出版社 2004 年版，第 540 页。

（三）破产企业抗辩条件

日本《关于审查公司拥有股份的事务处理基准》规定，并购当事人就破产企业抗辩，应当证明一方当事公司于不久的将来破产、从市场退出的盖然性很高，在以其他手段难以恢复其财务状况的情形下，以救济该公司为目的而拥有其股份的，一般构成禁止垄断法上问题的可能性很小；但是当另外的当事公司是有力的事业人时，有可能成为禁止垄断法上的问题。[1] 2004年日本《关于审查公司合并等的事务处理基准》指出，从市场份额角度分析，当破产企业的实际竞争力较弱时，可以同意对其收购。具体来说，申请合并的当事企业一方面临破产而退出市场可能性较高时，企业结合对竞争的影响较小，难以造成对竞争的实质性限制。[2]

日本破产企业抗辩符合以下三个条件：一是合并一方企业于不久的将来会破产；二是如果不实施拟议中的并购，该企业的资产从相关市场退出的盖然性很高；三是以其他手段难以恢复其财务状况。并购当事人应当证明当事公司中一方因业绩不景气，于不久的将来极有可能破产、退出市场，该企业结合将会实质性地限制一定的交易领域内竞争的危险性较小。[3]

---

〔1〕 参见王长河等译：《日本禁止垄断法》，法律出版社1999年版，第96—97页。

〔2〕 参见中国世界贸易组织研究会竞争政策与法律专业委员会主编：《中国竞争法律与政策研究报告（2010）》，法律出版社2010年版，第260页。

〔3〕 参见［日］根岸哲、舟田正之著，王为农、陈杰译：《日本禁止垄断法概论（第3版）》，中国法制出版社2007年版，第98页。

三、日本并购反垄断审查抗辩举证责任及证明要求

（一）抗辩举证责任主体

日本并购反垄断审查抗辩的举证责任归于并购当事人，并购当事人须提供相应的证据证明其所主张的抗辩具有事实和法律依据，反垄断执法机构经调查证实后可以采纳，并裁决是否批准该项并购交易。以效率抗辩为例，虽然原则上主张并购违反了禁止垄断法的一方负有举证的责任，但是由于效率性改善而形成的促进竞争之效果的“事实上的举证责任”在该结合的企业一方。[1]

（二）抗辩举证证明对象

日本并购审查抗辩的证明对象一般包括并购行为符合抗辩适用条件的事实、并购行为合法性和合理性的事实、排除违反反垄断法违法性与可罚性的事实等。以市场进入抗辩为例，其证明对象应为存在市场进入容易的事实，即在法律制度上没有规制进入、在实际状态上进入障碍的程度较小、存在对生产设备不加重要变更就可以供给有关商品的事业者、存在其他事业者进入的计划、外国事业者进入国内市场的盖然性较高。上述事实的存在可成为妨碍当事公司集团某种程度自由地左右价格等的要因。[2]

（三）抗辩证明环节

日本并购反垄断审查具有准司法性，其抗辩的证明环节一般包括取证、举证、质证和认证四个环节，以保障审查程序及

---

〔1〕 参见［日］根岸哲、舟田正之著，王为农、陈杰译：《日本禁止垄断法概论（第3版）》，中国法制出版社2007年版，第99页。

〔2〕 参见［日］根岸哲、舟田正之著，王为农、陈杰译：《日本禁止垄断法概论（第3版）》，中国法制出版社2007年版，第97—98页。

结果的正当性和公正性。例如，并购当事人提出效率抗辩，需要提出证据证明，因股份拥有而形成的规模经济性、生产设备的集中、工厂的专门化、运输费用的降低以及研究开发的效率化等有利于促进竞争。[1] 就日本并购反垄断审查而言，只要无法证明由于有关企业结合改善了效率性而具有某种意义上的促进竞争的效果，就不能直接将效率性改善本身作为判断的要素。[2]

四、日本并购反垄断审查抗辩程序规则

日本公正交易委员会在行政上隶属于首相，是内阁之外的政府行政机关，具有较强的独立性和权威性。并购反垄断审查实行事前申报制度，公平交易委员会在判断企业并购并不违法之后再认可该项并购。这既有利于减少被规制企业的市场风险，同时也有利于整体国民经济的健康持续发展。

日本并购反垄断审查制度注重对并购当事人程序性抗辩权利的保障。公正交易委员会依法应当严格保证对事业者适用合法程序以及严格保障事业者的防御权。[3] 例如，根据日本《禁止私人垄断及确保公平交易法》（2005 年）第43 条第3 款规定，若公平交易委员会拟作出一个排除措施命令，其应当事先给将成为前述命令的被送达人一个机会，以陈述其观点并为此提交相关证据。[4] 该款规定主要强调应保障当事人抗辩权利的行使。

〔1〕 参见王长河等译：《日本禁止垄断法》，法律出版社 1999 年版，第 97 页。

〔2〕 参见［日］根岸哲、舟田正之著，王为农、陈杰译：《日本禁止垄断法概论（第 3 版）》，中国法制出版社 2007 年版，第 99 页。

〔3〕 参见［日］根岸哲、舟田正之著，王为农、陈杰译：《日本禁止垄断法概论（第 3 版）》，中国法制出版社 2007 年版，第 115 页。

〔4〕 参见时建中主编：《三十一国竞争法典》，中国政法大学出版社 2009 年版，第 174 页。

并购当事人答辩权利及程序的保障也非常重要。日本《禁止私人垄断及确保公平交易法》（2005 年）第 59 条第 1 款规定了被审人的答辩权：在审判中，被审人或其代理人可以陈述为何原行政措施或者由公平交易委员会依照第 8 条之四的第 1 款规定在本案中命令采取的措施是不公正的；可以提交支持其理由的相关证据；可以要求公平交易委员会询问必要的证人，要求专家证人作证，要求会计账簿、文件及其他物品的持有者提交上述物品，或进入必要的地点并检查商业和财产、会计账簿及其他事物的情况，或者委托调查；可以询问公平交易委员会要求参加审判的证人或专家证人；可以询问这些受委托人执行调查行为的情况。[1]

日本《禁止私人垄断及确保公平交易法》（2005 年）修改了缴课征金制度，引入了宽恕制度，引入了在刑事调查中采取强制措施制度和修改了听证制度。在瞬息万变和日益全球化的经济中，迅速有效地处理案件，快速恢复竞争秩序十分必要。日本《禁止私人垄断及确保公平交易法》删除了劝告程序，执法机关不再必须先对企业提出劝告，然后才能决定采取行政措施；公正交易委员会在提供给被处理人提交其意见的初步机会之后，就可以直接做出消除违法行为的命令。[2]

2009 年 6 月 3 日，日本通过《平成 21 年禁止垄断法修正案》，在企业结合中引入了关于取得股份的事前申报制度；规定取得股份的公司或公司集团如果取得了股票发行公司 20% 至

---

〔1〕 参见时建中主编：《三十一国竞争法典》，中国政法大学出版社 2009 年版，第 176 页。

〔2〕 参见中国世界贸易组织研究会竞争政策与法律专业委员会主编：《中国竞争法律与政策研究报告（2010）》，法律出版社 2010 年版，第 252 页。

50%以上的议决权，那么就应该向公正交易委员会申报。[1]

日本公平交易委员会实施并购反垄断审查具有准司法性，严格依照行政审判的程序进行，能够保障并购当事人程序性和实体性抗辩权利的充分行使，保证行政裁决的公开、公平、公正。例如，日本《禁止私人垄断及确保公平交易法》第八章第2节详细规定了公正交易委员会行政审判的程序：审判由审判官主持，被审人、审查官、参考人、鉴定人都参与程序；被审人在审前应提交答辩书，审判时有提出证据、申辩、质证的权利，特殊情形下可以直接向委员会陈述意见。公平交易委员会的审决种类包括：劝告审决、同意审决和审判审决。其中劝告审决与同意审决，体现了现代行政执法的指导性和协商性特征，有利于减少执法成本，提高执法效率。

日本公平交易委员会的行政裁决，依法应接受法院的司法审查。并购当事人等相关主体对日本公平交易委员会的审决不服的，有权向东京高等法院提起诉讼，要求撤销日本公平交易委员会的裁决。[2]

---

〔1〕 参见中国世界贸易组织研究会竞争政策与法律专业委员会主编：《中国竞争法律与政策研究报告（2010）》，法律出版社2010年版，第255—256页。

〔2〕 See Act on Prohibition of Private Monopolization and Maintenance of Fair Trade , Article 77:(1) A suit to rescind a decision of the Fair Trade Commission shall be filed within thirty days [three months in the case of a decision ordering the measures set forth in paragraph (1) of Article 8 -4] from the date on which the decision became effective. (2) The period set forth in the preceding paragraph shall be an unextendable period. (3) No suits may be filed regarding matters about which a hearing request may bemade unless the suit concerns a decision.

五、日本并购反垄断审查抗辩制度评述

（一）重视并购当事人及利益相关方的程序性抗辩权利保障

日本并购反垄断审查制度规定，审查官与审判官角色分离，审判官从事务总局的职员中任命，但就该事件行使审查官职务者以及其他参与该事件审查者，不得任审判官。[1] 在行政审判过程中，被审人享有完整的防御权：①陈述意见；②提出证据：③请求证人参加，询问鉴定人并请求鉴定；④请求命令第三者提供所持有的账本、书证等；⑤请求必要场所的现场勘察、检查；⑥请求辩护人的帮助等。[2] 日本公正交易委员会依法保证对并购当事人适用合法程序，保障并购当事人的防御权和抗辩权。日本《禁止私人垄断及确保公平交易法》第43条第3款规定，公平交易委员会拟作出一个排除措施命令，应当事先给将成为前述命令的被送达人一个机会，以陈述其观点并为此提交相关证据，以保障并购当事人程序性抗辩权利的行使，维护并购当事人的合法权，保证并购反垄断审查措施及决定的公正性。

（二）重视增强并购反垄断审查抗辩的透明度和可预测性

日本行政审判程序在确保透明性以及保障事业者的防御权方面具有优越性。[3] 日本公平交易委员会积极采取措施，进一步加强审查的透明度建设。具体措施包括：公布关于一些并购案例的审查细节，通告或决定已经事先得到同意或者经过事先

〔1〕 参见李国海：《反垄断法实施机制研究》，中国方正出版社2006年版，第272页。

〔2〕 参见胡建森：《比较行政法：20国行政法评述》，法律出版社1998年版，第356页。

〔3〕 参见［日］村上正博著，姜姗译：《日本禁止垄断法》，法律出版社2008年版，第118页。

协商程序。这些改革措施对相关企业计划企业并购活动具有重要的参考指导价值。[1]

（三）日本重视市场进入、效率、破产企业等实体性抗辩规则构建

并购当事人可以提出证据证明市场进入容易、效率改善明显、存在濒临破产企业情形等抗辩主张，以获得日本公平交易委员会的批准。日本公平交易委员会将综合评估这些因素是否能够抵消或超过实质性限制竞争效果，以决定是否批准该并购交易。

以市场进入抗辩为例，Merger of NEC Electronics Corporation and Renesas Technology Corporation 案[2]，是近年来日本企业结合规制典型案例之一，体现了日本放松企业结合规制，鼓励企业并购的政策趋向，也适用了并购审查的基本框架，评估了市场进入等抗辩事由，对该企业结合不予禁止。该案例涉及两个从事半导体生产与销售的企业之间的合并，一方为 NEC Electronics Corporation（简称 NECEL 公司），另一方为 Renesas Technology Corporation（简称 Renesas 公司）。日本公正交易委员会对该并购的相关产品范围、产品地理范围、市场份额、市场集中度等因素进行了竞争分析评估。公正交易委员会系统分析了并购的竞争影响，分析评估表明，该并购所涉及的 MCUs，LCD drivers 等产品市场，满足横向企业并购安全港标准，因此在任

---

〔1〕 Annual Report on Competition Policy in Japan（January - December 2009），http：//www. jftc. go. jp/en/about_ jftc/annual_ reports/pdf/japan09. pdf，2011 - 12 - 04.

〔2〕 Merger of NEC Electronics Corporation and Renesas Technology Corporation, Annual Report on Competition Policy in Japan（January - December 2009），http：//www. jftc. go. jp/en/about_ jftc/annual_ reports/pdf/japan09. pdf，2011 - 12 - 04.

何特定商业领域都不会产生实质性限制竞争影响。在2008年SRAM产品市场上，企业合并后的相关市场份额大约为30%，位居第一，而HHI指数为2000，增加值为400，未能满足横向并购安全港的标准。竞争者状况是现有的几个强大的竞争者分别占有超过10%以上的市场份额。公正交易委员会对市场进入进行了分析，表明存在一定程度的市场进入压力。相关市场上的竞争者也存在一定竞争性压力；相关客户也存在一定的竞争压力。上述分析表明，企业结合在任何领域都不可能产生单边效应和协调性效应的实质性限制竞争效果，因此对该企业结合不予禁止。

第四节　欧盟并购反垄断审查抗辩法律制度评述

一、欧盟并购反垄断审查抗辩制度概略

欧盟竞争法的并购控制可分为三个阶段：第一阶段是运用《欧盟条约》第86条防止支配企业的某些合并；第二阶段是欧洲法院对Philip Morris案的判决将第85条扩展到涉及有能力影响他人商业活动的企业的收购行为的水平合并；第三阶段是，新的合并条例赋予欧盟委员会合并控制的专属权力。[1]

（一）适用《欧盟条约》第86条控制合并

1971年欧共体委员会在处理Continental Can一案中运用了《欧盟条约》第86条（现为第82条）禁止滥用市场支配地位的原则，首次在欧共体共同市场范围内禁止了企业的合并。在对该案作出的决定中，委员会指出：享有市场支配地位的企业通

〔1〕参见孔祥俊：《反垄断法原理》，中国法制出版社2001年版，第600页。

过与另一家企业的合并来加强其这种地位的做法属于不正当行为。欧盟法院于1973年认可了委员会的上述观点。[1]

（二）适用《欧共体理事会关于企业集中控制的条例》（4064/89号）控制合并

1990年9月21日，《欧共体理事会关于企业集中控制的条例》（4064/89号）生效，其并购审查的实体标准为支配地位标准。该条例适用于所有共同体意义的企业合并，定义了企业合并的事实构成，设立了"一站式审查"原则，建立了预防式审查规则，规定达到审查标准的合并计划在没有通过审查并得以批准之前不得实施。

（三）适用《理事会关于企业之间集中控制条例》（No.139/2004）控制合并

2004年12月11日，欧盟部长理事会通过了《理事会关于企业之间集中控制条例》(No.139/2004)[2]，同时制定了《欧共体理事会关于在控制企业集中条例下的横向合并评估指南》(2004/C31/03)[3]。《理事会关于企业之间集中控制条例》对企业并购反垄断审查制度进行改革，把原来的支配地位标准改革为严重妨碍有效竞争标准；明确承认效率在并购审查评估中的重要价值，提出并购引起的效率可能会抵消对竞争的影响，特

---

〔1〕参见陈兆霞："欧盟企业集中控制法改革"，载胡光志主编：《欧盟竞争法前沿研究》，法律出版社2005年版，第51页。

〔2〕参见安德雷斯·冯特·葛拉雷兹、爱德娜·纳瓦罗·瓦罗纳 等著，解琳、叶军译：《欧盟企业合并控制制度——法律、经济与实践分析》，法律出版社2009年版，第317页。

〔3〕See Guidelines on the Assessment of Horizontal Mergers under the Council Regulation on the Control of Concentrations between Undertakings.

别是可能抵消其他情况下可能对消费者的潜在伤害。[1] 理事会指出，为了确定集中对共同体市场竞争的影响，考虑相关企业提出的任何已证实的和潜在的效益是适当的。效益可以抵消合并给消费者造成的潜在损害，因而即使是产生或加强市场支配地位的合并，也不一定会给竞争造成严重的阻碍。

2007 年 11 月，欧盟委员会公布《非横向并购指南》[2]，为非横向并购制定了较为严格的审查标准。指南指出了欧盟竞争当局对非横向并购的基本态度：通常情况下，非横向并购对竞争的损害更小；但在少数情况下，非横向并购有可能创设或增强垄断势力，排挤竞争对手，最终损害消费者利益。[3]

欧盟并购控制立法及执法程序，可谓贯彻透明度原则的典范。欧盟委员会在并购企业申报后的几天内对外公布申报摘要：申报摘要通常包括利益相关方的名称、国籍、集中的性质；利益相关人包括申报人、申报人所属集团、控制申报人的企业；存在利害关系的第三人可以向委员会提交意见报告。欧盟委员会在作出决定之前，应当举行听证会，听取当事人和第三方口头陈述和评述意见；应当将申报书的主要内容发表在“官方公告”上，听取任何第三方的意见；应当听取成员主管机关和顾问委员会的意见；在决定作出后，应当将决定的主要内容公开发表在“官方公告”上，接受公众的监督。在保护集中当事方合法权益的同时，还要保护与透明度有关的公共利益，因为公

---

〔1〕 See Council Regulation (EU) No. 139/2004 of 20 January 2004 on the Control of Concenrations between Undertakings.

〔2〕 Guidelines on the assessment of non – horizontal mergers under the Council Regulation on the control of concentrations between undertakings.

〔3〕 参见于立、吴绪亮：《产业组织与反垄断法》，东北财经大学出版社 2008 年版，第 126 页。

众有权知道委员会作出决定的标准，委员会必须在这两者之间寻求一个平衡点。公众也可以在网上查到公开版的审查决定。[1]

二、欧盟并购反垄断审查实体性抗辩适用条件

欧盟企业并购评估需要考虑的其他因素，一般称为抵消性因素或抗辩情形，包括市场进入抗辩、效率抗辩、破产企业抗辩等。欧盟企业并购审查实体性抗辩须满足严格的适用条件。

（一）市场进入抗辩适用条件

《欧共体理事会关于在控制企业集中条例下的横向合并评估指南》（2004/C31/03）规定了“市场进入”抗辩的适用条件：当进入一个市场足够容易的话，合并就不可能带来任何严重的反竞争性风险。因此，进入分析就构成整体竞争评估的一个重要部分。对于那些被认为是对合并各方的充分竞争限制的进入，必须显示它有可能、及时和充分地遏制或消除合并带来的任何潜在反竞争效果。[2]

1. 进入的可能性

《欧共体理事会关于在控制企业集中条例下的横向合并评估指南》（2004/C31/03）规定，委员会调查进入或潜在进入是否有可能限制合并后现有企业的行为。对于可能的进入，它必须是足够赢利的，同时要考虑到市场中更多产量的价格影响和现有企业的潜在反应。如果只是在规模较大时经济上才可行，从而导致严重低迷的价格水平，这种进入就不太可能。如果市场

---

〔1〕 参见安德雷斯·冯特·葛拉雷兹、爱德娜·纳瓦罗·瓦罗纳等著，解琳、叶军译：《欧盟企业合并控制制度——法律、经济与实践分析》，法律出版社2009年版，第356页。

〔2〕 参见尚明主编：《企业并购反垄断控制：欧盟及部分成员国立法执法经验》，法律出版社2008年版，第322页。

上现有企业能够通过提供长期合同或向那些进入者想得到的顾客提供有针对性的、先发制人的减价服务，那么进入有可能就更难。此外，进入失败的高风险和成本也使进入的可能性更小。与进入相关联的沉淀成本越高，进入失败的成本就越高。如果在其他市场的供应商已经拥有可以用于进入该市场的生产设施，从而减少企业进入的沉淀成本，进入该市场还是很有可能的。在合并之前，进入和非进入之间的盈利性差别越小，生产设施的重新分配就越有可能。[1]

2. 进入的及时性

《欧共体理事会关于在控制企业集中条例下的横向合并评估指南》（2004/C31/03）规定，委员会调查进入对于遏制或战胜市场势力是否足够快和持久，何为适当的时期取决于市场特性和市场动力，以及潜在进入者的特定能力。然而，通常只有进入在两年内实现才能被认为是及时的。[2] 可见，潜在竞争者的进入时间是否足够短，欧盟一般考虑那些在两年内可以完成从初订计划到对市场产生显著影响的进入；对于那些已经在相关市场上运作的公司的确认，一般基于 1 年的反应时间。潜在进入者要比已经在相关市场上运作的公司需要更多的时间。[3]

3. 进入的充分性

充分性又称为有效性。进入在其性质、规模和范围上必须是充分的，从而能有效阻止或抵消反竞争的影响。新进入者必

---

〔1〕 参见尚明主编：《企业并购反垄断控制：欧盟及部分成员国立法执法经验》，法律出版社 2008 年版，第 322—323 页。

〔2〕 参见尚明主编：《企业并购反垄断控制：欧盟及部分成员国立法执法经验》，法律出版社 2008 年版，第 323—324 页。

〔3〕 参见尚明主编：《企业并购反垄断控制：欧盟及部分成员国立法执法经验》，法律出版社 2008 年版，第 72—73 页。

须能够提供与并购企业产品直接竞争的产品，并且具有足够吸引力使并购企业的大量消费作为对反竞争提价的反应而转向购买新进入者的产品。[1] 为了评估集中的兼容性，只有在一些经营者能以提供相当数量和一定价格产品的方式进入市场，并能迅速有效地遏制价格上涨或打破竞争水平以上的价格维持时，委员会都会认定其为潜在竞争者。[2]

（二）效率抗辩的适用条件

欧盟已经明确承认效率辩护，当成本效率给消费者带来较低的价格时，认为成本效率是促进竞争的。与美国相关立法及执法规则相似，欧盟给效率抗辩设置了必要条件。根据《关于在控制企业集中的理事会条例下评估横向合并的指南》，委员会对当事人提出的合并提高效率的抗辩，必须考虑该效率的提高是否有益于消费者的福利，并且效率的提高必须是由并购直接带来的，同时，效率还必须可以实现和可以得到证明。[3]

1. 效率必须能够传递给消费者

合并可以产生各种效率收益，从而可以给消费者带来更低的价格或其他好处。比如，在生产和销售中节省开支可以为合并实体提供在合并之后收取更低价格的能力和动力。根据确认效率是否会给消费者带来净收益的需求，可变成本或边际成本降低的成本效率可能比固定成本的降低更适用于评估效率，前者原则上更有可能给消费者带来更低的产品价格。仅由于反竞

---

〔1〕 参见尚明主编：《企业并购反垄断控制：欧盟及部分成员国立法执法经验》，法律出版社 2008 年版，第 73 页。

〔2〕 参见安德雷斯·冯特·葛拉雷兹、爱德娜·纳瓦罗·瓦罗纳等著，解琳、叶军译：《欧盟企业合并控制制度——法律、经济与实践分析》，法律出版社 2009 年版，第 251—252 页。

〔3〕 参见中国世界贸易组织研究会竞争政策与法律专业委员会主编：《中国竞争法律与政策研究报告（2010）》，法律出版社 2010 年版，第 232 页。

争性产量减少而导致的成本降低，不能被认为是对消费者有好处的效率。[1] 消费者也可以从新的或改进的产品或服务中受益，比如在研究和发展及创新领域的效率收益获得好处。建立合营公司以开发新产品可能会带来委员会可以考虑的那种效率。在协作效果的背景下，效率可以提高合并实体提高产量和降低价格的动力，从而减少其与市场上其他企业市场行为相协作的动力。合并实体把效率收益转移给消费者的动力通常与市场其余企业和潜在进入企业的竞争压力存在有关。

2. 效率获得为并购所特有

当效率是所申报合并的直接结果，并且通过不太具有反竞争效果的替代方式不能达到同样的程度时，效率对竞争评估就很重要。在此情况下，效率被视为由合并引起，从而为合并所特有。合并当事人有责任在适当时间内提供所需要的所有相关信息，以证明与所申报的声称能够产生效率的合并相比，没有更少反竞争的、现实的、可以获得的具有非集中性质或集中性质的替代方式。

3. 效率具有可证实性

效率必须是可证实的，以便委员会能够合理地肯定效率有可能实现，并且足以抵消合并对消费者的潜在利益损害。所主张的效率越准确和可信，委员会就越能更好地评估这些主张。在可能的情况下，应该对效率和给消费者带来的好处进行量化。如果得不到用于精确数量分析的必要数据，则必须预测到有可能给消费者带来的可以明显看出的积极效果。总体上看，效率计划在未来启动的间隔时间越长，委员会认为效率实际产生的

[1] 参见尚明主编：《企业并购反垄断控制：欧盟及部分成员国立法执法经验》，法律出版社2008年版，第324—325页。

可能性就越小。申报合并企业必须在适当时候提供相关的必要信息，以显示所声称的效率是合并特有的，并且有可能实现。同样，申报合并企业也要表明：可能在多大程度上抵消合并可能给竞争带来的负面影响，从而使消费者获益。与效率评估有关的证据特别包括：管理层用于合并决策的内部文件，管理层就预期效率对所有者和金融市场的陈述，效率和消费者受益的历史例证，以及在合并前外部专家对效率收益的类型、规模和消费者在多大程度上获益的研究资料。[1]

（三）破产企业抗辩的适用条件

欧共体将失败企业并购视为一种“拯救并购”（rescue merger）。[2] 在 Kali + Salz/MDK. Treuhand 案中，委员会第一次接受了收购方提出的濒危企业抗辩意见。该案中，委员会认为，在满足下述三个条件的情况下，竞争环境不会进一步恶化：①如果该项收购不能进行，被收购企业会在短期内退出市场；②如果被收购企业退出市场的话，无论在什么情况下，被收购企业的市场份额都将转移给收购企业；③找不到对竞争损害更小的替代性收购方案。[3]

《欧共体理事会关于在控制企业集中条例下的横向合并评估指南》（2004/C31/03）专门分析了破产企业抗辩问题，从而使得欧盟的破产企业抗辩理论更接近于美国。欧盟委员会可以决定，如果并购的一方是破产公司，那么尽管该并购受到质疑，

---

〔1〕 参见尚明主编：《企业并购反垄断控制：欧盟及部分成员国立法执法经验》，法律出版社2008年版，第325—326页。

〔2〕 参见王中美：《并购与反垄断》，上海世纪出版集团、上海人民出版社2008年版，第96页。

〔3〕 参见安德雷斯·冯特·葛拉雷兹、爱德娜·纳瓦罗·瓦罗纳 等著，解琳、叶军译：《欧盟企业合并控制制度——法律、经济与实践分析》，法律出版社2009年版，第320页。

也可以认定与共同市场相一致。委员会在有关破产企业抗辩因素的评估上会考虑三个标准：

（1）如果声称破产的企业不被另一个企业收购的话，也将因为财务困难在不久的将来被迫退出市场。破产企业具有经营失败的严重可能性；并购方必须通过强有力的证据，充分证明经营失败的极大可能性。

（2）找不到比申报的合并对竞争损害更小的替代收购。所称的破产企业已做过虽不成功但却是真诚的努力，来寻找对其破产财产比较合理的可选择的买方，以便既能使其各种资产继续留存在相关市场上，又可以使竞争受到尽量小的不利影响。并购当事方必须证明，没有其他的并购选择比现在的并购具有更小的反竞争效果。

（3）如果没有该项并购，该破产公司的资产将会不可避免地退出市场。根据破产法进行债务等方面的重组，往往可以使破产企业免于退出市场的不利后果，在这种情况下，并购当事方就不能主张破产企业抗辩。故而，并购当事方应当证明所主张的破产企业没有根据破产法进行重组的可能性。[1]

三、欧盟并购反垄断审查抗辩举证责任及证明要求

（一）抗辩举证责任主体

欧盟并购审查抗辩举证责任主体同样也是并购当事人。理论上讲，一旦当事方主张这一抗辩，他们就必须承担举证责任，

---

〔1〕 参见尚明主编：《企业并购反垄断控制：欧盟及部分成员国立法执法经验》，法律出版社2008年版，第74页。

证明这些条件得以满足。[1] 就效率抗辩而言，只有欧盟委员会能够最后决定效率会增强并购企业促进竞争的动机，有利于消费者，并且参与并购的企业必须证明对消费者产生的效益必须是并购所特有的、实质上的、及时的和可证实的，这样才能被认为是有效率的并购；证明责任由并购方承担，包括证明并购的正面效果是否大于负面影响。

（二）抗辩证明对象

并购审查抗辩的证明对象一般包括并购行为符合抗辩适用条件的事实、并购行为合法性和合理性的事实、排除违法性与可罚性的事实等。以效率抗辩为例，并购申报人如果希望委员会从一开始就特别考虑集中产生的效率增益，是否可能提高新实体为消费者利益进行积极竞争的能力和激励措施，那么，可描述与任何产品有关的拟议集中将产生的各方预期的每一种效率（包括成本节约、推出新产品以及服务或产品改进）和提供相关的支持文件。[2]

（三）抗辩证明环节

欧盟并购当事人可以提供各种证据，在审查过程中一般也要经过举证、质证和认证的环节，以保障审查程序及结果的正当性和公正性。并购申报举证后，欧盟委员会调查机构审查过程中会通过质证，对并购进行总体评价，如果认为证明的抗辩

---

〔1〕《欧共体理事会关于在控制企业集中条例下的横向合并评估指南》（2004/C31/03）第91段对该原则作出了规定："申报人必须在合理的时间内，提供所有相关资料，以证明并购后市场结构遭受的损害不是并购造成的。"

〔2〕参见《关于执行〈关于控制企业集中的（EU）第139/2004号理事会条例〉第802/2004号委员会条例》（2004年4月7日）附件1《与依照（EU）第139/2004号条例的集中申报文件有关的CO表格》9.3条，载尚明主编：《企业并购反垄断控制：欧盟及部分成员国立法执法经验》，法律出版社2008年版，第267—268页。

事实存在及理由充分，则会对相关抗辩的证据予以认证，从而批准申报的并购交易。就破产企业抗辩而言，在任何情况下，提出这种抗辩的收购企业都必须设法证明：不存在比其收购破产企业对竞争损害更小的收购者。提出这种抗辩的收购企业和破产企业都试图证明：根据它们对市场情形、基础设施、并购后的协力优势等情况的了解，收购企业是后者唯一可能的“救援者”。〔1〕

四、欧盟并购反垄断审查抗辩程序规则

欧盟并购审查抗辩程序包括初查程序和严重怀疑调查程序。初审程序又包括：提出并发表申报材料、要求提供信息、调查、作出初查决定；严重怀疑调查程序包括：提出指控书及提出异议、答辩、口头陈述和申辩、要求提供信息和调查、作出最后决定。

欧盟委员会保障并购当事人及第三人的陈述意见权、抗辩权、知悉真情权等权利。作出决定之前，委员会应当给予有关个人、企业或者企业团体在直至征询委员会意见之前的每一个阶段，表达其对被指控事项的意见的机会。委员会只能根据其指控作出决定，因为当事人能够对该项指控提出反驳意见。在调查程序中应当尊重辩护权，在保护企业商业秘密合法权益的前提下，应当允许至少与案件直接有关的企业知悉案卷材料。委员会或者成员国的主管机关认为确有必要的，可以听取其他自然人或者法人的意见。有足够的法律上利害关系的自然人或者法人，特别是有关企业的董事会、管理机构成员或者上述企

〔1〕 参见安德雷斯·冯特·葛拉雷兹、爱德娜·纳瓦罗·瓦罗纳等著，解琳、叶军译：《欧盟企业合并控制制度——法律、经济与实践分析》，法律出版社 2009 年版，第 322—323 页。

业中雇员公认的职工代表，提出请求的，应当有权发表意见。[1]

第一阶段调查中，在收到通报起15个工作日内，欧盟委员会应当提供一次"进展情况"（state of play）会议的机会，向当事人指出并购案在何处引发了欧委会的"严重质疑"，并购当事人当然有权提出相应的抗辩。

第二阶段调查启动后10个工作日内，欧委会应当提供另一次"进展情况"会议的机会，向当事人表明其立场与质疑点，以便当事人了解欧委会的顾虑所在，并提出相应的抗辩。大约是第二阶段调查启动六个星期以后，竞争委员得出调查结论，并可能签发一份反对声明（statement of objection，简称S/O）。反对声明中详细说明竞争委员对该项并购限制竞争方面的所有关注点，而且竞争委员希望在最后决定中作为依据的所有方面都应包括在其中。反对声明将附上一份邀请当事人在欧委会指定的期限内进行书面答复的信函。大约在反对声明签发后两个星期，应当事人要求，竞争委员可以决定召开一次正式的听证会。在这次听证会上，当事人以及相关第三人如竞争者和消费者可以提供其他证据。最后，欧盟委员会综合考虑各种评估因素后作出决定。

当事人不服欧委会决定的，应当在决定作出后两个月内诉至欧洲一审法院。对一审法院不服的，则应于一审判决后两个月内上诉至欧洲法院。[2]

---

〔1〕 参见尚明主编：《主要国家（地区）反垄断法律汇编》，法律出版社2004年版，第695页。

〔2〕 参见王中美：《并购与反垄断》，上海世纪出版集团、上海人民出版社2008年版，第87—89页。

五、欧盟并购反垄断审查抗辩制度评述

（一）重视经济分析在并购反垄断审查中的应用

欧盟并购反垄断审查的测试标准越来越侧重经济分析，对比合并发生与否对竞争结构的损害，而不是强调合并与产生或加强支配地位之间的因果联系这些法律因素。[1] 鉴于并购是企业的市场经济行为，一般有利于实现规模经济，提高经济效率，提升企业竞争力，也有利于增进社会整体经济和消费者福利，欧盟反垄断控制制度采取合理分析原则，针对达到申报标准的并购交易予以个案化的经济合理性分析，只对实质性限制竞争的并购予以禁止或附加限制性条件予以批准。20 世纪 90 年代，欧盟委员会公开拒绝的交易只有 13 项，2000 年为 3 项，尽管这一期间处于第五次并购浪潮，并购活动以规模巨大为特征。不过，欧盟委员会积极审查了许多交易，并要求交易双方采取了某些补救行动之后才予以批准。[2]

（二）并购反垄断审查抗辩制度理念先进

欧盟并购反垄断审查抗辩制度总体上以竞争政策为基础构建。目前，欧盟企业并购审查标准是“严重阻碍有效竞争”标准，重视当事人的程序性抗辩权利保障，重视审查和裁决程序的公开性和透明性建设。欧盟官方理论认为，对企业结合控制应该遵循一定的规则，特别是“透明度”与“可预见性”。[3]

---

〔1〕 参见安德雷斯·冯特·葛拉雷兹、爱德娜·纳瓦罗·瓦罗纳等著，解琳、叶军译：《欧盟企业合并控制制度——法律、经济与实践分析》，法律出版社 2009 年版，第 322 页。

〔2〕［美］帕特里克·A. 高根著，顾苏秦、李朝晖译：《兼并、收购和公司重组》（第 4 版），中国人民大学出版社 2010 年版，第 114 页。

〔3〕 孙涛：“欧盟竞争法的政策基础及其结企业结合的反垄断控制”，载史际春主编：《经济法评论》（第 1 卷），中国法制出版社 2000 年版，第 122 页。

欧盟评估考虑的因素主要是市场结构及一些平衡性因素，包括市场进入、效率、垂危企业等抗辩或称抵消性因素。这些实体性和程序性规则系统的建立与完善，体现了欧盟先进的竞争法理念，对维护欧共体内部市场统一与保障有效竞争秩序发挥了积极作用。

（三）并购审查抗辩制度充分体现了正当程序原则

欧盟并购审查抗辩制度规则的制定与实施，充分体现了法律的正当程序原则。其一，申报前阶段。并购审查申报前沟通磋商机制确保当事人在申报之前提出自己的意见并进行有效沟通。其二，受理申报后，欧盟委员会需要召开说明和反映案件现状说明会，保证当事方能够在会上清晰表达观点。当事方和竞争总司如果同意的话，可以召开三方会议。三方会议参加人员包括：竞争总司、申报方以及第三方。第三方通常是对并购存在意见的人，即提出异议的利益方。其三，申报方及相关主体享有发表意见的权利。当事人可提供答辩意见，提出抗辩事由及证据。欧盟法律在程序上确保所有相关方的正当权利得到保护，尤其是各相关方发表意见的权利。其四，当事方享有查看文件的权利。材料查阅权不仅是当事方辩护权的一项重要内容，也是平衡当事方辩护权和保护商业秘密权关系的法律措施。其五，申报方和相关方可以要求召开听证会。听证官员职责包括：确保申报方面其他方发表意见的权利；确保听证会适当地举行；确保委员会决定草案的过程中适当地考虑了所有相关事实；决定第三方是否有权参加听证会，该决定在请求负责的司长之后作出。所有上述程序规则的制定与实施，均充分贯彻了正当程序原则与要求。

本章小结

通过本章的分析阐述论证，可以得出以下四点认识和结论：

第一，并购反垄断审查抗辩制度作为反垄断法的具体制度，其成因在于国家经济管理职能与市场经济竞争机制的耦合作用。垄断等市场失灵现象不能由市场本身予以矫正，需要国家实施并购反垄断审查抗辩制度予以规制。国家通过规制并购交易活动，实现国家管理职能与市场经济调节的良好互动。公开、公平、透明的并购反垄断审查抗辩规则，有利于规范行政执法行为，克服政府失灵现象，保障并购当事人的抗辩权利，实现维护公平自由竞争秩序的价值目标。

第二，并购反垄断审查抗辩制度的发展呈现一定的趋同现象。国际并购控制法律的交流与合作不断加强，相关规则呈现出相互借鉴融合的趋势。多数国家并购审查以“实质性限制竞争”为评价标准。大陆法系国家和地区的并购反垄断审查抗辩制度，以成文法为主，但也开始重视判例的作用；英美法系国家的并购反垄断控制法律成文法体系也日趋完善，但判例仍发挥着重要的补充和解释功能。

第三，市场进入抗辩、效率抗辩、破产企业抗辩等实体性抗辩规则，得到多数国家并购反垄断审查制度的承认。美国、日本、欧盟等国家和地区均承认市场进入抗辩、效率抗辩、破产企业抗辩等抗辩事由及规则，特别是对效率抗辩日益重视。当一项并购交易能够产生重大效率，能够向消费者转移，所产生效率为并购所特有，并且该效率能够被证实，则反垄断执法机构可以接受效率抗辩，基于并购所产生的效率大于限制性竞争效果而批准该并购。

第四，并购反垄断审查抗辩制度重视国家利益和公共利益因素的考量。各国政府在全球竞争视野内设计与实施并购反垄断审查制度，在处理规模经济与竞争活力的关系问题上，倾向于鼓励大型企业的并购活动，促进规模经济发展，对国家利益、国家综合竞争力等因素较为重视。

第三章　价值目标：并购反垄断审查抗辩制度的实质正义与维护公平自由竞争理念

法的价值在于实现由一定的社会经济条件所决定的正义、自由、秩序和效率要求。并购反垄断审查抗辩制度突破了传统民商法意义上的形式正义，把实质正义作为基础性价值目标。并购反垄断执法机构、并购当事人及其他利害相关者既应遵守法律规范本身的规定，又要符合内在的法治精神，合乎实质正义的价值。并购反垄断审查抗辩制度坚持社会本位观，平衡协调好社会公共利益、国家利益和市场主体间的利益关系，追求社会福利和社会效益的最大化。并购反垄断审查抗辩制度的直接价值目标为维护公平自由竞争秩序，间接价值目标为实现效率价值，核心价值目标为维护一般消费者的福利，最终价值目标在于实现社会整体利益。

第一节 社会本位观：并购反垄断审查抗辩制度的立足之本

一、经济法的社会本位观内涵

“当代社会经济效率的提高并不仅仅取决于某一家企业或某几家企业效率的提高，在整体经济条件下，它主要取决于整个社会综合效率的提高。”[1] 因此，经济法的社会本位观是建立在法律规范对社会“共同福利”或“共同利益”的追求之上。“共同福利”或“共同利益”意味着在分配和行使个人权利时决不可以超越外部界限，否则全体国民就会蒙受严重损害。在个人权利和社会福利之间创设一种适当的平衡，乃是有关正义的主要考虑之一。[2]

并购反垄断审查抗辩制度属于经济法的范畴，考察其立法本位应当从经济法的法本位入手。经济法作为国家综合、系统、全面调整组织管理经济关系和流转性组织协调关系的现代法律部门，立足于维护社会整体利益，以大多数人的意志和利益为重，促进社会福祉的最大化，天然以社会本位观为立法本位。

经济法的社会本位观要求一切经济法主体，在参与经济关系的过程中，必须维护社会整体利益或公共利益，履行社会责任。当社会整体利益、公共利益与个体利益发生冲突时，国家权力的介入应使个体利益服从于社会整体利益。当然，强调社

---

〔1〕 刘少军：“金融法的基本理论问题研究”，载《经济法论坛（第5卷）》，群众出版社2008年版。

〔2〕 参见［美］E·博登海默著，邓正来译：《法理学：法律哲学与法律方法》，中国政法大学出版社2004年版，第324页。

会整体利益优先并不等于国家权力可以任意地介入私人领域并侵害私人利益；恰恰相反，国家权力在介入经济生活的过程中必须遵守合法性要求，在介入的范围、程度、条件、程序等诸方面都应如此。〔1〕

二、反垄断法的社会本位观内涵

反垄断法属于经济法的范畴，作为国家基于社会整体利益而对市场经济秩序进行干预和调节的法律，当然亦应坚持社会本位观，维护公平自由竞争秩序，追求社会整体效益的最大化。反垄断法的成因在于：自由放任的市场竞争走向其反面，出现严重垄断行为等市场失灵现象，严重限制自由竞争机制的发挥，限制了市场机制对资源的优化配置功能，需要国家基于社会本位的立场进行法律规制。"反垄断法必然要以社会为本位，即在尊重市场机制前提下，立足社会整体利益，平衡市场主体间利益，以达到市场的有序竞争。"〔2〕

正是因为反垄断法坚持社会本位观，反垄断法对社会公共利益的维护是通过对自由和公平的市场竞争秩序的维护来实现的。尽管反垄断法维护自由公平竞争本身与保护竞争者的合法权益往往是一致的，但是在总体上明确反垄断法直接保护的是代表社会整体利益的竞争机制和竞争秩序，而不是代表具体的个别利益的竞争者，是很有必要的。〔3〕当然，反垄断法的程序性和实体性规范，也维护经营者和消费者等市场主体的合法权

〔1〕徐孟洲：《耦合经济法论》，中国人民大学出版社 2010 年版，第 74 页。

〔2〕吴宏伟、金善明："社会本位观：反垄断法立足之本"，载《法学家》2008 年第 1 期。

〔3〕王先林：《知识产权与反垄断法：知识产权滥用的反垄断问题研究》，法律出版社 2008 年版，第 60 页。

益，当经营者、消费者的合法权益因垄断行为受到侵害的，也有权依法定程序寻求救济途径。

反垄断法注重的是宏观而不是微观，是整体而不是个体，它对垄断、排除限制竞争行为的规制，始终是以社会公共利益和消费者福祉为出发点和落脚点。[1] 但反垄断法的社会本位观并非否认个体利益，社会本位观同样注重平衡协调好社会公共利益、国家利益、社会市场主体的个体利益的关系。只有基于社会本位观，有效维护公平自由竞争秩序，维护社会整体经济效益，才能保障社会市场主体的个人利益得到更好实现，促进消费者的福祉最大化。“反垄断法的根本理念和价值目标，在于通过维护竞争秩序，来维护竞争机制、优化资源配置、实现社会福利的持续最大化。”[2]

三、并购反垄断审查抗辩制度的社会本位观内涵及要求

并购反垄断审查抗辩制度作为反垄断法的具体制度，坚持社会本位观，其制度设计及实施体现社会整体利益的最大化。该制度不仅要保护国家利益和企业个体利益，而且要维护社会公共利益。并购反垄断审查抗辩制度，以社会本位观为指导，一方面致力于防止控制集中后的企业滥用支配力量排除限制竞争，维护竞争性市场结构；另一方面也鼓励促进正常的市场并购活动，增强市场竞争活力，促进企业技术和管理创新，增进一般消费者的福祉，最终有利于整体经济秩序的发展和社会公

〔1〕 赵晓光：“反垄断法是一部什么样的法律?”，载中国世界贸易组织研究会竞争政策与法律专业委员会主编：《中国竞争法律与政策研究报告（2010）》，法律出版社2010年版，第20页。

〔2〕 吴宏伟、金善明：“社会本位观：反垄断法立足之本”，载《法学家》2008年第1期。

共利益的实现。

以破产企业抗辩为例，该制度旨在通过批准挽救濒于破产企业的并购活动，维护相关市场上现有的生产状况和市场结构，减少或者避免社会资源的浪费，符合国家促进就业与社会稳定的宏观经济政策目标，有益于国民经济的健康运行，有助于社会整体利益的最大化。并购反垄断审查之所以适用破产企业抗辩制度，是因为其根本宗旨就在于追求更高的社会整体利益价值目标。此种更高、更具根本性和全局性的社会公共利益，主要体现为国家整体经济利益、消费者利益、企业国际市场竞争力以及职工的劳动就业保障等方面。权五乘教授也提出，韩国《垄断规制法》为就业稳定而对为救济破产企业而形成的企业结合予以认可，主要用来实现国家的完全就业政策。[1]

并购反垄断审查抗辩制度实体性和程序性规则的设计与实施，应以社会整体效益和消费者福祉最大化为依归。例如，效率抗辩规则即要求并购所产生的整体效率须为重大，能够超过其限制竞争的负面效果，且能够向消费者传递，为并购所特有，并且必须得到证实。效率抗辩的适用条件充分体现了社会本位观，反垄断执法机构审查效率抗辩因素，不仅仅考量并购给并购企业本身带来的生产效率提高，而且须考量并购所产生的效率是否能够提高产品和服务质量，降低产品和服务价格，提高产品技术创新水平，使得公众消费者能够分享收益。

并购反垄断审查抗辩制度的立法目标应立足于社会整体利益，以大多数人的意志和利益为重，保护公平自由的竞争秩序，维护广大消费者利益和社会公共利益。并购反垄断审查抗辩制

---

〔1〕［韩］权五乘著，崔吉子译：《韩国经济法》，北京大学出版社2009年版，第91页。

度的社会本位观还体现在对社会整体效率价值的追求。通过对公平竞争的保护，促进有效率的并购活动，禁止实质性限制竞争的并购交易，从而达到社会整体效率的提高。

第二节　实质正义：并购反垄断审查抗辩制度的基本价值目标

一、法律的正义价值辨析

正义是法律的永恒价值，法律的灵魂就是维护社会正义。罗尔斯认为，正义是社会制度的首要价值，正像真理是思想体系的首要价值一样；某些法律制度，不管如何有效率和有条理，只要它们不正义，就必须加以改造和废除。[1]

秩序、自由、正义和效益应作为法律的基本价值。[2] 法的价值在于实现由一定的社会经济条件所决定的正义、自由和秩序要求：随着社会经济的发展，国家的经济管理和经济活动职能凸显，效率也日益成为法的价值之一。[3]

公平正义是民商法等所有法律追求的价值目标。随着组织的深化和扩大，面对日益复杂的社会政治经济结构，国家不得不积极参与到经济生活的管理、调控和运作之中。形式正义引起的社会实质不公，导致了新的正义观及相应的法律规范出现。

---

〔1〕 参见罗尔斯著，何怀宏等译：《正义论》，中国社会科学出版社 1988 年版，第 1 页。

〔2〕 张文显：《法学基本范畴研究》，中国政法大学出版社 1993 年版，第 256 页。

〔3〕 史际春、邓峰：《经济法总论》，法律出版社 2008 年版，第 138 页。

二、经济法的实质正义观

经济法所要实现的价值首先在于实质正义。经济法，尤其是我国社会主义制度主导的经济法的实质正义观，在于实现社会范围内的实质性的、最大多数人的、社会性的正义和公平。这种正义观，是一种追求最大多数社会成员福祉的、社会主义的正义观。[1]

经济法作为一个新兴法部门，其理念又限定于在经济社会化条件下，实现以社会整体经济利益为核心内容的实质公平、正义。[2] “经济法行为是为了实现经济法的实质社会正义（分配正义、矫正正义、归属正义、结果正义）的价值目标。”[3] 经济法作为现代经济的高级法，已经超越了传统民商法的形式正义，以追求实质正义为基本价值目标，以实现自身对社会经济的综合系统全程调整，促进社会整体效益的最大化。

经济法中，从有关经济管理、经济活动到维护公平竞争的规范和制度，无不既要求主体的行为符合法律规范本身的规定，又要求其行为结果也不违背该规范的内在精神及合理预期，合乎实质正义的价值。[4]

保护自由、平等的竞争机会、条件和作为整体的消费者福

---

〔1〕 参见史际春、邓峰：《经济法总论》，法律出版社2008年第2版，第140页。

〔2〕 参见史际春主编：《经济法》，中国人民大学出版社2010年第2版，第75页。

〔3〕 徐孟洲、杨晖：“法律行为与经济法行为的关系——经济法行为的正当性”，载《经济法论坛（第5卷）》，群众出版社2008年版，第3—15页。

〔4〕 参见史际春、邓峰：《经济法总论》，法律出版社2008年第2版，第142页。

利，是反垄断法体现实质公平价值的必然要求。[1] 例如，日本《禁止垄断法》的保护法益，是作为公益的自由竞争经济秩序，而这种法益只要由《禁止垄断法》加以维护和促进，消费者就有了选择商品和服务的自由。这种自由正是《禁止垄断法》给予消费者的自由。[2]

三、并购反垄断审查抗辩制度的实质正义价值

实质正义是反垄断法最基础的价值目标，而自由竞争秩序则是实质正义所引申的价值。实质公平正义与自由竞争秩序是辩证统一关系。只有建立在实质公平基础上的效率才是值得追求的效率，也只有能够实现社会整体经济效率的实质公平才是高层次的公平。无论是社会整体经济效率还是社会实质公平，最终都需通过建立和维护一种有序的竞争秩序来落实。有序的竞争秩序必须以社会整体经济效率和社会实质公平为衡量尺度。[3] 例如，《南非共和国竞争法》的立法价值目标不再是民商法意义上的个体公平和形式公平，而是追求经济发展、消费者福祉、人民的社会和经济福利、国际竞争力等社会整体利益及

---

〔1〕 参见王先林：《知识产权与反垄断法：知识产权滥用的反垄断问题研究》，法律出版社2008年版，第67页。

〔2〕 参见［日］金泽良雄著，满达人译：《经济法概论》，甘肃人民出版社1995年版，第185页。

〔3〕 参见中国世界贸易组织研究会竞争政策与法律专业委员会主编：《中国竞争法律与政策研究报告（2010）》，法律出版社2010年版，第89—90页。

社会实质公平正义目标的实现。[1]

并购反垄断审查抗辩制度突破了传统民商法意义上的形式正义，其立法、执法及司法活动，既追求形式公平正义，更以实质正义为基本价值目标。该项制度合理配置反垄断执法机关、并购当事人等主体间的权利（力）、义务和责任，有效平衡协调维护自由公平竞争秩序和实现规模经济效益等法益之间的关系，防范、禁止严重排除和限制竞争的并购行为，促进符合法律要求和市场规律的正常并购活动，从而促进整体国民经济的健康发展，维护公众消费者福祉，最终实现社会实质正义。

日本反垄断法针对禁止期间的缩短情形作出规定，即体现了实质正义价值追求。《日本禁止垄断法》第15条第3款规定，国内公司从呈报受理之日起30日内，不得进行合并。但是，同款规定，公正交易委员会认为有必要的，可缩短该期间。该禁止期间的缩短，原则上在满足下面的①及②的要件的情形下，可予以承认：①没有实质性地限制一定交易领域中的竞争这一事实已很明确；②缩短禁止期间存在着合理理由的。……关于②到一定的日期，如不进行合并，当事公司有产生经营困难（例如，公司破产、从业人员离散、失去主顾等）盖然性的情况，即属于此。[2] 该项具体制度设计旨在平衡协调社会整体利

---

〔1〕《南非共和国竞争法》（2001年）第2节规定："本法旨在维持和促进共和国国内的竞争，以期达到下列目的：①提高经济的效率和灵活性，推动经济发展；②为消费者提供竞争性价格和产品选择；③促进就业，提升南非人民的社会和经济福利；④增加南非参与国际市场的机会，发挥国外竞争在共和国国内的作用；⑤确保中小企业享有参与经济的平等机会；⑥扩大所有权分布，尤其增强历史上处于弱势地位主体的所有权基础。"参见时建中主编：《三十一国竞争法典》，中国政法大学出版社2009年版，第391页。

〔2〕参见尚明主编：《主要国家（地区）反垄断法律汇编》，法律出版社2004年版，第543页。

益、自由竞争秩序、社会就业稳定等价值目标的关系，体现了并购反垄断审查制度对社会实质正义的追求。

从《加拿大竞争法》规定的合并审查因素来看，其并购控制制度通过合理的经济分析和法律审查，综合考虑合并对有效竞争影响、破产企业抗辩、市场进入、现有和潜在竞争力量等因素，以确认合并行为是否实质上防止和削弱竞争，从而实现和保障实质公平正义价值目标。[1]

实质正义还体现为法律调整手段的丰富性和多样化。[2] 并购反垄断审查抗辩制度采用行政、民事、刑事等综合法律调整手段，实现对并购活动的有效法律控制。既重视强制性法律规范调整，又注重指导性法律规范调整；既强调行政调查与裁决的权威性，又重视申报前商谈、承诺、听证等制度的作用，确保并购反垄断审查程序的透明度和公正性，实现审查过程和结果的民主化和正当性。

---

〔1〕《加拿大竞争法》（2009 年）第 93 条就有关防止削弱竞争因素的审查作出了规定："在决定第 92 条中的合并或拟议的合并是否实质上防止或削弱或可能实质上防止或削弱竞争时，法庭可以审查如下因素：（a）外国商品或外国竞争者合并或拟议的合并的各当事方造成或可能造成的有效竞争的范围；（b）合并或拟议的合并的一方之经营或部分经营是否已经失败或可能失败；（c）合并或拟议的合并的各方所提供的可接受的替代商品可以利用或可能利用的程度；（d）进入市场的任何壁垒，包括（i）国际贸易的关税和非关税壁垒；（ii）省际的贸易壁垒；（iii）对进入市场的制度控制，以及合并或拟议的合并对如下壁垒的任何影响；（e）市场中留存或将留存的有效竞争受到或将受到合并或拟议的合并影响的程度；（f）合并或拟议的合并将可能消除有活力和有效果的竞争；（g）在相关市场中变化和革新的性质和范围；（h）与受到或将受到合并或拟议的合并影响的市场竞争相关的其他任何因素。"参见时建中主编：《三十一国竞争法典》，中国政法大学出版社 2009 年 8 月第 1 版，第 55—56 页。

〔2〕参见史际春、邓峰：《经济法总论》，法律出版社 2008 年 9 月第 2 版，第 141 页。

第三节 维护公平自由竞争：并购反垄断审查抗辩制度的基本理念

一、维护公平自由竞争理念的内涵

并购反垄断审查抗辩制度的基本理念在于维护公平自由竞争秩序。公平自由竞争包括公平竞争和自由竞争两层内涵，公平竞争与自由竞争是相互补充和相互促进的辩证关系。

（一）维护公平竞争秩序内涵

1. 反垄断法的维护公平竞争理念

国家必须有意识地运用政策和法律进行引导，对市场经济进行适度干预，以克服和补救市场经济的缺陷，维护公平有效的市场竞争；国家是市场公平竞争环境的缔造者和维护者。[1]反垄断法的目的是维护消费者的利益，同时也是维护公平的市场环境，以及维护社会公共利益。[2] 维护公平竞争秩序，有利于促进实现社会资源的优化配置。坚持促进、保护公平竞争，对于维护市场主体的合法权益，具有重要的意义；鼓励、保护公平竞争也是保护消费者权益的有力措施。[3] 反垄断法为弥补传统民商法对市场垄断行为的调整不足而基于国家履行经济职能的需要而产生，旨在维护公平竞争秩序，克服市场失灵问题，

---

〔1〕 参见崔勤之："简论市场公平竞争环境"，载《甘肃社会科学》2005 年第 4 期。

〔2〕 参见尚明："正确认识反垄断法 依法开展经营者集中审查"，载中国世界贸易组织研究会竞争政策与法律专业委员会主编：《中国竞争法律与政策研究报告（2010）》，法律出版社 2010 年版，第 5 页。

〔3〕 参见种明钊：《竞争法》，法律出版社 1997 年版，第 107 页。

维护社会整体经济利益。

维护公平竞争原则和制度的出现，是通过“国家之手”来纠正“看不见的手”所导致的弊端，同时又力求使“看不见的手”在最大范围内、最高程度上发挥作用的产物。[1] 维护公平竞争，必须发挥反垄断法的有序竞争功能；有序的竞争，是指竞争者在反垄断法律规范创制的竞争秩序中进行的竞争。[2] 根据《反垄断法》第1条规定，我国反垄断法的立法宗旨也包含有“保护市场公平竞争”的内涵。无限制的经济自由也会导致垄断的产生；人们出于种种原因，通常都乐意使他们的自由受到某些对社会有益的控制。[3] 可见，反垄断法的本质精神在于维护自由和公平的竞争，保证市场对资源进行最优化的配置，从而保障经济效率的提高。[4]

2. 并购反垄断审查抗辩制度的维护公平竞争理念

并购反垄断审查抗辩制度是反垄断法的基本制度之一，其宗旨在于通过对可能严重实质性限制竞争的并购进行规制，禁止实质性限制竞争的并购，放行绝大多数正常的并购交易，维护市场自由公平竞争秩序，发挥市场经济对资源的优化配置作用，促进社会总体福利的最大化。

并购反垄断审查抗辩制度不仅维护自由竞争秩序，同时也维护实质性的竞争公平。并购反垄断审查抗辩制度的程序性及

---

〔1〕 参见史际春、邓峰：《经济法总论》，法律出版社2008年第2版，第160页。

〔2〕 参见郝伟明：《经济全球化下中国反垄断执法专题研究》，法律出版社2010年版，第42页。

〔3〕 参见［美］E. 博登海默著，邓正来译：《法理学：法律哲学与法律方法》，中国政法大学出版社2004年版，第303页。

〔4〕 参见黄勇、董灵：《反垄断法经典判例解析》，人民法院出版社2002年版，第3页。

实体性规范的制定与实施，均有利于维护公平竞争秩序，使得消费者享有公平合理的商品和服务价格。如果并购行为可能或者已经产生实质性限制竞争影响，并不存在重大效率等抗辩理由，那么就是有违公平竞争的规则，应当采取消除限制性竞争影响的救济措施或者直接加以禁止。

（二）维护自由竞争秩序的内涵

1. 自由竞争的内涵辨析

自由竞争经济，是通过市民社会中的市民法并根据私人自治进行的一种形态，但其反面，这种自由竞争经济，却又受到通过市民法并根据私人自治形成的垄断的阻碍，通过契约自由而失去其竞争自由。因此，竞争政策也就是主要地规制和防止自由竞争经济受到垄断的阻碍。〔1〕 市场自由竞争能够最大限度地节约成本、降低价格、提高质量，从而造福消费者，为了维系市场自由竞争、公平竞争而进行反垄断，必须依靠公力救助，通过政府干预。〔2〕

亚当·斯密指出，一种事业若对社会有益，就应当任其自由，广其竞争，竞争愈自由，愈普遍，那事业亦就愈有利于社会。〔3〕 独占乃是良好经营的大敌。良好经营，只有靠自由和普遍的竞争，才得到普遍的确立。自由和普遍的竞争，势必驱使每个人，为了自卫而采取良好的经营方法。〔4〕 在一个以自由社

〔1〕 参见［日］金泽良雄著，满达人译：《经济法概论》，中国法制出版社2005年版，第164—165页。

〔2〕 参见邱本：《自由竞争与秩序调控——经济法的基础构建与原理阐析》，中国政法大学出版社2001年版，第242页。

〔3〕 参见亚当·斯密：《国民财富的性质和原因的研究》（下卷），商务印书馆1983年版，第27页。

〔4〕 参见亚当·斯密：《国民财富的性质和原因的研究》（下卷），商务印书馆1983年版，第140页。

会制度为基础的国家里，最重要的一件工作是保证自由竞争。[1]社会市场经济的基本原则是自由和秩序，而两者又是和谐的，成为不可分割的整体；因为没有稳固秩序的自由，就有陷入混乱的危险；而没有自由的秩序，又很容易导致残酷的压迫。[2]自由竞争是相对的，因为自由竞争与责任联系，要受责任的制约。自由不仅意味着个人拥有选择的机会并承受选择的重负，而且还意味着他必须承担其行动的后果，接受对其行动的赞扬或谴责。自由与责任实不可分。[3]因此，自由竞争秩序对社会进步与经济发展意义重大。现代国家反垄断法承担着维护自由竞争秩序的职能，并购反垄断审查制度同样致力于维护自由竞争秩序，防止因一些违法并购行为实质性地限制竞争。

通常，只要是促进了事业者之间的公正且自由的竞争，就可以促进生产效率和技术革新的蓬勃开展，并由此获得扩大经济活动的规模、提高就业水平、降低成本、稳定物价等众所期望的经济成果。事业者之间的竞争，一旦公正且自由地开展起来，并通过一般消费者在市场中的自由选购，开展能够反映作为经济元素的绝大多数一般消费者之需求的经济活动，也就形成了民主的经济秩序。[4]

2. 维护自由竞争秩序的必要性分析

（1）维护自由竞争秩序是市场经济发展的必然要求。并购反垄断审查抗辩制度的直接目标也在于维护市场公平自由竞争

---

〔1〕 参见［德］艾哈德：《来自竞争的繁荣》，商务印书局1983年版，第12页。

〔2〕 参见［德］艾哈德：《来自竞争的繁荣》，商务印书局1983年版，第134页。

〔3〕 参见哈耶克：《自由秩序原理》（上册），三联书店1997年版，第83页。

〔4〕 参见［日］根岸哲、舟田正之著，王为农、陈杰译：《日本禁止垄断法概论（第3版）》，中国法制出版社2007年版，第32页。

秩序。在运用市场的无形之手进行调节的情况下，随着市场经济向纵深发展，妨害竞争、外部效应、公共物品和信息偏在等问题，造成市场调节难以发挥作用的情况，即为市场失灵。这就需要国家的干预或介入，以恢复市场机制。〔1〕按照弗赖堡学派理论，国家必须通过其法律秩序保证两件事：一是防止由于卡特尔和垄断而造成的自由的自我危害；二是避免自身完全不必要的干预。自由并不绝对，易言之，自由至于将它自已归于澌灭，而是作为被确保的系统在社会秩序的保护下，被出于社会平等目的而受到限制。〔2〕

（2）国家履行其经济职能的基本要求。并购反垄断审查抗辩制度的制定与实施，是国家履行其维护市场自由竞争秩序职能的基本要求。垄断等市场经济失灵问题无法单纯由市场经济本身予以解决，国家便通过反垄断法等经济法制度，履行其规制和调控经济的基本职能，以维护自由竞争秩序。竞争法上的维护自由竞争原则意味着国家鼓励和保护自由竞争，否定和制裁各种限制竞争的行为。〔3〕

美国经济学家弗里德曼提出，自由市场的存在当然并不排除对政府的需要。相反的，政府的必要性在于：它是“竞赛规则”的制定者，又是解释和强制执行这些已被决定的规制的裁判者。〔4〕国家通过反垄断法律规范，不仅要达到制止垄断行为

〔1〕参见张守文：《经济法理论的重构》，人民出版社2004年版，第51—52页。

〔2〕参见［德］沃尔夫冈·费肯杰著，张世明译：《经济法（第2卷）》，中国民主法制出版社2010年版，第56页。

〔3〕参见徐孟洲、孟雁北：《竞争法》，中国人民大学出版社2008年版，第37页。

〔4〕参见［美］弗里德曼：《资本主义与自由》，商务印书馆1999年版，第16页。

的基本目的，而且还以此为契机，贯彻国家竞争政策，规范市场竞争秩序，以实现国家社会经济发展之目标。[1]

正是出于维护市场竞争的需要，各国反垄断法都有控制合并的规定。[2] 并购反垄断审查抗辩制度旨在有效规制并购行为，维护自由公平的竞争秩序。就破产企业抗辩而言，欧盟关于被收购企业没有自生能力作为对支配地位的破产企业抗辩，具体指，一家企业收购另一家企业，同时宣称另一家企业正处于清算过程中，因此，其收购不会对竞争造成直接损害。[3] 可见，并购反垄断审查抗辩制度的根本理念就在于维护公平自由竞争秩序。

（3）克服政府规制失灵的要求。反垄断法是维护自由竞争的市场体制，扩大竞争的自由，而不是代替或削弱市场竞争机制。一个充分竞争的市场体制是实现消费者福利乃至社会总福利的最有效方式。[4] 政府在干预及参与市场经济的过程中，也可能会由于信息不对称、滥用权力、腐败寻租、体制不健全、管理不善等原因，造成资源配置上的低效或无效，即产生政府失灵。并购反垄断审查抗辩制度的制定与实施，也要防范政府规制中的权力寻租、监管者俘获、信息不对称等监管失灵问题。这就需要在反垄断法的程序性和实体性规范设计中，科学设置执法机构权限，合理制定执法程序，建立执法监督机制和救济

---

〔1〕 参见郗伟明：《经济全球化下中国反垄断执法专题研究》，法律出版社2010年版，第3页。

〔2〕 参见吴汉洪：《垄断经济学》，经济日报出版社2008年版，第300页。

〔3〕 参见安德雷斯·冯特·葛拉雷兹、爱德娜·纳瓦罗·瓦罗纳等著，解琳、叶军译：《欧盟企业合并控制制度——法律、经济与实践分析》，法律出版社2009年版，第319页。

〔4〕 参见于立、吴绪亮：《产业组织与反垄断法》，东北财经大学出版社2008年版，第27页。

机制，促进执法程序的规范化、透明化和公开化，保障市场主体的抗辩权利充分行使，保证执法过程和结果的公正性和公信力。

3. 维护自由竞争理念

“合并政策背后所依据的理论是，消费者应该有权获得的市场，应当是一个无论是价格还是服务之组合均由竞争来确定的市场。”〔1〕维护自由竞争秩序，也是并购反垄断控制制度的基本理念。例如，1992 年美国司法部与联邦贸易委员会联合发布的《横向合并指南》指出，承认实施合理合并是自由企业制度的重要组成部分，自由企业制度有利于美国厂商的竞争和消费者的福利；实施合理的合并必须防止反竞争的合并。1997 年修订颁布的《横向合并指南》第 0.1 款强调指出，当对反竞争的合并提出异议时，当局应当避免对绝大多数有利于竞争或者对竞争呈中性的合并进行不必要的干预。但是，为了这个目的，《横向合并指南》反映国会的意图，将反竞争的合并扼制在其萌芽状态中。〔2〕

控制企业结合制度的目的是要保持市场的竞争性，防止经济力量的过度集中。〔3〕大型企业并购可能产生排斥和限制竞争的影响，并购后的企业可能利用单边效应和双边效应实施限制竞争的行为。这种限制竞争行为将削弱竞争机制的功能和作用，导致充分、有效的市场竞争受阻，资源的浪费和不合理分配，

〔1〕［美］赫伯特·霍温坎普著，许光耀、江山、王晨译：《联邦反托拉斯政策——竞争法律及其实践》，法律出版社，2009 年版，第 547 页。

〔2〕参见尚明主编：《主要国家（地区）反垄断法律汇编》，法律出版社 2004 年版，第 225 页。

〔3〕参见王先林：《知识产权与反垄断法：知识产权滥用的反垄断问题研究》，法律出版社 2008 年版，第 313—314 页。

影响整个经济运行的效率，损害其他竞争者、消费者及社会的利益。[1] 因此，并购反垄断审查抗辩制度旨在保护市场竞争，防止和制止有损竞争的垄断行为，提高经济运行效率，维护经营者、消费者合法权益，维护社会公共利益。

经济法是保障和实现经济自由的法律手段，经济自由是其出发点和归宿，它应当为了自由而干预、限制，而不是通过干预而限制乃至扼杀经济自由。[2] 并购反垄断控制法律制度的立法、执法及司法，应以维护自由竞争秩序为指导理念，既要有效防范与控制可能实质性排斥和限制竞争的并购行为，又要维护企业的经济民主权利和自由竞争权利。凡是未产生实质性限制竞争影响的并购，或虽然会产生限制竞争影响但存在市场进入、重大效率、破产企业、公共利益等抗辩情形的并购，应依法定程序审查批准，以发挥市场竞争机制，实现规模经济效应，提高企业经济效益和社会效益，最终促进广大消费者福利的最大化。

二、维护公平自由竞争理念的理论基础

维护公平自由竞争理念的经济学理论依据主要包括：有效竞争理论、哈佛学派竞争理论、芝加哥学派竞争理论、后芝加哥学派竞争理论等学说。这些理论均不同程度上影响了维护公平自由竞争理念的形成与实践。

（一）有效竞争理论

所谓有效竞争，就是既有利于维护竞争，又有利于发挥规

---

〔1〕 参见史际春等：《反垄断法理解与适用》，中国法制出版社 2007 年版，第 1 页。

〔2〕 参见史际春、邓峰：《经济法总论》，法律出版社 2008 年第 2 版，第 147 页。

模经济作用的市场结构。[1] 有效竞争理论不是简单地否定和反对垄断，而是肯定有效的垄断和规模经济对于市场和经济、社会的积极意义。[2] 有效竞争理论认为，一旦出现不能有效竞争的情况，则必须设法力求有效竞争得以恢复，这也就是必须对市场结构动力以保持有效竞争职能的设想。[3] 有效竞争理论为并购反垄断审查抗辩制度的基本理念与原则提供了重要理论支撑。

有效竞争理论充分考虑到规模经济对国民经济发展的意义，承认垄断存在的合理性，认为当垄断与有效竞争相容时就是适度垄断。适度的垄断可以充分利用规模经济，减少市场交易费用，合理利用经济资源，提高经济效率。在有效竞争的前提下开展的市场竞争，既能抵御限制竞争和阻碍公平竞争的行为和状态，又能形成一个激发市场主体不断进行技术革新和产品发行的激励机制，从而提高社会经济效益，促进国民经济稳定、健康发展。这正是反垄断法所要保护的市场竞争秩序。因此，追求并努力促进有效竞争的实现，也是反垄断法的应有之义。[4]

并购反垄断审查抗辩制度，亦受到有效竞争理论影响。该项制度以维护公平自由竞争理念为指导，禁止实质性限制竞争的并购交易，放行能够产生重大效率、符合公共利益和其他经济政策目标的并购交易。既追求有效保护和促进公平自由竞争，

---

〔1〕 参见邱本：《经济法研究（中卷：市场竞争法）》，中国人民大学出版社 2008 年版，第 123 页。

〔2〕 参见史际春等：《反垄断法理解与适用》，中国法制出版社 2007 年版，第 4—5 页。

〔3〕 参见［日］金泽良雄著，满达人译：《经济法概论》，中国法制出版社 2005 年版，第 195 页。

〔4〕 参见史际春等：《反垄断法理解与适用》，中国法制出版社 2007 年版，第 5 页。

又重视并购形成的规模经济效益，实现追求竞争活力与规模经济效益的有机统一。

（二）哈佛学派竞争理论

20世纪40年代，哈佛大学的梅森（Edward S. Mason）和贝恩（Joe S. Bain）等人提出了结构—行为—绩效框架，即S－C－P范式，形成了产业组织理论的哈佛学派。哈佛学派强调市场结构的作用，认为过高的产业集中度和高度的市场进入障碍能够使大企业获得垄断势力，导致市场绩效的下降，进而对经济福利产生不利影响。因竞争性结构破坏而产生的市场失灵，难以通过市场机制自动纠正，需要通过反垄断政策来干预市场结构和行为，因而主张严厉的反垄断政策。〔1〕

市场结构标准是从相关市场的长期组织结构出发，要求市场上必须保持足够的竞争者以维护竞争性的市场结构。根据这种理论，只要市场上出现了垄断者或者出现了一种垄断趋势时，政府应需要采取措施干预市场，降低市场的集中度，调整市场结构。〔2〕哈佛学派的结构主义竞争理论，支持国家反垄断法重视对严重影响市场竞争结构的并购行为进行规制，以维持竞争性的市场竞争秩序。但基于结构主义的反垄断政策干预也对市场机制产生了一定的负面影响，扭曲了高效率企业的行为激励，出现了“把下金蛋的鹅放在刀板上”的现象。〔3〕哈佛学派的结构主义理论对并购反垄断审查制度的审查标准等规则产生过重

〔1〕 参见于立、吴绪亮：《产业组织与反垄断法》，东北财经大学出版社2008年版，第119页。

〔2〕 参见史际春等：《反垄断法理解与适用》，中国法制出版社2007年版，第9页。

〔3〕 参见唐家要：《反垄断经济学：理论与政策》，中国社会科学出版社2008年版，第10页。

要影响，自然成为维护公平自由竞争理念的理论基础之一。

（三）芝加哥学派竞争理论

芝加哥学派是美国在20世纪70年代发展起来的一个著名学派，其代表人物是博克和波斯纳。芝加哥学派的竞争理论与有效竞争理论和产业组织理论的观点有所不同，不承认在市场结构、市场行为和市场结果之间存在某种关系，反对政府对企业合并从规模上加以干预。[1]

芝加哥学派认为，反托拉斯的制度设计应该并且仅仅是通过美国产业中分配效率的最大化以使消费者福利最大化。[2] 芝加哥学派提出了效率主义经济学理论观点，在20世纪70年代至80年代超越了结构主义成为美国反垄断法的主流思想。芝加哥学派崇尚自由竞争，相信市场的力量；认为高市场集中度是市场竞争效率选择的结果，高市场集中度是与企业高效率相一致的，对整个社会是有好处的。企业之间的横向并购在带来企业市场势力增强的同时，也可能带来对资产的更充分利用，提高经济效率。对企业之间横向并购的反垄断分析，既要分析其对价格上升的影响，又要分析其成本节省效应。根据可竞争市场理论，由于市场进入很大程度上决定了在位企业市场势力的大小，因此，市场进入条件成为分析横向并购限制竞争效应的重要因素。在芝加哥学派的影响下，经济学的逻辑分析在反垄断法的立法及执法中发挥着重要的作用；合理分析原则成为反垄

〔1〕 参见史际春等：《反垄断法理解与适用》，中国法制出版社2007年版，第11页。

〔2〕 参见白艳：《美国反托拉斯法/欧盟竞争法平等论：理论与实践》，法律出版社2010年版，第8页。

断执法的主要原则。[1] 芝加哥学派理论也是并购反垄断审查制度中维护公平自由竞争理念的重要理论基础。

（四）后芝加哥学派竞争理论

哈佛学派和芝加哥学派争论的焦点，集中于是否承认垄断也存在效率效应。后芝加哥学派则集中于垄断的可维持性问题和垄断行为的可信性问题，提出了策略主义理论。后芝加哥学派主要产生于20世纪80年代后期，一些反垄断经济学家应用博弈论工具和新实证产业组织经济学分析工具，对企业策略行为进行了深入的分析，用策略博弈理论、沉没成本、激励理论等工具和概念，对一些传统理论解释不清或不准确的产业组织问题给出了新的、更科学的解释。后芝加哥学派认为，由于信息不对称、沉没成本、网络效应和企业策略性行为等因素的影响，现实的市场是不完美的。因此，政府适当的反垄断干预是维持市场竞争机制所需要的。

后芝加哥学派理论对美国、欧盟等国家和地区的并购反垄断审查立法及执法实践产生了深刻影响。例如，买方力量、市场进入、效率等实体性抗辩规则的设计及适用，渗透了后芝加哥学派的策略主义、博弈论等理论，以更好地维护公平自由竞争秩序，实现对市场机制的矫正。

三、维护公平自由竞争理念的贯彻与践行

（一）维护公平自由竞争：并购反垄断审查抗辩制度的基本理念

为了抑制垄断，维持和恢复自由竞争经济，则必须要求不

---

〔1〕 参见于立、吴绪亮：《产业组织与反垄断法》，东北财经大学出版社2008年版，第19—23页。

同于现代市民法秩序的法律秩序。反映这一要求的，就是禁止垄断法制。[1] 客观地来看今天的禁止垄断法制时，其自由竞争经济秩序自身的维护和促进，就是价值判断的标准。[2]

并购反垄断审查程序性规则的设计与实施，有利于保障并购当事方行使申辩权、抗辩权、参与程序权、阅卷权和听证权，也有利于反垄断执法机构获得充分信息，了解并购各方的抗辩观点与意见，正确评估并购交易的竞争影响，以判定并购行为是否具有反竞争性影响，是否存在抵消反竞争性影响的重大因素，从而作出正确的裁决。由此可见，并购反垄断审查程序设计是以维护公平自由竞争为基本理念与价值目标的。

就破产企业抗辩而言，该项抗辩制度的适用依然也要以维护自由竞争为直接目标。无论在什么情况下，适用破产企业抗辩都有一个前提，即合并对竞争结构的损害至少不能超过合并没有发生的情况。以欧盟为例，欧盟委员会将考虑消费者利益并对市场结构进行经济评估分析，以确定申报的交易对竞争结构的损害是否未超过或者显然小于合并没有发生的情况。如果评估结果满足前述要求，就可以批准援救合并。欧盟委员会适用了比例原则，并确认了这一抗辩的特殊性：必须证明没有比申报的并购交易对竞争造成更小限制的可选择的替代收购方案。[3]

就市场进入抗辩而言，合并会使得一些反竞争行为更可能

〔1〕 参见［日］金泽良雄著，满达人译：《经济法概论》，中国法制出版社2005年版，第178页。

〔2〕 参见［日］金泽良雄著，满达人译：《经济法概论》，中国法制出版社2005年版，第181页。

〔3〕 参见安德雷斯·冯特·葛拉雷兹、爱德娜·纳瓦罗·瓦罗纳等著，解琳、叶军译：《欧盟企业合并控制制度——法律、经济与实践分析》，法律出版社2009年版，第322页。

发生，但如果此种企图因新的进入而在短时间内（如两到三年或更短）被破坏，那么该合并不被认为是反竞争的。[1] 其基本原理就在于，并购行为产生或可能产生市场支配地位或排斥、限制竞争的行为，会因为潜在市场竞争者的进入而不能维持，从而不会产生反竞争的后果，这实际是市场自我纠正机制在起作用。在此情况下，反垄断执法机构可接受并购当事人市场进入抗辩，作出不予禁止的决定。可见，市场进入抗辩制度亦以维持公平自由竞争为基本理念。

（二）维护公平自由竞争：并购反垄断审查抗辩制度的主线

1. 并购当事人抗辩主张的证明责任：没有反竞争性更小的替代性并购者

并购当事人要想豁免于反垄断审查机关的禁止性决定，必须提出有效的抗辩事由，证明没有反竞争性更小的替代性并购者。由此可见，无论是并购反垄断机构进行的审查还是并购当事人提出的抗辩，都是以维护公平自由竞争为主线。例如，2008年澳大利亚ACCC对《企业合并指南》进行了修订，修订的重点是合并对于竞争影响损害的分析，并非所有对市场竞争造成影响的合并都被禁止，仅有对竞争造成实质性降低的合并会被禁止。并购企业提出抗辩，应证明其并购行为不会增加市场势力和提高价格。

2. 反垄断执法机构审查责任：权衡有利竞争影响与限制竞争影响的效果

并购反垄断审查抗辩制度有利于对执法机关权力的行使予以程序与实体上的规范，促进公平、公正、科学执法，保障作出科学裁决决定，以实现维护公平自由竞争秩序的目标。只要

---

〔1〕 参见孔祥俊：《反垄断法原理》，中国法制出版社2001年版，第618页。

经审查认定某项并购达到了实质性减少竞争审查标准，反垄断执法机构原则上应当作出禁止该并购交易的决定。但是经并购当事方提出充分合理的抗辩理由，反垄断执法机构依合理原则，对某项并购所导致的限制竞争效果与其所带来的积极效果进行比较，如果利大于弊，或表明对竞争所施加的限制是合理的，应予以批准。反垄断执法机构经并购当事方抗辩而予以批准的并购交易，整体上应当能够改善竞争条件，提高生产效率，促进规模经济，提升国际竞争力，增进消费者福利，符合社会公共利益。例如，德国《反限制竞争法》第36条第1款规定，如果可以预见合并将产生或者加强市场支配地位，联邦卡特尔局应予以禁止，除非参与合并的企业能够证明，合并也能够改善竞争条件，且这种改善大于其限制竞争的不利影响。[1]

3. 并购反垄断审查抗辩制度的宗旨：维护公平自由竞争秩序

并购反垄断审查抗辩制度的程序性和实体性规范的制定与实施，均以维护公平自由竞争秩序为宗旨。从程序规范方面分析，各国或地区相关制度规定了并购当事人申辩、发表意见、提供证据、申请参加听证等程序性抗辩权利，这有利于反垄断执法机构获得充分的证据材料和市场信息，以实现维护公平自由竞争的执法目的，也有利于增强市场主体的预期，积极实施符合法律要求和市场规律的并购活动，促进企业的健康可持续发展。从实体性抗辩规则方面分析，各国或地区的并购控制法律多数规定市场进入抗辩、效率抗辩、破产企业抗辩等抗辩情形及适用规则。从各抗辩事由的主张及适用条件分析，其基本宗旨亦为维护公平自由竞争秩序，尽量防范和控制并购行为实

---

〔1〕 ACT AGAINST RESTRAINTS OF COMPETITION, http://www.bundeskartellamt.de/wEnglisch/download/pdf/GWB/110120_ GWB_ 7_ Novelle_ E.pdf, 2011-10-06.

质性限制竞争效果的发生。例如，2008 年 10 月，澳大利亚 ACCC 发布两拓合并审查报告，宣布批准力拓公司和必和必拓公司合并的申请。在审查过程中，ACCC 进行了公开的竞争评估，接受并购企业的申辩理由，综合调查分析情况，认定此项合并并不会造成 TPA 第 50 条规定的对竞争的实质性损害。正如，澳大利亚 ACCC 前主席菲尔斯认为：澳大利亚之所以没有反对两拓并购，因为两拓都是澳本国企业，二者合并属于强强联合，有助于提高本国企业在国际市场的竞争力，对本国市场竞争影响不大。[1] 由此可见，并购反垄断审查抗辩的宗旨即在于维护公平自由竞争秩序。

第四节　平衡协调理念：并购反垄断审查抗辩制度的多元价值目标的辩证统一

并购反垄断审查抗辩制度的价值目标具有多元性和多层次性的特征，以公平自由竞争为直接法益目标，以经济效率为间接法益目标，以消费者福利为核心目标，以社会整体利益为最终目标。并购反垄断审查抗辩制度应贯彻平衡协调理念，发挥法律制度的调整规范功能，实现法律制度的价值目标。

一、公平自由竞争：并购反垄断审查抗辩制度的直接价值目标

公平自由竞争是并购反垄断审查抗辩制度最直接的价值目

---

〔1〕 参见中国世界贸易组织研究会竞争政策与法律专业委员会主编：《中国竞争法律与政策研究报告（2010）》，法律出版社 2010 年版，第 268—271 页。

标。并购反垄断审查制度旨在防范、控制实质性限制竞争的并购行为，放行符合市场经济规律、有利于增进整体社会福利的并购活动，保护和促进市场公平自由竞争秩序。

并购反垄断审查抗辩制度的直接目标定位于公平自由竞争，与经济效率目标、消费福利目标和社会整体效益目标总体上并不矛盾。维护公平自由竞争秩序，有利于实现社会经济效率目标，增进消费者一般福利，最终有利于实现社会整体经济利益和社会公共利益，促进社会效益的最大化。

当然也有学者认为，一般消费者的利益并非是法律上所保护的利益，其只不过是实现竞争政策的结果或竞争政策反射出的利益及事实上的利益。[1] 鉴于并购反垄断审查制度价值的多元性，维护公平自由竞争是反垄断法暨并购反垄断审查抗辩制度的直接目标；而消费者福利应作为核心价值目标，社会整体利益则应作为最终价值目标。

从程序性规则的角度分析，并购反垄断审查抗辩制度对反垄断执法机关调查及审查程序进行了科学设计，体现了执法的透明度和公正性。重视相对人程序性抗辩权利，保障并购交易审查相对人、其他参与人充分行使抗辩权等程序参与权和程序救济权。这些程序性规范的实施有利于实现行政执法权与相对人抗辩权的辩证统一，既保障并购反垄断审查的科学、公正和准确，又能有效保护并购当事人合法权益，实现维护公平自由竞争这一直接目标。换言之，并购反垄断审查抗辩制度发挥其规范、保护、促进功能，有利于促使公权力行使规范化，通过对并购交易审查相对人、其他参与人基本程序权利的保障，实

---

〔1〕 参见［日］根岸哲、舟田正之著，王为农、陈杰译：《日本禁止垄断法概论（第3版）》，中国法制出版社2007年版，第33页。

现竞争自由与秩序的有机统一。

从实体性规则的角度分析，多数国家或地区的并购控制法律规定了市场进入抗辩、效率抗辩、破产企业抗辩等抗辩规则，在有效维护公平自由竞争秩序和促进市场自由竞争的前提下，考量其他抗辩因素对限制性竞争效果的抵消性，有利于实现增进消费者福利和维护社会整体效益的最终价值目标。

以欧盟破产企业抗辩制度为例，委员会将破产企业抗辩理论建立在《合并条例》基础之上。《合并条例》第2（2）条和第2（3）条规定，如果市场竞争受到损害，且收购公司因此获得破产公司的市场份额，由于无论在什么情况下，该破产公司都将在短时间内退出市场，那么竞争所遭受的损害（吸收破产企业）并不是因为该集中所造成，而是破产企业清算所引起的市场环境变化造成的。委员会通过此类案件，包括禁止集中的案件，明确表达了这一观点：虽然收购方将会获得或加强其市场力，但是事实上如果没有该项并购的话，市场环境会更糟糕。[1] 可见，破产企业抗辩制度的实施也要以不产生实质性限制竞争后果为标准，以不会造成市场竞争环境更坏为基本要求，本质上仍是以维护公平自由竞争为直接价值目标，在此基础上综合考虑并购产生的其他有利因素。

二、社会整体利益：并购反垄断审查抗辩制度的终极价值目标

反垄断法是经济法的重要子法，应以社会本位原则为出发点，考虑社会整体利益，在国家干预市场、调整市场结构、规

〔1〕 参见安德雷斯·冯特·葛拉雷兹、爱德娜·纳瓦罗·瓦罗纳等著，解琳、叶军译：《欧盟企业合并控制制度——法律、经济与实践分析》，法律出版社2009年版，第320页。

范市场行为、维护市场秩序、保护和促进公平竞争的过程中，要始终以社会公益为出发点和最终归宿，因此，所谓的“竞争”不应该也不可能是完全的，必须受到社会公共利益的适度限制。[1]

社会整体利益是并购反垄断审查抗辩制度的终极价值目标。反垄断法所体现的国家干预不是对民商法所确认的营业自由和契约自由的否定，而是为了更好地确保这种自由，是立足于社会整体利益而进行的调整。[2] 当我国在创制竞争法律和政策时，应该既保护社会整体经济效率，也保护社会个体经济效率，但当这两者相冲突时，作为经济法范畴的竞争法律政策的价值天平，自然就应倾向于社会整体经济效率这一边。[3]

反垄断法规制并购行为，旨在维护竞争性的市场结构，从而保障市场经济的健康发展，这与维护社会公共利益和增进消费者福祉是一致的。但是在某些特殊情况下也会发生冲突，例如，竞争政策和产业政策、环保政策、中小企业发展政策等的关系问题。一般情况下，竞争政策应当得到普遍的贯彻和执行，但是也会出现这样的情形：虽然经营者集中对竞争秩序造成了一定程度的损害，应当予以制止，但是结合特定的利益考虑和现实需要，豁免更有利于促进消费者权益和社会公共利益。此时，坚持后者优先，合乎反垄断法的最终价值。[4]

---

〔1〕 参见郗伟明：《经济全球化下中国反垄断执法专题研究》，法律出版社 2010 年版，第 29 页。

〔2〕 参见王先林：《知识产权与反垄断法：知识产权滥用的反垄断问题研究》，法律出版社 2008 年版，第 59 页。

〔3〕 参见中国世界贸易组织研究会竞争政策与法律专业委员会主编：《中国竞争法律与政策研究报告（2010）》，法律出版社 2010 年版，第 88 页。

〔4〕 参见史际春等：《反垄断法理解与适用》，中国法制出版社 2007 年版，第 251 页。

社会整体利益是并购反垄断审查抗辩制度的最终目标，这是由反垄断法的社会本位观所决定的。反垄断执法机构在全面调查事实的基础上，界定相关市场，认定市场份额，分析并购交易的竞争影响，对效率、市场进入、破产企业等抗辩情形予以评估，以判断某项并购是否对竞争构成现实或可能的实质性损害，是否有利于整体经济利益和社会公共利益。例如，我国台湾地区《公平交易法》第12条规定，对企业结合的申报，如其结合对整体经济的利益大于限制竞争之不利益者，主管机关不得禁止其结合。对企业结合的法律控制主要是在其所能带来的“整体经济利益”与“限制竞争之不利益”之间进行权衡与取舍。

由上分析可见，并购反垄断审查抗辩制度的设计与执行，应当依据反垄断法的宗旨和目的，从有利于消费者权益和社会公共利益的角度出发，符合公平、公正和问责的法治要求，以维护社会整体利益为最终价值目标。

三、多元法益目标：并购反垄断审查抗辩制度的平衡协调

（一）多元法益目标的现实性与合理性分析

“美国反托拉斯法旨在限制反竞争的行为。政府在反托拉斯方面的努力，也随着注重竞争与注重反托拉斯限制的效率成本的变化而时起时落。”[1] 由此可见，维护公平自由竞争与提高效率价值目标存在一定的紧张关系。有学者认为，反垄断法的根本价值目标是实现社会整体经济效率和社会实质公平，其中，实质公平主要指维护竞争者公平竞争的机会和保护消费者公平

〔1〕［美］斯蒂格利茨著，梁小民、黄险峰译：《经济学》，中国人民大学出版社2000年第2版，第370页。

交易的机会。[1] 也有学者认为，反垄断立法的直接目的是反对垄断和保护竞争，其最终目的是提高经济效率和维护消费者利益。[2] 由此可见，反垄断法保护的法益目标具有多元性和多层次性。维护自由公平竞争与实现经济效率增长，增进消费者福利，均为反垄断法的法益目标。并购反垄断审查抗辩制度的价值目标当然亦具有多元性。

即使是在今日，经济效率不断地受到重视，人们还是从分散经济权力，确保事业者的自由和平等的竞争机会，公正的事业习惯以及消费者的确切选择机会等诸多方面来把握《反托拉斯法》（包括《谢尔曼法》、《克莱顿法》及《联邦贸易委员会法》）的目的。[3] 以 Google 收购 ITA 案为例，2011 年 4 月 8 日，美国司法部批准了总额高达 7 亿美元的 Google 收购 ITA 公司交易，但是附加了一些限制性条件。附加限制性条件批准的理由在于：司法部担心该并购交易将会使 Google 公司控制 QPX 搜索引擎技术，并且获得在线旅游服务市场上竞争者的敏感信息，从而显著地削弱该市场的竞争以及减少消费者的选择和创新。[4] 由此可见，美国并购反垄断审查执法往往综合考量维护公平自由竞争秩序、保护消费者利益和创新效率等，价值目标表现出多元化特征。

反垄断法通过对破坏竞争的垄断行为的禁止，保证有效的

---

〔1〕 参见吴宏伟、魏炜："论反垄断法的价值目标"，载《法学家》2005 年第 5 期。

〔2〕 参见王晓晔："我国反垄断法立法的宗旨"，载《华东政法大学学报》2008 年第 2 期。

〔3〕 参见［日］根岸哲、舟田正之著，王为农、陈杰译：《日本禁止垄断法概论（第 3 版）》，中国法制出版社 2007 年版，第 19 页。

〔4〕 参见中国世界贸易组织研究会竞争政策与法律专业委员会主编：《中国竞争法律与政策研究报告（2011 年）》，法律出版社 2012 年版，第 256 页。

竞争，从而促进和保障市场机制功能的充分有效发挥，提高经济效率。[1] 垄断既可能带来社会福利的降低，又可能带来效率收益。反垄断需要权衡竞争伤害效应和效率效应，只有当竞争伤害效应明显超过效率效应或垄断行为不具有任何效率收益时，反垄断法才应该加以禁止。[2] 以美国为例，虽然芝加哥学派强调认为，《反托拉斯法》的唯一目标是经济效率，但从美国反垄断法实施情况来看，其反垄断政策更多倾向于多元化目标，而美国联邦最高法院更是从未明确支持和肯定过芝加哥学派的唯效率目标论，始终强调保护公平竞争和消费者。[3]

遏制市场竞争中的各种限制竞争和不公平竞争行为，维护市场机制和市场秩序，促进公平、自由和有效的竞争无疑是反垄断法的基调所在。在此基础上，进一步追求消费者福利、产业政策、经济增长和平衡协调、促进国际贸易健康发展等。[4] 因此，维护公平自由竞争可以看作是反垄断法的直接法益目标，提高整体经济效率，增进消费者福利，维护社会整体利益，则为更高层次的法益目标。

众多国家和地区的反垄断立法价值目标都体现了多元化特征。例如，日本反垄断法以促进公平自由竞争为核心理念，同时亦兼顾其他重要价值目标，表现出价值目标的多元化特征。所以，日本反垄断法的直接目的是为了促进“公正和自由竞

〔1〕 参见时建中主编：《反垄断法——法典释评与学理探源》，中国人民大学出版社2008年版，第7页。

〔2〕 参见于立、吴绪亮：《产业组织与反垄断法》，东北财经大学出版社2008年版，第27页。

〔3〕 参见邵建东等：《竞争法学》，中国人民大学出版社2009年版，第189页。

〔4〕 参见史际春等：《反垄断法理解与适用》，中国法制出版社2007年版，第13页。

争”，通过促进公正和自由竞争，最大限度地发挥事业人的创意，最终达到确保一般消费者的利益，促进国民经济的民主和健全地发展。[1] 正如日本东京高等法院的一份判决所言：反垄断法……通过禁止私人垄断、不正当的交易限制、不正当的交易方法，防止事业支配力的过度集中，达到促进公平、自由的竞争。即以维护自由竞争的经济秩序（反垄断政策）为目的。反垄断政策的实现，也就意味着在确保一般消费者利益的同时也能促进国民经济的民主和健康地发展。因此，在这样的理解下，我们可以把这作为反垄断法的最终目的。[2] 《禁止垄断法》条款中的所谓消费者的利益，是指在商品和服务选择自由这一意义上的利益，而不是作为一般社会常识所想象的消费者的一般利益。[3]

丹宗昭信、厚谷襄儿认为：公正自由之竞争，一般消费者利益之确保，国民经济之民主健全发展，应该是独占禁止法的全体目的。公正自由之竞争，固然为独占禁止法之直接目的，不过此一直接目的又是独占禁止法究极目的之达成（即一般消费者利益之确保，国民经济之民主健全发展）的“手段的目的”。故而，独占禁止法并不单纯以竞争秩序之维持为限，亦确保一般消费者之利益。[4]

---

〔1〕 参见［日］铃木满著，武晋伟、王玉辉译：《日本反垄断法解说》，河南大学出版社2004年版，第43页。

〔2〕 参见石油卡特尔（价格协定）刑事案件，东京高等法院判决昭和55年（1980年）9月，转引自［日］铃木满著，武晋伟、王玉辉译：《日本反垄断法解说》，河南大学出版社2004年版，第43页。

〔3〕 参见［日］金泽良雄著，满达人译：《经济法概论》，中国法制出版社2005年版，第186页。

〔4〕 参见赖源河编审：《公平交易法新论》，元照出版有限公司2002年第2版，第21页。

欧盟反垄断审查制度的法益目标也具有多元性。维护有效竞争是欧共体竞争法的基本目标，因为通过维护有效竞争，有助于欧共体实现提高企业效率、保护消费者利益、维护经济民主和政治民主等另一层次的目标。[1] 其首要目标是实现和维护欧共体市场的统一；而建立一个统一的共同市场的前提条件是这个市场内部实现公开、公平、统一的竞争秩序。第二个目标是维护欧共体统一市场的有效竞争。企业合并控制的目的就在于保护欧共体市场及其重大部分的有效竞争不受损害。有效竞争是维护共同体市场得以健康和协调发展并且不断提升欧盟企业国际竞争力的前提。第三个目标是推动欧盟内部的经济民主和政治民主。《欧盟竞争法》除了考虑企业的经济效率还非常注重公平和机会平等原则，注重保护中小企业的利益。第四个目标是保护消费者利益。《欧盟竞争法》的目的在于出于公共利益、各个企业的利益和消费者的利益而保护竞争不受扭曲。[2]

德国著名法学家沃尔夫冈·费肯杰提出，应该明确地赋予目标多元原则以优先性；按照某一个特定目标——诸如效率——进行安排在方法上固然简单，但从经济还是社会的政策对自由秩序的要求而言，单一目标都不恰当。[3]

上述分析表明，反垄断法暨并购反垄断审查抗辩制度的法益目标具有多元性。多元法益目标观点关注保护公平自由价格选择和价格竞争秩序，同时也重视分配效率、生产效率和创新

---

〔1〕 参见邵建东等：《竞争法学》，中国人民大学出版社2009年版，第190页。

〔2〕 参见白艳：《美国反托拉斯法/欧盟竞争法平行论：理论与实践》，法律出版社2010年版，第18—23页。

〔3〕 参见［德］沃尔夫冈·费肯杰著，张世明译：《经济法（第2卷）》，中国民主法制出版社2010年版，第157页。

效率目标。效率目标的实现往往是保护市场公平自由竞争和价格选择权的自然结果。[1] 并购反垄断审查抗辩制度通过防范、禁止实质性限制竞争的并购行为，维护公平自由竞争秩序，提高整体经济效率，增进消费者福祉，维护社会整体利益。各国和地区的并购反垄断审查抗辩制度的法益目标一般包括公平自由竞争、经济效率、消费者福利和社会公共利益。

（二）多元法益目标的层次分析

1. 公平自由竞争：并购反垄断审查抗辩制度的直接法益目标

并购反垄断审查抗辩制度的程序性和实体性规范的制定和实施，旨在预防和禁止实质性限制竞争的并购行为，防止一些并购导致单边或双边限制竞争效应的产生，以维护公平自由的竞争秩序。可见，公平自由竞争是并购反垄断审查的直接法益目标。德国经济法学家沃尔夫冈·费肯杰教授提出，综观目标的多元性，则可以将其区分为四个类：社会政策的自由目标；帕累托最优意义上的经济效率的目标；好的市场结果目标；繁荣、价格稳定、充分就业、平衡国际收支目标。自由作为规则和干预作为例外以重建规则，这是社会政策的诉求，从政策方面而言是竞争秩序的目标。[2]

2. 经济效率：并购反垄断审查抗辩制度的间接法益目标

效率在各国的反垄断法中都是占有重要地位的价值。效率是美国司法部和联邦贸易委员会评判兼并是否具有危害竞争效

---

〔1〕 See Neil W. Averitt; Robert H. Lande, Using The "Consumer Choice" Approach to Antitrust Law, 74 Antitrust L. J. 175 (2007).

〔2〕 参见［德］沃尔夫冈·费肯杰著，张世明译：《经济法（第2卷）》，中国民主法制出版社2010年版，第158—159页。

果的一个主要指标。[1] 并购在经济上的主要利益是增强了并购企业的经济效率，提高企业的竞争实力，并因此可能会以较低的价格向消费者提供商品或服务。

并购反垄断审查抗辩制度通过对产生实质性限制竞争影响的并购行为进行规制，维持竞争性市场结构，促进有效竞争，禁止排除、限制竞争的垄断行为，从而促进市场竞争机制发挥其优化配置资源的功能，最终促进社会整体经济效率的提高。由此可见，并购反垄断审查抗辩制度追求的效率不仅是市场主体的生产效率，而且更是社会整体经济效率。

公平竞争与效率之间既有相互促进和补充的关系，也可能会产生一些冲突。处理二者之间矛盾的原则是实质公平优先兼顾效率。也就是说，并购反垄断抗辩制度基于社会本位性，从社会整体利益出发，维护公平竞争秩序，同时平衡协调好国家、社会、经营者、消费者等主体的利益，兼顾提高经济效率，特别是注重提高社会整体经济效率。

艾哈德认为，竞争是提高生产率最理想的手段。[2] 并购反垄断审查抗辩制度通过规制实质性限制竞争的并购行为，维护公平自由竞争秩序，从而也有利于提高社会经济效率。经济效率可谓是并购反垄断审查抗辩制度的间接法益目标。以欧盟并购反垄断审查制度为例，委员会在进行合并评估时，考虑效率抗辩的主张并能够得出如下结论：基于效率抗辩的结果，没有理由宣布该项合并与共同市场之间不兼容，那么，他们提出的

---

〔1〕 参见邱本：《经济法研究（中卷：市场竞争法）》，中国人民大学出版社2008年版，第278页。

〔2〕［德］艾哈德：《来自竞争的繁荣》，商务印书馆1987年版，第154页。

效率必须能够使消费者受益，必须为该合并所特有，且能够证实。[1]

我国《反垄断法》第1条所称的“经济运行效率”，广义上是指，在经济运行过程中实现了利用现有的资源生产现有技术水平所能达到的最大产出量。竞争对提高社会经济效率具有重要作用，搞高社会经济运行效率是我国《反垄断法》的重要立法目标之一。[2]

3. 消费者福利：并购反垄断审查抗辩制度的核心法益目标

有学者把并购反垄断审查制度的经济效率目标解释为消费者福利。但实际上，经济效率与消费者福利仍然属于不同的概念，其内涵与外延均有所差异，不能简单地完全混为一谈。有学者提出，消费者利益还是竞争法所要追求保护的利益。[3] 如果从微观的法益目标来讲，该论点值得肯定。但消费者福利与消费者利益概念还是有差别，前者属于微观层面的利益，后者属于宏观的消费者一般福利。

有学者提出，进入21世纪以来，美国政府在反托拉斯执法与司法这两个方面仍然以经济效率和消费者福利作为核心目标。[4] 美国司法部副助理总检察长梅杰拉斯（Platt Majoras）提出，我们注重竞争的价值，并不是因为其本身就是目的，而是

---

〔1〕 参见安德雷斯·冯特·葛拉雷兹、爱德娜·纳瓦罗·瓦罗纳等著，解琳、叶军译：《欧盟企业合并控制制度——法律、经济与实践分析》，法律出版社2009年版，第317—318页。

〔2〕 参见尚明主编：《〈中华人民共和国反垄断法〉理解与适用》，法律出版社2007年版，第3页。

〔3〕 参见金善明《竞争法法益研究》，中国人民大学2009年博士学位论文，第84页。

〔4〕 参见丁茂中：“论反垄断法的目标选择和功能优化”，载王晓晔主编：《反垄断法实施中的重大问题》，社会科学文献出版社2010年版，第54页。

因为它促进了（生产效率和配置效率）两种类型的经济效率。[1] 欧盟在1997年弗洛伦茨研讨会的最终报告中提到，竞争政策的直接目标应限于经济效率和消费者利益。[2] 这种观点实际上忽视了维护公平自由竞争这一直接价值目标，从逻辑上和执法实践上都不能成立。

有学者提出，评价兼并总福利影响的困难之一涉及评估各种成本效率的大小。欲兼并企业总是有动力高估这些效率以利于获得管制部门的许可（或者安抚股东），而DOJ或FTC很难核实企业有关成本效率的声明。只有这些兼并企业知道这些效率收益，因此可以提出一个充分条件，在此条件下，不需要对兼并企业所声称的效率进行考察就可以判断出某项兼并是否会增进总剩余，这一充分条件即是通过询问在什么情况下该兼并会给欲兼并企业之外的其他相关者带来正的净效应。[3] 并购当事企业之外的相关者主要应该包括消费者、社区、竞争者等主体，其中一般消费者应为分析评估的主要受益主体。

日本学者丹宗昭信与伊从宽认为，经营者的自由、自主活动是为了追求和开发有形、无形的消费者需求而开展的活动和竞争。这样以消费者需求、消费者利益为中心的竞争是通过企

---

〔1〕 See Platt Majoras, "Antitrust Going global in the 21st Century", Speech before Ohio Bar Association, Oct. 2002. 转引自丁茂中："论反垄断法的目标选择和功能优化"，载王晓晔主编：《反垄断法实施中的重大问题》，社会科学文献出版社2010年版，第54页。

〔2〕 See Claus Hlerman & Loraine Laudatideds, European Competition Law Annual 1997: the Objectives of Competition Policy, 1998, 38. 转引自丁茂中："论反垄断法的目标选择和功能优化"，载王晓晔主编：《反垄断法实施中的重大问题》，社会科学文献出版社2010年版，第55页。

〔3〕 参见［美］迈克尔·D. 温斯顿著，张嫚、吴绪亮、章爱民译：《反垄断经济学前沿》，东北财经大学出版社2007年版，第46页。

业和产业组织的效率化、民主化，将因竞争带来的利益还原给消费者的方式。因此，促进公平自由竞争是反垄断法的直接目的，而确保一般消费者利益和促进国民经济的民主、健康发展，为反垄断法的终极目的。[1] 该论点把一般消费者利益与促进国民经济的民主、健康发展共同作为反垄断法的终极目标，未对消费者利益与国民经济发展作层次性划分，从逻辑上有欠妥当。一般消费者利益相对国民经济发展整体利益来讲，相对属于中观层面的法益目标，作为反垄断法暨并购反垄断审查抗辩制度的核心法益目标较为合适，而国民经济发展等社会整体利益应作为最终法益目标。

维护公平自由的竞争秩序本身就有利于维护消费者的利益。并购反垄断审查抗辩制度通过对可能实质性限制竞争的并购交易予以禁止；对不会产生实质性限制竞争影响或虽可能产生限制竞争影响但符合效率抗辩等抗辩情形的并购予以批准，最终有利于促进市场竞争，有利于消费者享受品种更丰富、价格更低廉和品质更优良的商品和服务，从而更好地实现消费者福利。美国《横向合并指南》和欧盟《并购条例》均规定，效率抗辩的适用条件之一就是并购所产生的效率应当能够向消费者合理转移，能够由消费者公平分享。可见，消费者福利可视为并购反垄断审查抗辩制度的核心价值目标之一。

《经济合作组织（OECD）竞争法的基本框架》对竞争法的立法目的建议规定为：本法旨在维护和促进竞争，以最终增进消费者的福利。强调指出，持久的竞争是促使公司具有高效能并给消费者带来益处的力量。一部有效的竞争法应包括一项控

---

〔1〕 参见［日］丹宗昭信、伊从宽著，吉田庆子译：《经济法总论》，中国法制出版社 2010 年版，第 442—443 页。

制企业合并的条款，以便防止那些弱化竞争但又不能在其他方面显著提高效能的企业合并。[1]

许多国家和地区的反垄断立法均有维护消费者利益和福利的相关规定。例如，日本《禁止垄断法》第1条中亦包含保护一般消费者利益的规定。日本《禁止垄断法》保护的法益，是作为公益的自由竞争经济秩序，而这种法益只要由《禁止垄断法》加以维护和促进，消费者就有了选择商品和服务的自由。这种自由正是《禁止垄断法》给予消费者的自由。[2] 美国及欧盟等法域的相关立法及合并指南一般还要求效率应当部分地向消费者转移，也就是说要实现消费者总体福利的最大化。由此可见，消费者福利应当可以确定为并购反垄断审查抗辩制度的核心价值目标之一。

4. 社会整体利益：并购反垄断审查抗辩制度的最终法益目标

社会整体利益亦可称为社会公共利益。“经济法对社会公共利益的追求，突出表现为对竞争秩序的维护上。如反垄断法通过化解由垄断所引起的私人与社会的矛盾冲突，通过对竞争秩序的维护和对资源的优化配置，来促进社会公共利益。”[3] 并购反垄断审查抗辩制度通过对可能产生实质性限制竞争影响的并购行为进行规制，以维持竞争性市场结构，促进有效竞争，防范和禁止实质性限制竞争行为，从而促进和保障市场竞争机

---

〔1〕 参见尚明主编：《主要国家（地区）反垄断法律汇编》，法律出版社2004年版，第727页。

〔2〕 参见［日］金泽良雄著，满达人译：《经济法概论》，中国法制出版社2005年版，第183页。

〔3〕 徐孟洲：“经济法理论对法学基础理论的几点创新”，载《法学论坛》2008年第3期。

制发挥其优化配置资源的功能，最终维护和促进社会整体利益的实现。并购反垄断审查抗辩制度追求的效率，不仅是市场主体的效率，而且更是社会整体利益，实现竞争活力和规模经济效益的有机统一，实现社会公共利益与市场主体竞争利益的平衡协调。

经济法所追求和维护的法益目标是社会整体利益，经济法将市场主体的行为置于社会整体利益之中来评价，只有符合社会整体利益的竞争行为，才能得到肯定。经济法对社会公共利益的追求，突出表现为对竞争秩序的维护。反垄断法通过化解由垄断所引起的私人与社会的矛盾、冲突，通过对竞争秩序的维护和对资源的优化配置，来促进社会公共利益。〔1〕在市场规制法方面，通过反垄断法和反不正当竞争法的有效调整，不仅可以保护相关市场主体的利益，同时也可维护整个市场秩序或经济秩序，进而有利于社会公共利益和国家利益的保护。〔2〕由此可见，竞争法保护的法益是公益，即社会公共利益和国家利益；这种公益集中表现为国民经济总体利益。〔3〕

垄断对市场竞争的破坏，不仅损害其他竞争者的合法权益，而且损害广大消费者的合法权益，还损害社会公共利益。〔4〕因此，反垄断法保护的终极法益即在于社会整体利益。反垄断法的最终目的就是维持公平自由的竞争秩序、保护消费者权益、促进国民经济的民主健全化发展。经济法中的"公共利益"是指反垄断法中维持竞争秩序、保护消费者利益，这就是我们必

〔1〕参见徐孟洲：《耦合经济法论》，中国人民大学 2010 年版，第 239 页。

〔2〕参见张守文：《经济法理论的重构》，人民出版社 2004 年版，第 230 页。

〔3〕参见刘瑞复：《经济法学原理》，北京大学出版社 2000 年版，第 306 页。

〔4〕参见邱本：《经济法研究（中卷：市场竞争法）》，中国人民大学出版社 2008 年版，第 35 页。

须遵守反垄断法并将反垄断法作为经济宪法的原因所在。[1]

并购反垄断审查抗辩制度，以社会整体利益为终极法益目标。整体经济和社会公共利益是参加集中的当事企业经常援引的一项辩护事由。通常来说，企业集中规制制度的目的是维护竞争性的市场结构，保证市场经济健康发展，这与社会整体利益是一致的。国家反垄断当局在审查企业并购交易时，不仅会考虑国内市场的竞争，还会考虑国际市场的竞争，一项不利于世界经济自由的合并行为往往符合当事企业所在国家的利益。[2]

日本《禁止垄断法》第1条提出的“促进国民经济民主的健全发展”的国民经济利益的意义，也可与其他法律同样能因时因情况而随意解释的话，诸如危机时期的卡特尔合并则成为符合于国民经济的利益；在开放体制下，为加强国际竞争能力的合并则成为符合国民经济的利益，即使这些将在交易领域的竞争中带来实质性的限制，但从目的论来解释有可能被定为合法化。[3] 由此可见，日本《禁止垄断法》保护国民经济利益实则是社会公共利益或称社会整体利益的范畴。并购反垄断审查抗辩制度亦应在社会公共利益与维护自由竞争秩序之间平衡协调。

我国《反垄断法》第1条也把维护社会整体利益或称社会公共利益确定为重要价值目标，社会公共利益是反垄断法在全社会视野下更高层次的立法目标。我国台湾地区《公平交易法》

---

〔1〕 参见［日］丹宗昭信、伊从宽著，吉田庆子译：《经济法总论》，中国法制出版社2010年版，第160—161页。

〔2〕 参见王黎明、沈君：《反垄断：从国别走向世界》，山东人民出版社2007年版，第111页。

〔3〕 参见［日］金泽良雄著，满达人译：《经济法概论》，中国法制出版社2005年版，第188页。

第12条规定："对于事业结合之申报，如其结合，对整体经济利益大于限制竞争之不利益者，中央主管机关不得禁止其结合。中央主管机关对于第十一条第四项申报案件所为之决定，得附加条件或负担，以确保整体经济利益大于限制竞争之不利益。"[1]当整体经济利益大于限制竞争之不利益时，表示整体社会福利增加，反垄断执法机构对该企业结合不予以禁止。该条规定确立了社会整体利益抗辩或社会公共利益抗辩事由，也反映了并购反垄断审查抗辩制度的社会整体利益价值目标。

由上分析可见，追求社会效益和社会公共利益是反垄断法的最终目标，保护竞争、促进公平竞争的结果，就是实现社会整体利益的最大化。对促进规模经济效益的中小企业合并、产生重大社会经济效率的并购、挽救破产企业的企业并购、有利国民经济健康发展的并购、符合公共利益的并购，反垄断执法机关一般会纳入社会效益考量，如果并购当事方等主体的相关抗辩理由充分合理，一般会豁免禁止而予以批准实施。可见，并购反垄断审查抗辩制度亦以社会整体利益或社会公共利益为最终法益目标。

（三）并购反垄断审查抗辩制度多元法益目标的辩证关系

第一，维护公平自由竞争与追求社会整体利益是辩证统一关系。并购反垄断审查法律从程序上赋予并购当事人及利益相关者以提出证据、阐明观点、开展辩护、进行申诉等抗辩权利，从实体上规定了市场进入抗辩、效率抗辩、破产企业抗辩和公共利益抗辩等抗辩事由，有利于保障审查程序的公平、公正，维护公平自由竞争秩序。而维护公平自由竞争秩序，有利于维

〔1〕 赖源河编审：《公平交易法新论》，元照出版有限公司2002年第2版，第221页。

护消费者的总体福利，促进国民经济的健康有序运行，最终也有利于实现社会大众福祉最大化，实现社会整体利益最大化。

第二，维护经济自由和实现福利最大化之间并没有直接冲突，因为竞争秩序对二者没有偏废。[1] 维护公平竞争与经济效率之间既有相互促进和补充的关系，也可能会产生一些冲突。处理二者之间矛盾的原则是实质公平优先兼顾效率。也就是说，并购反垄断抗辩制度基于社会本位性，从社会整体利益出发，维护公平竞争秩序，同时平衡协调好国家、社会、经营者、消费者等主体的利益，兼顾提高经济效率，特别是应注重提高社会整体效率或社会效益。

有学者认为，反垄断法究竟应当寻求通过维持一个原子化的结构——其中，许多小型的商业企业都在竞争——去促进竞争，还是最大化消费者的福利？对反垄断法发展的一个粗线条但公正的概括就是：法院也在转变，尽管是逐渐地，从对前者的支持转变为对后者的接受。[2] 该论点似乎把促进竞争与消费者福利最大化相互对立起来。其实促进自由公平竞争与维护消费者福利最大化总体上往往是一致的。而消费者福利最大化与社会整体效益最大化也存在密切联系。并购反垄断审查与抗辩制度，旨在维护公平自由竞争，增进消费者福利，维护社会整体利益。

第三，制定执行并购反垄断审查抗辩制度，维护公平自由竞争秩序，实现社会整体效益的最大化，也有助于促进正常的市场并购行为，激发市场主体的竞争活力，促进企业加大创新

---

〔1〕 参见［德］曼弗里德·诺伊曼著，谷爱俊译：《竞争政策——历史、理论及实践》，北京大学出版社2003年版，第5页。

〔2〕 参见［美］基斯·N. 希尔顿著，赵玲译，刘凯校：《反垄断法：经济学原理和普通法演进》，北京大学出版社2009年版，第32—33页。

力度，提高产品质量，在合理框架内实现规模经济效益，也有利于市场主体个体利益的实现。整体社会效益与社会个体利益本质上也是统一的，最终有利于增进广大消费者福利。该项制度框架需要平衡消费者剩余（福利）和生产者剩余（福利）的关系，以消除由于并购可能引发的消极影响，如减少产出、提高价格等。[1]

第四，经济效率目标与实质公平目标亦相互协调。实质公平与经济效率可以相互促进、相辅相成。并购反垄断审查制度的实质公平可以促进社会经济的整体效率和长期效率提高，从而也有利于微观效率和短期效率的改善。同时，并购控制法律所追求的经济效率能够实现资源优化配置，促进静态效率与动态效率、生产效率和分配效率的有机统一，实现整体的和更高水平的实质公平。

本章小结

本章从价值论的视角，分析了并购反垄断审查抗辩制度的社会本位观、实质正义价值与维护公平自由竞争理念，阐述了该项制度的多元价值目标体系。

第一，社会本位是并购反垄断审查抗辩制度的立法宗旨。该项制度以社会本位观为立法宗旨，以大多数人的意志和利益为重，防范和禁止实质性限制竞争的并购行为，维护公平自由的竞争秩序，实现社会整体利益最大化。同时也保障市场主体

---

〔1〕 参见钟刚：《反垄断法豁免制度研究》，北京大学出版社2010年版，第33页。

的合法权益，促进符合法律要求的并购行为，促进市场主体的竞争活力发挥，提升技术和管理创新水平，增进一般消费者的福祉，实现国民经济的健康持续发展。

第二，实质正义是并购反垄断审查抗辩制度的基本价值。并购反垄断审查抗辩制度作为反垄断法的具体法律制度设计，突破了传统民商法意义上的形式公平与正义，把实质公平正义作为基础性价值目标。并购反垄断执法机构、并购当事人及其他利害相关者既应遵守法律规范本身的规定，又要符合内在的法治精神，合乎实质正义价值追求。

第三，维护公平自由竞争是并购反垄断审查抗辩制度的基本理念。维护公平自由竞争秩序包括维护自由竞争秩序和维护公平竞争秩序两层内涵。自由竞争与公平竞争是相互补充和促进的辩证关系。

第四，并购反垄断审查抗辩制度的多元价值目标需要综合平衡协调。并购反垄断审查抗辩制度，以公平自由竞争为直接法益目标，以经济效率为间接法益目标，以消费者福利为核心目标，以社会整体利益为最终目标。

第四章　现状反思：中国并购反垄断审查抗辩制度的立法与运行检讨

我国并购反垄断审查抗辩制度已经建立起较为完善的实体性和程序性规范体系，相关立法和执法实践与国际并购反垄断审查的特点、趋势逐步接轨。但毋庸讳言，我国并购反垄断审查抗辩制度在立法规范及执法实践等方面，与美国、欧盟等法域还存在一定差距。本章重点分析我国并购反垄断审查抗辩制度的社会经济基础，讨论并购反垄断审查抗辩制度的实体性和程序性规范体系，从实证角度探讨并购反垄断审查抗辩制度的运行现状与发展趋势。

第一节 制度背景：中国并购反垄断审查抗辩制度的社会经济基础

一、中国并购反垄断审查抗辩制度运行的基础性因素

一项法律制度的有效运行需要一些基础性的体制、经济、文化和国际环境等因素作为支撑。并购反垄断审查抗辩制度的运行也受到社会政治、经济、文化、法治等因素的影响。一般而言，我国并购反垄断审查抗辩制度运行需要具备体制、经济、竞争文化和国际环境等基础性因素。

（一）体制因素

任何法律制度都需要在特定的政治经济体制下制定和实施。我国并购反垄断审查抗辩制度的构建与运行也受到政治经济体制的影响。就反垄断审查抗辩实体性规则而言，我国《反垄断法》尚未明确规定效率抗辩和破产企业抗辩规则，只是规定集中的有利影响大于不利影响及符合公共利益的抗辩情形，这也与我国行政体制因素有关。我国行政体制中行政执法机关的自由裁量权较大，国家部委可以制定相关规章及指南，同时可根据法律规定和公共利益原则予以自由裁量。

我国成立了国务院反垄断委员会，负责国家竞争政策的制定、反垄断指南的制定和反垄断执法的统一协调等职能。国务院反垄断委员会的建立为并购反垄断审查抗辩制度的实施奠定了行政执法体制基础。商务部负责并购反垄断审查的具体执法工作，享有调查、取证、评估、审查、裁决等各项职权。并购当事人及第三人享有申辩、抗辩权利，当然也承担依法申报、配合调查、提供信息等义务。并购当事人对执法机构行政处罚

或审查决定不服的，可以提起行政复议；对行政复议不服的，可以向人民法院提起行政诉讼。由此可见，我国并购反垄断审查抗辩程序与德国等大陆法系国家的执法程序基本相似，与美国等国家的执法体制存在较大差别。

行政管理体制虽然具有国别特色，但现代行政体制也存在共同趋势。行政执法的透明度原则、公众参与原则、司法审查原则等，均属于现代行政法治基本原则。这些现代法治原则亦影响着并购反垄断审查制度的设计与运行。我国并购反垄断审查抗辩制度比较注重执法及审查过程、结果的透明度建设，要求及时公布立法、行政法规、部门规章、规范性指导文件，对并购审查的禁止决定和附条件批准决定予以公告，重视公众对并购反垄断审查的参与权，并购反垄断审查一般要召开座谈会、论证会、听证会，通过电话或书面形式向利益相关方、消费者、竞争者、客户、行业协会等主体征求意见。这些规定与措施增强了并购反垄断审查执法程序的正当性。当然，我国并购反垄断审查的透明度建设、公众参与制度的具体设计及运行尚存在一些问题，与国际先进立法及执法经验存在一定差距。

（二）经济因素

社会经济发展水平及状况是并购反垄断审查抗辩制度设计及实施的重要经济基础。程序性规范与实体性规范的制定与实施，均与国民经济发展水平和经济产业政策目标密切相关。

国民经济发展水平也是并购反垄断审查抗辩制度的重要基础性因素。并购反垄断审查抗辩制度的制定与运行，不能脱离国民经济的发展水平与客观需要。我国还处于社会主义初级阶段，虽然经济总量目前已居世界第二，但人均 GDP 较低，总体产业发展水平不高，多数企业经济规模、竞争实力、科技水平等情况与发达国家差距较大。一些行业重复建设严重、产业集中度低、自主创新能力不强、市场竞争力较弱的问题仍较突出。为进一步优化产业组织，促进产业进步，我国出台《国务院关于促进企业兼并重组的意见》（国发〔2010〕27号），要求通过促进企业兼并重组，深化体制机制改革，完善以公有制为主体、多种所有制经济共同发展的基本经济制度。[1]

并购反垄断审查法律应当处理好维护自由竞争秩序与发展规模经济、范围经济、优化产业结构等产业经济政策的关系。为发展规模经济，促进产业进步，我国《反垄断法》对绝大多数正常的市场并购行为持鼓励、促进和不予以禁止的态度。反垄断执法机构对虽然可能造成限制竞争影响，但符合效率抗辩、破产企业抗辩、公共利益抗辩的并购案件可依法予以批准；只对极少数严重限制、排除竞争的并购予以禁止，以维护充满活力的市场竞争环境。这样才能维护公平自由竞争与促进产业优化升级的关系，促进国民经济的健康可持续发展。

社会经济利益格局与诉求也是并购反垄断审查抗辩制度建设需要考量的重要因素。并购活动涉及社会公共利益、国家利益、行业利益、并购当事企业利益、竞争者利益、客户利益和消费者利益等利益。并购反垄断审查抗辩制度虽然以社会本位观为立法宗旨，追求社会效益的最大化及消费者福祉的提升，但也应有效维护并购当事人、竞争者、客户等主体的合法利益。

（三）竞争文化因素

竞争文化是指，全社会政府机构、企业、行业协会、消费者等主体共同形成的维护公平自由竞争机制、尊重市场竞争规则的信仰、理论、感情、评价和态度。换言之，“竞争文化是指

---

〔1〕 参见国务院《关于促进企业兼并重组的意见》（国发〔2010〕27号），载 http://www.gov.cn/zwgk/2010-09/06/content_1696450.htm，访问日期：2011年12月20日。

全社会形成的维护竞争机制、尊重竞争规则的一种共识的氛围”。[1] 企业竞争意识和行为、政府执法机构理念及职能定位、消费者的观念、市场交易惯例、经济法律的制定及适用等因素，都对一国竞争文化理念的形成及发展水平具有重要影响。我国竞争文化的培育及发展水平，也制约着并购反垄断审查抗辩制度的制定和运行状况。

反垄断法的实质公平及维护公平自由竞争理念是竞争文化的重要组成部分，反映了竞争文化的基本要求。我国经过三十多年的改革开放和十年的社会主义市场经济建设，竞争法治不断得到完善，公平自由竞争文化也得到较快发展，执法机构、经营者、消费者和行业协会等主体的自由公平竞争文化意识得到了提升。

竞争文化对反垄断法的实施具有重要意义。商务部反垄断局尚明局长曾指出，中国《反垄断法》实施过程中一个非常大的问题就是缺乏竞争文化，特别是普通老百姓还欠缺《反垄断法》的思维意识。[2] 反垄断执法机构及人员应当增强竞争文化意识，以维护公平自由竞争秩序为指导理念；通过并购审查，有效规制企业并购活动，防止或禁止实质性限制竞争的并购行为；对绝大多数符合市场规律和法律要求的并购活动予以批准。并购反垄断当事人应当树立竞争文化意识，依法开展并购交易活动，实施达到并购申报标准的并购交易；应当依法向执法机构申报，经过执法机构批准并购的方可实施并购行为。

---

〔1〕 王晓晔：“中国竞争法律与政策实施的现状与发展”，载中国世界贸易组织研究会竞争政策与法律专业委员会主编：《中国竞争法律与政策研究报告（2011年）》，法律出版社 2012 年版，第 71 页。

〔2〕 参见“可口可乐汇源案法律研讨会（上）”，载 http：//www. civillaw. com. cn/article/default. asp？id =44005，访问日期：2011 年 12 月 21 日。

我国并购反垄断审查抗辩制度建设应当更加注重竞争文化的宣传教育，特别是须尽快实现公布全部并购反垄断审查决定。并购反垄断审查决定内容须包括详细的审查过程和裁决理由，以保障并购反垄断审查程序的公正性，培育经营者、消费者和社会公众的竞争文化意识。

（四）国际环境因素

各国和地区之间政治、经济、文化和科技等方面的交流非常密切，并购反垄断立法与执法经验的交流合作亦日益增多，相互借鉴与趋同现象增多。因此，国际政治、经济环境因素也对并购反垄断审查抗辩制度建设具有重要影响。我国并购反垄断审查抗辩制度程序性和实体性规范的设计及运行，也要考虑国际经济状况及国际竞争环境。在经济全球化背景下，国家经济安全和国际竞争力亦应作为并购反垄断审查社会公共利益抗辩的构成要素。并购反垄断审查制度的透明度原则也是 WTO 规则的基本要求之一。WTO 透明度原则要求政府及其执法机构应公布所制定的法律、政策措施及其修改、增补或废除情况，没有公布的法律政策措施不得实施，且还应履行相应通知义务。[1] 国际经济法的透明度原则亦要求进一步提升我国并购反垄断审查抗辩制度的透明度建设，保障审查抗辩程序的公开、公平、公正。

二、中国并购反垄断审查抗辩制度的运行环境分析

并购反垄断审查抗辩制度需要良好的法制、市场和信息资讯制度等运行环境予以保障。我国并购反垄断审查抗辩制度要

---

〔1〕 参见曹建明、贺小勇：《世界贸易组织》，法律出版社 2004 年第 2 版，第 75 页。

求具备法制、市场经济及信息资讯制度环境要素。

（一）完备的法制环境

并购反垄断审查抗辩制度运行既需要有一个完善的市场经济法律体系为基础，又要具备反垄断基本法律及其配套法规、规章系统。我国已经建立了相对完善的社会主义市场经济法律体系，包括《公司法》、《企业法》、《合同法》、《侵权责任法》、《破产法》、《证券法》、《银行法》、《保险法》等法律体系，同时也建立了《民事诉讼法》、《行政诉讼法》、《刑事诉讼法》等程序法律法规体系，为并购反垄断审查抗辩制度的实施了提供较为完备的法制保障。我国《反垄断法》自公布实施以来，国务院、商务部先后颁布实施了《国务院关于经营者集中申报标准的规定》、《金融业经营者集中申报营业额计算办法》、《关于实施经营者集中资产或业务剥离的暂行规定》、《经营者集中申报办法》、《经营者集中审查办法》、《关于评估经营者集中竞争影响的暂行规定》、《未依法申报经营者集中调查处理暂行办法》、《关于经营者集中简易案件适用标准的暂行规定》等法规、规章和规范性指导文件，奠定了良好的法制基础。

当然，我国的法制基础尚需要进一步完善。从行政执法体制看，我国《行政诉讼法》没有对抽象行政行为赋予当事人以行政诉讼的权利，那么，行政机构以规范性文件实施的限制竞争行为无法受到司法审查。这主要体现政府部门对企业并购行为的行政性干预措施，可能会以规范性文件的方式实施，从而侵犯相对人的权益，而相对人却无法获得司法救济权。另外，我国刑事法律规范以刑法典的形式制定，《反垄断法》没有规定违法实施集中等垄断行为的刑事责任，造成严重垄断行为无法受到刑事责任的追究，从而影响了我国《反垄断法》的威慑效力。这些问题与不足需要在法制改革进程中逐步予以完善。

经济法的运行状况或态势如何，与守法主体的法律意识以及对法律的亲和度直接相关。我国政府部门、执法机构、企业和公众的竞争守法意识，也是并购反垄断审查抗辩制度有效运行的重要保障性条件之一。总体上讲，我国相关主体的竞争守法意识尚嫌不足，特别是公平自由竞争理念和实质公平理念的接受与践行方面，与欧美发达国家还存在一定差距。

（二）完善的市场经济环境

联合限制竞争行为、滥用市场支配地位行为和违法实施集中行为，均属于市场经济失灵现象。市场经济本身不能自我纠正，需要国家出台实施反垄断法予以调整，以维护公平自由的竞争秩序。并购反垄断审查抗辩制度的目的不是遏制市场经济机制，而是维护自由公平的市场竞争机制，发挥市场对资源的优化配置作用。完善的市场经济环境既有利于提高反垄断执法机构的竞争执法水平，保证公平、公正执法；又有利于并购当事人树立公平竞争意识，依法实施并购，履行并购反垄断审查申报义务，依法行使实体性和程序性抗辩权利。

我国社会主义市场经济建设已经取得明显的成就和进步，建立了国家宏观调控下以市场配置资源为主的市场经济体制。但分割市场、地方保护、行政性限制竞争等现象依然存在，统一、开放、竞争、有序的市场环境尚需进一步构建。一些企业竞争文化意识不强，实施垄断协议、滥用市场支配地位和违法实施集中行为时有发生。这些现象不利于竞争文化的培育和形成，不利于并购反垄断审查抗辩制度的有效实施。

（三）先进的信息资讯制度保障环境

并购反垄断审查抗辩制度的运行须建立在充分的证据信息材料基础之上。反垄断执法机构需要充分了解相关信息资料，才能综合分析评估市场主体行为的性质和竞争性影响，最终作出是否应当予以处罚或采取禁止性的行政决定。我国并购反垄断审查制度规定了集中申报人应提供完备的申报材料；执法机构有权要求申报人进一步提供信息，有权向竞争者、客户、行业协会等主体获得相应的市场信息。从程序上还规定了听证会制度，以听取并购当事人、利益相关方、消费者、其他公共部门对并购的意见和建议，获得有关证据信息材料。

我国并购反垄断审查信息资讯制度在公众参与方面还存在一些不足，尚未建立欧盟、美国等法域的行政裁决公众评议制度，不利于收集社会公众对并购案件及可能裁决的意见和建议，信息获得的广度和深度不够。信息资讯制度应该是双向提供。我国并购反垄断审查抗辩制度对并购当事人、利益相关方、消费者及社会公众提供的信息不够及时和全面，影响了并购反垄断审查程序的正当性和公正性。我国商务部公布的经营者集中审查决定不包括占绝大多数的无条件批准决定，审查过程及初步裁决均没有公布的程序与要求，这些都影响并购反垄断审查信息的反馈。可见，我国须进一步畅通信息渠道，保障信息的有效提供和反馈，以便保障并购反垄断审查抗辩制度的有效运行。

三、中国并购反垄断审查抗辩制度的建设历程

（一）外资并购反垄断审查制度初步建立阶段

随着改革开放日益深化，外资并购活动大幅增加，特别是一些大型跨国企业并购国内企业案件增多，对促进企业管理创新、提高经济效率等方面具有积极意义。但外资并购也可能产生危害国家经济安全、实质性限制竞争等负面影响。为有效规制外资并购活动，我国于2003年颁布实施了《外国投资者并购境内企业暂行规定》，规定了并购反垄断审查标准、审查期限、

听证、审查程序、豁免及抗辩情形等内容。[1] 2006 年，商务部等六部委发布了《关于外国投资者并购境内企业的规定》，取代了《外国投资者并购境内企业暂行规定》，其中专门规定了并购反垄断审查相关标准与程序。2007 年 3 月 8 日，商务部条法司反垄断调查办公室发布了《外国投资者并购境内企业反垄断申报指南》，规定了申报人、申报时间、申报资料、审查期限、申报前商谈、保密和报送时间、地点。

（二）内外资平等适用的并购反垄断审查制度建立及实施阶段

我国于 2007 年 8 月 30 日通过《中华人民共和国反垄断法》，自 2008 年 8 月 1 日起施行。《反垄断法》专门规定了经营者集中审查制度，标志着内外资一体适用的并购反垄断审查制度正式建立。国务院颁布实施《国务院关于经营者集中申报标准的规定》。商务部先后制定了一系列与经营者集中反垄断审查相关的配套规章。

科学设置并购反垄断执法机构的组织、职责和权限，是经营者集中审查制度实施的有效保障。我国《反垄断法》确立了“反垄断委员会”和“反垄断执法机构”的双层框架模式。基本维持现有的执法格局不变，将反垄断作为中央事权，由国务院反垄断执法机构及其授权的省级机构负责具体执法。为了协调《反垄断法》执行，保证反垄断执法的独立性、权威性和统一性，成立了国务院反垄断委员会，作为反垄断主管机关，专

---

[1] 参见《外国投资者并购境内企业暂行规定》第 22 条：“有下列情况之一的并购，并购一方当事人可以向外经贸部和国家工商行政管理总局申请审查豁免：（1）可以改善市场公平竞争条件的；（2）重组亏损企业并保障就业的；（3）引进先进技术和管理人才并能提高企业国际竞争力的；（4）可以改善环境的。”

司组织、协议协调、指导反垄断工作。[1]

根据国务院反垄断职权配置规定，商务部具体负责经营者集中的反垄断审查工作，商务部设反垄断局。[2] 商务部反垄断局就并购反垄断审查方面的具体职权包括：调查权、检查权、处罚权、批准权、强制措施权、行政指导权和准立法权等职权。在程序性规则方面，我国《反垄断法》规定了经营者集中申报标准及申报程序、第一阶段审查程序、第二阶段审查程序，规定了并购当事人抗辩程序，同时规定经营者集中审查应考虑的基本因素和实体抗辩事由。

---

〔1〕 根据《反垄断法》、国务院办公厅《关于国务院反垄断委员会主要职责和组成人员的通知》和《国务院反垄断委员会工作规则》，反垄断委员会是由国务院副总理级领导的跨部委委员会，国务院议事协调机构，主要职责是：①研究拟定有关竞争政策；②组织调查、评估市场总体竞争状况，发布评估报告；③制定、发布反垄断指南；④协调反垄断行政执法工作；⑤国务院规定的其他职责。参见国务院反垄断委员会，http：//baike. baidu. com/view/2764805. htm，2011 年 10 月 8 日访问。

〔2〕 商务部反垄断局的主要职责包括：起草经营者集中相关法规，拟订配套规章及规范性文件；依法对经营者集中行为进行反垄断审查；负责受理经营者集中反垄断磋商和申报，并开展相应的反垄断听证、调查和审查工作；负责受理并调查向反垄断执法机构举报的经营者集中事项，查处违法行为；负责依法调查对外贸易中的垄断行为，并采取必要措施消除危害；负责指导我国企业在国外的反垄断应诉工作；牵头组织多双边协定中的竞争条款磋商和谈判；负责开展多双边竞争政策国际交流与合作；承担国务院反垄断委员会的具体工作承办领导交办的其他事项。参见商务部反垄断局：《重要职责》，载 http：//fldj. mofcom. gov. cn/aarticle/gywm/200809/20080905756026. html，访问日期：2011 年 10 月 8 日。

第二节 规范分析：我国现行并购反垄断审查抗辩制度的立法检讨

一、中国并购反垄断审查抗辩实体性立法规范分析

实体性法律规则是以规定和确认并购反垄断审查抗辩法律关系主体的实体性权利与义务的法律规范。

（一）并购反垄断实质审查标准规范分析

实质审查标准是指，反垄断执法机构对已经申报的经营者集中进行审查时，为了准确评价被审查的集中行为对市场竞争的影响而依据的标准。我国《反垄断法》第28条规定了集中实质审查标准为“具有或者可能具有排除、限制竞争效果”。虽然可以理解为实质性减少竞争标准与市场支配地位的结合，但却与“实质性减少竞争标准”还存在一定的差别。

欧盟最早实施的并购反垄断实质审查标准为“市场支配地位”标准。[1]《理事会关于企业之间集中控制条例》（No. 139/2004）第2条规定，并购实质审查的标准为“严重损害共同体市场或其重大部分的有效竞争”，“特别是能够产生或者加强市场支配地位时，应宣布其与共同体市场不相容。”[2] 自此，欧盟并购反垄断实质审查法律实现了市场支配地位标准与实质性限制竞争标准的融合。如果一项合并，尤其是因其产生或增强企业的支配地位而实质性地减少了竞争，则欧盟委员会应宣布

---

〔1〕 参见尚明主编：《主要国家（地区）反垄断法律汇编》，法律出版社2004年版，第684页。

〔2〕 参见许光耀：《欧共体竞争立法》，武汉大学出版社2006年版，第396页。

该合并与欧共体市场不相容。竞争主管机关审查当事方抗辩主张与证据的中心问题在于：并购实施以后竞争是否依然充分，有效竞争是否实质上受到损害。英国企业并购审查的标准经2002年《企业法》颁布，由原来的公共利益标准转化为“实质减少竞争标准”，也体现了并购审查应以维护公平自由竞争为核心理念的指导思想。[1]

由欧盟、英国并购实质审查标准的演变分析可见，实质性减少竞争标准已经成为世界主要法域的并购实质审查标准。“实质性减少竞争”标准具有较大弹性，允许反垄断执法机关将注意力集中在评估并购对市场竞争的影响上而不是单纯考察市场结构性问题。我国可借鉴欧美等立法经验，明确规定把“实质性限制竞争”作为并购反垄断实质审查标准。

（二）并购反垄断审查抗辩实体性规范分析

反垄断法明确规定并购反垄断审查的分析因素，有利于为执法提供方向性和原则性指导，提高审查标准的可操作性、预期性和稳定性。一般而言，分析判断某项并购对竞争是否构成实质性损害，需要界定市场、认定市场份额及市场集中度、评估合并的潜在不利后果、分析市场进入难易程度等因素。我国《反垄断法》第27条亦规定了审查经营者集中应当考虑的实体性因素。[2]

---

〔1〕 参见时建中主编：《三十一国竞争法典》，中国政法大学出版社2009年版，第75页。

〔2〕《中华人民共和国反垄断法》第27条：“审查经营者集中，应当考虑下列因素：（一）参与集中的经营者在相关市场的市场份额及其对市场的控制力；（二）相关市场的市场集中度；（三）经营者集中对市场进入、技术进步的影响；（四）经营者集中对消费者和其他有关经营者的影响；（五）经营者集中对国民经济发展的影响；（六）国务院反垄断执法机构认为应当考虑的影响市场竞争的其他因素。”

1. 相关市场界定

我国《反垄断法》第12条把“相关市场”定义为：“经营者在一定时期内就特定商品或者服务（以下统称商品）进行竞争的商品范围和地域范围。”为增强反垄断执法机构的透明度，国务院反垄断委员会《关于相关市场界定的指南》就界定相关市场的作用、依据、方法等内容作出了指引性规定；规定了需求替代和供给替代两类替代性分析依据，引进了“假定垄断者测试”分析方法。由此可见，我国相关市场界定的相关规则与国际先进立法及执法实践趋同并接轨。当然，并购反垄断审查相关市场的界定，需要应用经济学理论和计量模型，在大量数据和资料的基础上进行定性和定量分析。

2. 市场份额和市场集中度的认定

商务部《关于评估经营者集中竞争影响的暂行规定》第6条规定，市场集中度测算通常有两种方法。一是行业集中度指数（CRn指数），即在相关市场中少数较大的经营者所占的市场份额，行业集中度指数等于集中所涉相关市场中前N家经营者市场份额之和。例如，《商务部关于附加限制性条件批准科力远、丰田中国、PEVE、新中源、丰田通商拟设立合营企业案经营者集中反垄断审查决定》（2014年第49号）中采用了CRn指数，全球车用镍氢电池市场的行业集中度高，PEVE、松下、科力远以及江森自控四家公司的市场集中度（CR4）高达97%，几乎垄断了全球车用镍氢电池的供应。二是赫尔芬达－赫希曼指数（HHI），赫氏指数等于集中所涉相关市场中每个经营者市场份额的平方之和。通常情况下，相关市场的市场集中度越高，集中后市场集中度的增量越大，集中产生排除、限制竞争效果的可能性越大。由此可见，我国法律、法规、规章及指南的市场份额评估方法，已经基本实现与国际惯例的接轨。

3. 分析可能的反竞争效果

并购行为是否具有反竞争效果，需要进行全面经济分析，判断并购是否对市场具有不利后果。我国商务部《关于评估经营者集中竞争影响的暂行规定》第4条规定了竞争影响评估的方法与步骤："评估经营者集中对竞争产生不利影响的可能性时，首先考察集中是否产生或加强了某一经营者单独排除、限制竞争的能力、动机及其可能性。当集中所涉及的相关市场中有少数几家经营者时，还应考察集中是否产生或加强了相关经营者共同排除、限制竞争的能力、动机及其可能性。当参与集中的经营者不属于同一相关市场的实际或潜在竞争者时，重点考察集中在上下游市场或关联市场是否具有或可能具有排除、限制竞争效果。"该条规定实际上引进了美国并购反垄断审查竞争影响评估的单边效应和双边效应分析方法，实现了与美国、欧盟执法惯例的趋同。

4. 实体性抗辩情形规定分析

我国《反垄断法》第28条规定，"经营者能够证明该集中对竞争产生的有利影响明显大于不利影响，或者符合社会公共利益的，国务院反垄断执法机构可以作出对经营者集中不予禁止的决定。"该条规定了并购反垄断审查的实体性抗辩情形。从文义上分析可概括为：有利影响抗辩和社会公共利益抗辩。这两项抗辩情形均具有较强的原则性和概括性，需要根据具体个案进行综合分析评估，也有赖相关法规、规章及指南予以明确与细化。目前，我国并购反垄断审查制度已经初步构建了包括市场进入、效率抗辩、破产企业抗辩和公共利益抗辩的规范体系。

（1）市场进入抗辩规范分析。《外国投资者并购境内企业反垄断申报指南》（商务部条法司、反垄断调查办公室，2007年3

月8日）第3条第12款对申报资料中的“相关市场的竞争状况”作出规定，市场进入分析包括进入市场的成本、任何法定或事实上的准入障碍、因知识产权而产生的限制、并购各方在相关市场中作为知识产权许可人或被许可人情况、相关产品规模经济的重要性、相关市场上竞争者数量、规模以及上下游市场是否存在事实或法律上的限制等；还要提交“相关市场内经营者横向或纵向合作协议情况”，包括是否存在研发、专利使用权转让、联合生产、分销、长期供应以及资料交换等方面的协议等情况；最近三年，相关市场上重大市场进入或退出情况。[1]从当事人实体性抗辩权角度分析，该《指南》实际已经涉及“市场进入”抗辩的情形。

商务部《经营者集中申报表》对需要提交的市场进入分析情况进行了细化规定。由此可见，我国商务部已经重视申报及审查环节市场进入分析的重要性，引导并购申报人就市场进入情况提供相关资料与证据，允许并购当事人提出关于“市场进入”的实体性抗辩理由。

商务部《关于评估经营者集中竞争影响的暂行规定》第7条规定了市场进入分析的原理及适用条件：“经营者集中可能提高相关市场的进入壁垒，集中后经营者可行使其通过集中而取得或增强的市场控制力，通过控制生产要素、销售渠道、技术优势、关键设施等方式，使其他经营者进入相关市场更加困难。评估经营者集中竞争影响时，可考察潜在竞争者进入的抵消效果。如果集中所涉及的相关市场进入非常容易，未参与集中的经营者能够对集中交易方的排除、限制竞争行为作出反应，并

---

〔1〕 参见叶军、鲍治：《外资并购境内企业的法律分析》，法律出版社2008年第2版，第481页。

发挥遏制作用。判断市场进入的难易程度，需全面考虑进入的可能性、及时性和充分性。”由此可见，商务部已经在申报及审查环节重视市场进入分析的重要性，引导并购申报人就市场进入情况提供相关资料与证据，可以提出关于“市场进入”的实体性抗辩理由。

（2）效率抗辩规范分析。如果经营者集中所带来的经济效益方面的好处大于损害竞争所带来的害处，并购当事人就可主张效率为理由的抗辩，反垄断执法机构可能会因此而批准该并购交易。[1] 效率抗辩应当符合若干充分条件：效率必须是合并所产生；效率必须是可以证实的；效率提升要能够抵消并购的不利影响；效率必须有益于消费者。我国《反垄断法》第28条规定的“集中对竞争产生的有利影响明显大于不利影响”的抗辩，如果作扩张性解释，也可以涵盖效率抗辩和破产企业抗辩情形。

商务部《关于经营者集中申报文件资料的指导意见》第9条规定，“集中可能产生的效率及相应的支持文件，应分析效率如何实现、实现时间、量化方式、消费者受益程度、不通过集中是否无法实现该效率等情况”。商务部《经营者集中申报表》，要求申报人填写“集中可能产生的效率”，说明集中可能产生的效率并提供相应的支持文件。商务部《关于评估经营者集中竞争影响的暂行规定》第12条规定，“评估经营者集中时，除考虑上述因素，还需综合考虑集中对公共利益的影响、集中对经济效率的影响、参与集中的经营者是否为濒临破产的企业、是否存在抵消性买方力量等因素”。

---

〔1〕 参见尚明主编：《主要国家（地区）反垄断法律汇编》，法律出版社2004年版，第247页。

（3）破产企业抗辩规范分析。我国2006年颁布的《关于外国投资者并购境内企业的规定》第54条规定了外国投资者并购境内企业反垄断审查的改善市场公平竞争条件、重组亏损企业、提高企业国际竞争力、改善环境等实体性豁免及抗辩事由。其中，第2项规定“重组亏损企业”涉及破产企业抗辩制度。2009年商务部修订的《关于外国投资者并购境内企业的规定》删除了关于并购反垄断审查的规定，该条也不复存在。商务部《关于评估经营者集中竞争影响的暂行规定》第12条规定，评估经营者集中时，需综合考虑“参与集中的经营者是否为濒临破产的企业”等因素。上述规定是并购审查抗辩制度的进步，弥补了“破产企业抗辩”于法无据的不足。

（4）社会公共利益抗辩规范分析。我国《反垄断法》第28条规定，当事人可以提出“社会公共利益”抗辩，反垄断执法机构认定抗辩成立的，可以对该项经营者集中予以批准。根据《反垄断法》第15条规定，社会公共利益至少应当包括生产合理化、提高企业国际竞争力、实现节约能源、保护环境和救灾救助等社会公益目标。一般而言，公共利益通常涉及直接关系到社会全体成员的共同利益、经济秩序、不特定多数人的经济和文化教育利益以及与基本法律价值相联系的个人利益等。[1]

《关于经营者集中申报文件资料的指导意见》第8条规定，“集中对市场结构、行业发展、竞争者、上下游经营者、消费者、技术进步、经济发展和公共利益的影响”。可见，我国反垄断执法机构已经关注经营者集中的市场进入抗辩、效率抗辩、技术进步和经济发展影响等因素的分析及审查，允许提交并购

---

〔1〕 参见王晓晔主编：《中华人民共和国反垄断法详解》，知识产权出版社2008年版，第187页。

申报人对本次集中的相关意见，体现了对并购当事人和利益相关方的抗辩权利的尊重和保障。商务部《经营者集中申报办法》第 10 条第 2 款规定，申报文件、材料应当包括集中对“国民经济发展”等因素的影响。此款规定的“国民经济发展”应该属于社会公共利益范畴。商务部《关于评估经营者集中竞争影响的暂行规定》第 12 条规定，评估经营者集中时，除考虑上述因素，还需综合考虑集中对公共利益的影响等因素。该条规定可谓是对公共利益抗辩的确认。

二、中国并购反垄断审查抗辩程序性立法规范分析

正当、合理的程序是法律得以有效实施的根本保障，程序正义是实现实体正义的途径。[1] 正当程序规范有利于保障反垄断审查法律行为合法化，保障反垄断审查决定的正当性和权威性，保障并购当事人的抗辩主张得到充分表达，实现并购反垄断审查制度的价值目标。

我国《反垄断法》是经营者集中审查抗辩的主要法律依据，该法第四章就经营者集中规制进行了规定，涉及集中概念、集中申报、审查程序、审查标准、审查因素、抗辩权利及救济措施等程序性规定内容。并购当事人及利害关系人有权对反垄断执法机关的调查与审查提出抗辩事由与相应证据。《反垄断法》颁布实施以来，国务院、商务部出台了一系列经营者集中反垄断审查法规、规章及指引，逐步完善了经营者集中反垄断审查抗辩的程序性规范，有利于保障并购当事人程序性抗辩权和实体性抗辩权的有效行使，有利于保障并购反垄断审查过程和结

---

〔1〕 参见时建中主编：《反垄断法——法典释评与学理探源》，中国人民大学出版社 2008 年版，第 390 页。

果的公正性、客观性和科学性。

（一）申报程序规范分析

我国《反垄断法》第24条规定："经营者提交的文件、资料不完备的，应当在国务院反垄断执法机构规定的期限内补交文件、资料。经营者逾期未补交文件、资料的，视为未申报。"商务部发布的《关于经营者集中申报的指导意见》和《关于经营者集中申报文件资料的指导意见》，对申报材料作出了较为详细的规定。

我国《反垄断法》规定了经营者集中事先申报制度。经营者集中达到国务院规定的申报标准的，经营者应当事先向国务院反垄断执法机构申报，未申报的不得实施集中。事先申报便于反垄断执法机构及时掌握市场集中的情况，防患于未然；有利于事先阻止那些达到一定规模并可能实质性损害竞争的企业并购，以免事后再予以拆散可能带来的资源浪费和经济损失。事先申报有利于企业增强预期性，及时调整经营策略，以适应新的市场和竞争环境。

申报标准是经营者集中是否需要进行反垄断事先申报的门槛，应当客观、明确，便于反垄断执法机构和参与集中的企业判断和掌握。为了明确经营者集中的申报标准，保证《反垄断法》的有效实施，2008年8月3日公布实施了《国务院关于经营者集中申报标准的规定》。需要强调的是，并购反垄断审查的程序除了依据当事人申报外，也可依据相关主体的举报等原因予以启动。商务部2011年12月30日颁布《未依法申报经营者集中调查处理暂行办法》，规定了相关立案、调查、处理等程序。

（二）并购反垄断审查及抗辩程序规范分析

1. 调查程序规范

我国经营者集中审查分为两个阶段，初步审查阶段和进一步审查阶段。商务部自收到完备的申报文件和资料之日予以立案。[1] 并购反垄断审查程序正式启动。根据《反垄断法》第40条规定，反垄断执法机关调查时必须履行法定手续，执法人员不得少于二人，并应当出示执法证件。执法人员进行询问和调查，应当制作笔录，并由被询问人或者被调查人签字。该条规定有利于规范执法行为，维护当事人的合法权益。《反垄断法》第39条规定了调查强制措施及要求：采取规定的强制措施，应当向反垄断执法机构主要负责人书面报告，并经批准。该规定有利于规范强制措施行为，防止当事人合法权益受到侵害。《反垄断法》第42条规定，调查过程中，并购当事人及利益相关者等主体的主要义务包括：配合调查、依法提供并购相关信息等义务。被调查者配合调查并提供其了解和掌握的相关信息、资料，对反垄断执法机构作出正确决定非常重要。

2. 抗辩程序规范

根据《反垄断法》第43条规定，并购当事人及相关主体享有陈述权和申辩权等抗辩权。陈述权和申辩权是并购当事方的法定权利，该条规定有利于保护并购当事方的抗辩权的正常行使。为保障经营者抗辩权的充分行使，商务部《经营者集中审查办法》第10条规定，在进一步审查阶段，商务部认为经营者集中具有或者可能具有排除、限制竞争效果的，应当将其反对意见告知参与集中的经营者，并设定一个允许参与集中的经营

---

〔1〕关于审查程序的开始时间，我国《经营者集中申报办法》第14条规定："商务部经核查认为申报文件、资料符合法定要求的，应当自收到完备的申报文件、资料之日予以立案并书面通知申报人。"

者提交书面抗辩意见的合理期限。该条规定借鉴了欧盟、美国等先进立法例，显示了我国并购反垄断审查制度对程序性抗辩权的重视。

3. 信息保密规范分析

关于信息保密问题，我国《反垄断法》第 41 条明确规定，反垄断执法机构及其工作人员对执法过程中知悉的商业秘密负有保密义务。商务部《经营者集中申报办法》第 12 条规定，申报人应当同时提交申报文件、资料的公开版本和保密版本。申报人应当对申报文件、资料中的商业秘密和其他需要保密的信息进行标注。一般而言，可以认定为商业秘密的材料一般包括：企业的商业计划、生产和销售的预算、价格和成本信息、交易秘密、技术数据和未公布的商业数据等。我国《反垄断法》规定只将保密范围限定在“商业秘密”，而《经营者集中审查办法》则把保密范围扩大为“商业秘密和其他需要保密的信息”，而且把负有保密义务的主体扩展为“商务部、申报人以及其他单位和个人”，这应该说是制度设计上的一种进步，对维护并购当事人的合法利益具有保障作用。

4. 听证程序规范分析

我国《反垄断法》没有规定执法机构调查及审查中的听证程序，商务部《经营者集中审查办法》对听证程序作出了比较详细的规定，这可以说是我国经营者集中审查程序规定的一项进步。

（1）听证会的组织。根据商务部《经营者集中审查办法》第 7 条第 1 款规定，商务部在经营者集中审查过程中可以主动或应有关方面的请求决定召开听证会，应当提前书面通知听证会参加方，以有效开展调查取证，听取有关各方的意见。

（2）听证的参加人员。根据商务部《经营者集中审查办法》第7条第2款规定，经营者集中审查听证会的参加方比较广泛，包括并购当事方和第三方、相关市场中经营主体、消费者、专家、行业协会和其他政府部门。[1] 参加听证是法律赋予的一项权利，而不是义务，即被通知者如不参加，则被视为放弃该项权利，并可能承担无法在听证中解释问题、提供证据材料和证明抗辩事项的不利后果。

（3）听证会程序。根据《反垄断法》、《行政许可法》等法律规定，商务部《经营者集中审查办法》第8条规定了听证会的具体程序。“听证会主持人宣布听证会开始，宣读听证会纪律；核对听证会参加方；参加方就听证内容进行陈述；听证会主持人就听证内容询问有关参加方；听证会主持人宣布听证会结束。”该条规定了听证会的具体流程，有利于保障听证的有序进行。但听证程序中没有规定“听证会笔录”的内容，不符合程序公平正义的要求，不利于听证抗辩陈述及理由等证据的存档与参用。另外，商务部《经营者集中审查办法》第7条第4款规定了单独听证制度。[2] 单独听证制度的设计旨在有效保护

---

〔1〕 商务部《经营者集中审查办法》第7条第2款规定：“商务部举行听证会，可以通知参与集中的经营者及其竞争者、上下游企业及其他相关企业的代表参加，并可以酌情邀请有关专家、行业协会代表、有关政府部门的代表以及消费者代表参加。”欧盟《并购条例》对听证作了专门规定，只要对并购交易存在“显著的利益”的人都可以要求听证，并且只要提出书面请求即可。我国应借鉴欧盟做法，把听证权赋予以下当事人：①申报当事人；②其他有关当事人，即除了并购申报当事人之外的并购当事人，如买方或目标企业；③第三人，即包括客户、供货商和竞争者在内的有利害关系的自然人或法人，包括有关企业行政管理人员、企业员工代表、消费者协会；④其他有关当事人。以便使并购反垄断机关从不同角度听到各主体的抗辩及意见，有利于作出客观、公正、公平的裁决。

〔2〕 商务部《经营者集中审查办法》第7条第4款规定：“听证会参加方出于商业秘密等保密因素考虑，希望单独陈述的，可以安排单独听证；安排单独听证的，听证内容应当按有关保密规定处理。”

并购当事方的商业秘密及其他需要保密的信息，但最终决定权仍由商务部裁量。

（三）审查裁决及决定公布规范分析

1. 初步审查决定

反垄断执法机构对并购进行调查及审查，听取并购当事人抗辩意见，最终应作出行政裁决。在初步审查阶段，《反垄断法》第25条第2款规定，“国务院反垄断执法机构作出不实施进一步审查的决定或者逾期未作出决定的，经营者可以实施集中”。该项规定与国际惯例接轨，目的在于维护一个公平的审查程序，保护当事方的程序性权利，避免反垄断执法机构将案件久拖不决而造成严重损失。

2. 最终审查决定

根据我国《反垄断法》第28、29条规定，反垄断执法机构可以作出的最终审查决定有三类：不予禁止决定、附加限制性条件的不予禁止决定和禁止决定。[1] 反垄断执法机构结合经营者的资产、市场份额或上一年度的营业额以及市场集中度、对竞争的影响效应进行分析，综合考虑潜在竞争者、效率、消费者利益、公共利益、市场进入、濒临破产等抗辩因素，可能作

---

〔1〕 我国《反垄断法》第28条规定：“经营者集中具有或者可能具有排除、限制竞争效果的，国务院反垄断执法机构应当作出禁止经营者集中的决定。但是，经营者能够证明该集中对竞争产生的有利影响明显大于不利影响，或者符合社会公共利益的，国务院反垄断执法机构可以作出对经营者集中不予禁止的决定。”《反垄断法》第29条规定：“对不予禁止的经营者集中，国务院反垄断执法机构可以决定附加减少集中对竞争产生不利影响的限制性条件。”《反垄断法》第26条规定：“国务院反垄断执法机构决定实施进一步审查的，应当自决定之日起九十日内审查完毕，作出是否禁止经营者集中的决定，并书面通知经营者。作出禁止经营者集中的决定，应当说明理由。审查期间，经营者不得实施集中。”《反垄断法》第26条第3款规定：“国务院反垄断执法机构逾期未作出决定的，经营者可以实施集中。”

出批准经营者集中决定、附条件批准经营者集中决定和禁止经营者集中决定。

3. 实质审查决定的公布程序

根据我国《反垄断法》第30条规定，反垄断执法机构应当及时公布两类经营者集中审查决定：一是禁止经营者集中的决定；二是对经营者集中附加限制性条件的决定。对其他大量不予禁止的决定则未规定强制性公布义务。根据商务部《经营者集中反垄断审查办事指南》第7条规定，商务部反垄断局应将审查决定书面通知申报人。

三、中国并购反垄断审查抗辩制度的立法问题评价

我国并购反垄断审查法律制度已初步建立了较为完善的实体性和程序性抗辩规范体系，基本满足经营者集中审查控制要求。但并购反垄断审查抗辩的具体立法规范与程序设计尚存在一些不足之处，需要根据执法实践与社会经济发展要求予以修订完善。

（一）并购反垄断审查实体性抗辩规则的具体性与操作性需要加强

我国实体性抗辩事由及适用条件规定不够明确具体，缺乏操作性。这就可能造成反垄断审查机关自由裁量权过大，当事人实体性抗辩权行使保障不力，容易引起申报方和社会各界对审查过程与结果的质疑。就市场进入抗辩而言，相关法律法规及指南未就进入的可能性、及时性和充分性的适用标准内涵与外延加以详细界定，不利于增强并购反垄断审查执法的透明度及可预期性。就效率抗辩而言，相关法律、法规、指南并未就效率抗辩适用的具体条件予以详细规定，其可操作性与指引性作用自然不足。就破产企业抗辩规则而言，我国并购反垄断审

查制度设计已然关注破产企业抗辩问题，但并未明确破产企业抗辩的构成要件。商务部《关于评估经营者集中竞争影响的暂行规定》第12条的规定，仍只是概括式规定，并没有细化规定破产企业抗辩分析的原则、适用的具体条件、举证责任等内容，不利于增强并购企业的可预测性和涉及破产企业抗辩审查的针对性和有效性。就公共利益抗辩规则而言，社会公共利益具有宏观性和整体性，涉及社会经济整体利益问题，公共利益抗辩适用规则尚需进行详细规定，以增强其操作性。

（二）并购反垄断审查申报程序规范的正当性与科学性尚需完善

申报材料提交方面的权利义务的配置尚不够科学。2009年11月21日商务部公布了《经营者集中申报办法》，其中第10至15条作出了有关申报材料要求的规定，包括对申报材料内容完整性的要求、形式要求和真实性要求。《经营者集中申报办法》第13条规定了资料的形式要求，但没有规定当事人的抗辩权和救济措施，申报资料是否完备由反垄断执法机构自由裁量。没有明确规定并购当事人就申报资料完备性的抗辩制度和申诉制度。如反垄断执法机构因当事人申报资料不完备而认定为未申报而作出行政处罚，则法律应当允许并购当事人提起行政复议或行政诉讼。

（三）企业并购反垄断审查及抗辩程序方面尚需健全

1. 征求有关各方意见的权威性和强制性有待增强

商务部《经营者集中审查办法》第6条规定："在审查过程中，商务部可以根据需要征求有关政府部门、行业协会、经营者、消费者等单位或个人的意见。"这是商务部向申报经营者之外的第三方寻求进一步信息的条款，也是国际通行的做法。只是条款使用了"征求"而不是"要求"等措词，说明该措施并非强制性的，而需要第三方的主动配合才能顺利实施。这也是出于对商务部作为反垄断执法机构所拥有的有限强制权的考虑。商务部在获得相关信息方面应当拥有权威性和强制性，相关主体提供相关信息既是一项权利，也是法定义务。反垄断执法机构应当确保被调查的当事人和利害关系人的意见能够被倾听，给予其陈述意见和申辩的机会，允许其提出对自己有利的证据，并适时地根据职权或者利害关系人的申请举行听证，且不应流于形式。[1]

2. 被调查者的程序性抗辩权利保障规范尚须完善

并购审查程序中，当事人最核心的权利是陈述权与申辩权。当事人陈述与申辩程序旨在切实保护并购当事人在审查上的辩护权，使当事人的意见和申辩能够充分得到尊重，维护合并审查中的程序正义价值。我国《反垄断法》第 43 条也规定，被调查的经营者、利害关系人有权陈述意见；反垄断执法机构应当对被调查的经营者、利害关系人提出的事实、理由和证据进行核实。但同时也要看到，现行规定还比较笼统，特别是保障性程序尚需健全。程序性规范还存在一些不足之外，如等待期的相关规定缺乏灵活性，没有赋予并购当事方紧急情况下申请解除禁令的权利。

3. 听证程序性规定应当进一步健全

我国听证制度在主持人员设置、听证程序、听证权利保障等环节还存在一些不足。根据商务部《经营者集中审查办法》第 7 条第 1 款关于听证程序的一般条款，从“可以”的广义解释，听证并非我国经营者集中审查程序的必经环节，而属于商

〔1〕 参见史际春等：《反垄断法理解与适用》，中国法制出版社 2007 年版，第 287—288 页。

务部的自由裁量权，是否召开听证取决于商务部的决定。这与我国《行政处罚法》、《行政许可法》规定的听证程序并不一致。[1] 另外，从“应有关方面的请求”的文义分析，请求主体也不明确，且最终是否举行听证仍由商务部决定。

（四）并购反垄断审查的信息披露与公告机制不够健全

我国《反垄断法》并未要求并购审查机构对受理的案件申报发出立案通知并予以公告，这与美国、欧盟等相关立法相去甚远。对此，商务部反垄断局负责人表示：由于经营者集中审查工作的特性及其对市场的影响，《反垄断法》没有要求审查机构对受理的案件发出立案通知并予以公告。实际工作中，一旦申报材料符合要求，反垄断局会以适当的方式包括采取口头通

---

〔1〕《行政处罚法》第 42 条规定：“行政机关作出责令停产停业、吊销许可证或执照、较大数额罚款决定之前，应当告知当事人有要求举行听证的权利；当事人要求听证的，行政机关应当组织听证。”《行政许可法》第 46 条规定了听证的行政许可范围：“法律、法规、规章规定实施行政许可应当听证的事项，或者行政机关认为需要听证的其他涉及公共利益的重大行政许可事项，行政机关应当向社会公告，并举行听证。”《行政许可法》第 47 条规定：“行政许可直接涉及申请人与他人之间重大利益关系的，行政机关在作出行政许可决定前，应当告知申请人、利害关系人享有要求听证的权利；申请人、利害关系人在被告知听证权利之日起五日内提出听证申请的，行政机关应当在二十日内组织听证。申请人、利害关系人不承担行政机关组织听证的费用。”《行政许可法》第 48 条规定了听证的程序：“听证按照下列程序进行：（一）行政机关应当于举行听证的七日前将举行听证的时间、地点通知申请人、利害关系人，必要时予以公告；（二）听证应当公开举行；（三）行政机关应当指定审查该行政许可申请的工作人员以外的人员为听证主持人，申请人、利害关系人认为主持人与该行政许可事项有直接利害关系的，有权申请回避；（四）举行听证时，审查该行政许可申请的工作人员应当提供审查意见的证据、理由，申请人、利害关系人可以提出证据，并进行申辩和质证；（五）听证应当制作笔录，听证笔录应当交听证参加人确认无误后签字或者盖章。行政机关应当根据听证笔录，作出行政许可决定。”

知的方式告知申报方。[1] 在立案受理阶段，如果不通过公告向社会公众进行充分信息披露，受经营者集中交易影响的第三方利益主体，就无法主动参与到后面的审查阶段以表达自己的意见。[2] 我国并购反垄断执法机构并未将并购审查决定书及申报人提交的公开版的申报文件材料予以公开，不利于接受公众监督，维护公共利益。从维护市场竞争的角度而言，竞争对手同样能够为客观评估市场集中度、竞争强度等提供全方位的信息，如果能够在审查初期公开，允许更多的相关利益方提出建议，而不是单凭并购当事方提交的信息和审查机构的主观判断，那么必须能够消除很多不良的影响，包括垄断等。[3]

对于调查结果和处理决定，如无对经营者、相关行业和国家的利益有影响而不宜公布的情况，反垄断执法机构应当向社会公布，以接受经营者和社会的监督。[4] 我国在并购审查过程及裁决的公布方面存在一些问题。公告制度过于原则，可操作性不足。没有规定公告的内容、公告的媒介、公告的具体时间和次数、发布公告的主体等具体要求。我国商务部只公布禁止集中和附条件批准集中的决定，与国际惯例不符。对大量无条件批准的并购反垄断审查案例的审查过程与裁决不予公告，致使竞争者、消费者及社会公众无从予以查询。这种做法容易造

---

〔1〕 参见“商务部反垄断局负责人就经营者集中反垄断审查有关问题答记者问”，http：//www. gov. cn/gzdt/2008 － 11/21/content _ 1155986. htm，访问日期：2011 年 9 月 15 日。

〔2〕 参见史建三、钱诗宇等著：《企业并购反垄断审查比较研究》，法律出版社 2010 年版，第 142 页。

〔3〕 参见王中美：《并购与反垄断》，上海世纪出版集团、上海人民出版社 2008 年版，第 183 页。

〔4〕 参见史际春等：《反垄断法理解与适用》，中国法制出版社 2007 年版，第 288 页。

成暗箱操作，与现代行政执法的透明度原则相悖，不利于保障审查结果的客观公正性，也导致反垄断执法机构执法的公信力和权威性大打折扣。并购当事人、利益相关方及社会公众基本无法了解大量并购审查案件信息，社会公众的参与和监督权利也无法有效保障，造成并购反垄断执法中官民脱节问题，影响了市场主体竞争文化的培育和提升，影响了市场主体合理预期的形成。这种状态与现代法治文明脱轨，与美国、德国和欧盟等国家和地区公开透明的反垄断执法原则差距甚远。

（五）并购反垄断审查制衡机制不够健全

我国并购反垄断审查机构由商务部反垄断局设置，内部制衡机制不健全，并购审查与审查决定并未相对分离，可能影响裁决的公正性。我国并购反垄断审查机构内部设置及调查、审查程序未进行有效职能分离。并购反垄断执法审查的过程基本上是反垄断局调查人员予以调查，并组织听证，听取意见，作出初步意见草案，然后提交领导集体讨论，最终作出审查决定。反垄断执法机构内部的调查与审议相对分离及相互制衡的机制并未有效形成。

根据《经营者集中审查办法》第6条及第7条，在审查过程中，商务部可以根据需要征求有关政府部门、行业协会、经营者、消费者等单位或个人的意见，还可以召开听证会，调查取证，听取有关各方（包括参与集中的经营者及其竞争者、上下游企业及其他相关企业的代表）的意见，并酌情邀请有关专家、行业协会代表、有关政府部门的代表以及消费者代表参加。但是上述利益相关方在审查过程中没有主动表达意见的权利，往往被动寻求司法救济，加重了社会成本，浪费了司法资源，这是一个明显的缺陷。[1] 上述规定赋予商务部自由裁量权，并非是法定的职责和义务，因此，并购交易利益相关方的知情权、监督权和意见表达权无法得到切实保障。

原商务部条约法律司巡视员郭京毅受贿案警钟在耳。2010年5月，北京市第二中级人民法院以受贿罪判处郭京毅死刑，缓期两年执行，并处没收个人全部财产。郭京毅的犯罪事实之一即涉及法国SEB集团并购浙江民企苏泊尔案。郭京毅收受30万元，利用其时任商务部条法司副司长和商务部反垄断办公室副主任的职务便利，帮助该并购案顺利通过商务部反垄断审查。[2] 由此可见，集中审查过程及裁决的不透明性，限制了社会公众、消费者、行业协会、其他竞争者、政府公共部门等主体对并购反垄断审查案件的监督机制的发挥，不利于并购当事人抗辩权利的行使与保障，容易造成权力寻租及执法腐败，影响并购反垄断审查抗辩案件的公平、公正裁决。

第三节　实证研究：中国并购反垄断审查抗辩制度的运行检讨

一、中国并购反垄断审查抗辩制度运行现状

法律的生命在于实施，法的运行是一个动态系统。并购反垄断审查抗辩制度的具体运行也是一个动态系统，需要从系统

〔1〕 参见史建三、钱诗宇等：《企业并购反垄断审查比较研究》，法律出版社2010年版，第142页。

〔2〕 参见“郭京毅案牵出苏泊尔董事长苏显泽行贿百万丑闻”，载http://tech.sina.com.cn/e/2010-05-21/10094216162.shtml，访问日期：2011年10月18日。

的角度对其运行状况、运行问题和运行机制进行综合考察，以建立良性的并购反垄断审查抗辩制度运行机制。并购反垄断审查抗辩制度的运行系统可分为立法系统、执法系统、司法系统和守法系统四大子系统。本节重点从制度运行的执法因素予以分析，评估制度运行的现状、问题及机制。

（一）并购反垄断执法机构设置及运行分析

商务部负责经营者集中反垄断审查工作，目前商务部反垄断局下设六个处，分别是：办公室、竞争政策处、商谈处、法律处、经济处、监察执法处。从具体执法实践看，商务部反垄断局的六个处室中，商谈处和监督执法处共同负责关于经营者集中执法的主要工作，包括审查企业是否自觉申报、申报后有关经营者集中事项的调查以及作出行政许可决定。这种设置方式使商谈处和监督执法处拥有广泛的自由裁量权。经济分析在我国并购反垄断执法工作中所占分量会越来越大，作出决定之前要有很多经济分析的工作由经济学家进行。企业要自觉申报，应该申报没有申报的，经过别人的举报或者监察执法处的调查也可能会对这些行为进行处理。[1]

反垄断执法机构一般拥有执法权、准立法权和准司法权。我国商务部至少具备执法权和准立法权，准司法权的属性还不太明显。商务部制定了《经营者集中申报办法》、《经营者集中审查办法》、《关于评估经营者集中竞争影响的暂行规定》、《关于经营者集中简易案件适用标准的暂行规定》等部门规章，行使了制定和解释相关并购反垄断审查法规的职权，体现了一定的准立法权。这些部门规章、办法增强了并购反垄断审查抗辩

[1] 参见尚明："商务部反垄断局局长尚明谈'推进反垄断执法工作，维护市场公平竞争'"，载 http://www.antimonopolylaw.org/article/default.asp?id=73，访问日期：2011 年 11 月 1 日。

制度的可操作性和预期性，提高了并购反垄断执法的透明度和公正性。在准司法性方面，我国商务部尚未具备准司法权，其执法权限及程序基本属于传统的行政执法及审查属性，尚未引进审判式行政审查理念与机制。

鉴于并购反垄断执法机构具有准立法权和执法权，我国并购审查抗辩具体制度设计及运行要明确其职权界限，实现责任、权力和义务的辩证统一，防止执法机构超越职权或滥用职权的问题。只有确保反垄断执法机构依法开展调查和审查，保障并购当事人及利害相关方等主体的抗辩权利，才能保证并购反垄断审查抗辩制度的良性运行。

（二）审查执法运行基本情况分析

我国并购反垄断审查抗辩制度的运行情况基本正常有序，取得了较好的实施效果。商务部已经依法无条件批准了大量经营者集中申报案件。据商务部公告信息统计，截至 2014 年 6 月 30 日，商务部共审结集中案件 863 件，禁止 2 件，附条件批准 23 件，无条件批准 838 件。

截至 2014 年 7 月 2 日，我国商务部共公布 26 起关于禁止或附条件批准集中的审查案件决定，除了“可口可乐收购汇源果汁案”与“马士基、地中海航运、达飞设立网络中心案”两起被禁止集中的案件外，其他 24 起案件都附条件通过。由上分析可见，商务部审查的集中案件中，绝大多数集中案件不存在实质性限制竞争效果而被批准放行，且多数在第一阶段即予以批准，提高了审查效率，有利于保障并购企业的经营效率和权益。

在我国经营者集中审查的执法实践中，商务部进行了大量的经营者集中申报前的商谈，其中有一部分导致最后进行申报，商谈已经达到两百多起；经营者集中审查的申报案件既包括外资并购国内企业的，也包括外国跨国公司之间并购的，还包括中国企业之间的并购，各种类型企业并购都有，横向并购占大部分。在审查的过程中，均按照《反垄断法》的规定，采用了案件座谈会、发放调查问卷和听证会等方式进行，案件的调查结果得到了社会的广泛认可。商务部在审查经营者集中申报的时候，除按照《反垄断法》规定考虑的因素以外，还坚持依法审查原则。制定下位法的时候，要有上位法依据，执法的时候有法律依据，如果法律没有及时出台，会制定一些指南作为补充。运用国际上通常用的经济分析的方法，配备专门经济分析人员，使案件调查结果更具有经济上的合理性。进行审查时，坚持公正原则，给当事方申辩权，要求执法机关按照依法行政的原则，按照行政许可法的要求进行。[1] 商务部依照法律、法规规定，通过听证会、调查问卷、电话访问、实地调查、约谈当事人等调查方式，与政府有关部门、相关协会、企业及专家开展沟通，有效实施并购反垄断审查法律制度。

（三）并购反垄断审查抗辩制度运行中的主要问题分析

我国《反垄断法》实施时间不长，相关配套制度仍在不断健全之中，加之经营者集中审查专业性高、执法难度大，商务部并购反垄断审查抗辩制度的执行尚有待改进。

1. 并购反垄断审查抗辩制度充分尊重当事人程序性抗辩权尚嫌不足

我国并购反垄断审查与抗辩制度的设计与实施，一定程度上体现了尊重当事人程序权利的原则，并购当事人有权提供证据材料和陈述意见。但在实际执行中，并购当事人主体的答辩权、辩护权、陈述权、阅卷权等权利保障尚不够充分。从已经

---

〔1〕 参见尚明："正确认识反垄断法 依法开展经营者集中审查"，载中国世界贸易组织研究会竞争政策与法律专业委员会主编：《中国竞争法律与政策研究报告（2010）》，法律出版社2010年版，第8—9页。

公告的集中审查案件看，我国并购审查听证、申辩、讨论协商、决定公示、信息保密等程序性权利保障尚嫌不够，特别是实施听证程序的审查案件很少，一般采取反垄断执法部门与参与集中经营者商谈的方式进行调查与救济方案评估。

2. 经营者集中决定公告内容日益充实但总体尚需完善

截至2014年7月2日，商务部已经公布的26项并购反垄断审查案件决定日趋详实。但对相关市场界定、并购交易的潜在反竞争效果分析、并购当事人抗辩事由及证据分析、裁决的理由等问题的阐述与分析，尚显不够充分。以相关市场界定为例，多起案件决定中都只是大致介绍相关产品市场与地域市场，而市场界定赖以成立的相关经济证据以及具体分析方法与核心分析过程并未提及。例如，可口可乐公司收购汇源公司一案中，虽然决定文书中提及果汁饮料和碳酸饮料市场，但公众仍不清楚该案所依赖的相关产品市场如何具体界定；如何进行地域市场的具体界定也没有相关分析。需求替代分析与供给替代分析以及SSNIP测试法，在几起案件相关市场界定过程中的运用情况公众也不得而知。[1]

3. 裁决前告知制度运行机制尚需健全

按照程序正当性原则要求，依据《行政许可法》相关规定，实质审查行政决定前应向相对方进行告知或予以公示，以保障当事人抗辩权的充分行使，保障并购审查裁决的客观公正。商务部《经营者集中审查办法》第10条规定，在进一步审查阶段，商务部认为经营者集中具有或者可能具有排除、限制竞争效果的，应当将其反对意见告知参与集中的经营者，并设定一

---

〔1〕 参见中国世界贸易组织研究会竞争政策与法律专业委员会主编：《中国竞争法律与政策研究报告（2010）》，法律出版社2010年版，第153页。

个允许参与集中的经营者提交书面抗辩意见的合理期限。该条规定对保障并购当事人的抗辩权利，具有非常重要的程序价值和意义。但对截至2014年7月2日商务部已经公布的26起集中审查决定的内容分析，该条规定的具体实施情况却并不明朗。可见，我国并购反垄断审查抗辩制度应当完善裁决前告知及公告程序，并促进具体制度设计的有效运行，以保障反垄断执法及审查的公平、公正。

4. 无条件批准的经营者集中案件决定的公告过于简单

我国《反垄断法》第30条仅规定对禁止和附条件批准经营者集中决定予以公告。并购反垄断审查实践中，商务部亦仅对该两类案件决定予以公告，无条件批准的经营者集中决定从2008年8月1日至2012年11月14日期间均没有任何信息披露。自2012年11月14日起，商务部开始公布无条件批准集中的案件名称、参与集中的经营者与结案时间三项内容。值得肯定的是，自2014年5月22日，商务开始公布《经营者集中简易案件公示》信息，内容包括案件名称、交易概况、参与集中的经营者简介、简易案件理由等事项。并购交易批准决定的详细内容没有公告，容易造成反垄断执法机构执法信息的缺失，不利于竞争文化的培育，不利于执法部门公信力的提高。

二、中国并购反垄断审查抗辩制度运行典型案例评析

自《反垄断法》2008年8月1日实施以来，截止到2014年7月2日，商务部共公布了26项禁止与附条件批准经营者集中反垄断审查决定内容。其中禁止集中案件2起，分别为可口可乐公司收购汇源公司案与马士基、地中海航运、达飞设立网络中心案；附条件批准案件24起。这些已经公告决定内容的案件为：英博集团公司（Inberv）收购AB公司（Anheuser - Busch）

案（2008年11月18日）；可口可乐公司（Coca－Cola）收购汇源公司（Huiyuan）案（2009年3月18日）；三菱丽阳公司（Mitsubishi）收购璐彩特公司（Lucite）案（2009年4月24日）；通用汽车公司（GM）收购德尔福公司（Delphi）案（2009年9月28日）；辉瑞公司（Pfizer）收购惠氏公司（Wyeth）案（2009年9月29日）；松下公司（Panasonic）收购三洋公司（Sanyo）案（2009年10月30日）；诺华股份公司收购爱尔康公司案（2010年8月13日）；乌拉尔开放型股份公司吸收合并谢尔维尼特开放型股份公司案（2011年6月2日）；佩内洛普有限责任公司收购萨维奥纺织机械股份有限公司案（2011年10月31日）；通用中国与神华煤制油设立合营企业案（2011年11月10日）；希捷收购三星硬盘业务案（2011年12月12日）；汉高香港与天德化工组建合营企业案（2012年2月9日）；西部数据收购日立存储案（2012年3月2日）；谷歌收购摩托罗拉移动案（2012年5月19日）、联合技术收购古德里奇案（2012年6月15日）；沃尔玛公司收购纽海控股案（2012年8月13日）；安谋公司、捷德公司和金雅拓公司组建合营企业案（2012年12月6日）；嘉能可国际公司收购斯特拉塔公司案（2013年4月16日）；丸红公司收购高鸿公司案（2013年4月22日）；美国百特国际有限公司收购瑞典金宝公司案（2013年8月8日）；联发科技股份有限公司吸收合并开曼晨星半导体公司案（2013年8月26日）；赛默飞世尔科技公司收购立菲技术公司案（2014年1月14日）；微软收购诺基亚设备和服务业务案（2014年4月8日）；默克公司收购安智电子材料公司案（2014年4月30日）；马士基、地中海航运、达飞设立网络中心案（2014年6月17日）；科力远、丰田中国、PEVE、新中源、丰田通商拟设立合营企业案（2014年7月2日）。这些已经公布的并购反垄断审查案件，基本能代表我国并购反垄断审查抗辩制度实施的历程与运行状况。本书主要以商务部已公布的并购反垄断审查案件为样本，对具体制度的实际运行情况进行分析。

为加强政务公开，根据《中华人民共和国信息公开条例》有关规定，反垄断局2012年11月15日除继续依法公布禁止集中和附加限制性条件案件的信息外，开始向社会公布无条件批准案件的相关信息，涉及案件名称、参与集中经营者、结案时间等简单信息。首批公开的信息为2008年8月反垄断法实施以来截至2012年9月30日无条件批准的458件经营者集中案件，公开内容包括案件名称、参与集中的经营者等。自此，商务部按季度汇总公开无条件批准案件的相关信息。

（一）我国并购反垄断审查抗辩实体性规范适用概况

本书对截至2014年7月2日我国已经公布详细决定内容的26起经营者集中审查案件予以统计分析，从审查标准、审查内容、抗辩理由、竞争影响、审查决定等方面入手，总结我国并购反垄断审查抗辩实体性规范的运行情况及发展趋势（参见表1）。

表1　中国并购反垄断审查已公告案件实体性规范运行统计表

案件名称	审查标准	审查内容	抗辩事由	竞争影响	审查决定
1. 英博集团公司收购AB公司案（2008年11月18日）	排除、限制竞争	并购规模；市场份额、竞争实力、对未来市场竞争影响等	并购对竞争产生的有利影响明显大于不利影响	可能对中国啤酒未来市场竞争产生不利影响	附条件批准集中

续表

案件名称	审查标准	审查内容	抗辩事由	竞争影响	审查决定
2. 可口可乐公司收购汇源公司案（2009 年 3 月 18 日）	排除、限制竞争	参与集中的经营者在相关市场的市场份额及其对市场的控制力；相关市场的市场集中度；经营者集中对市场进入、技术进步的影响；经营者集中对消费者和其他有关经营者的影响；经营者集中对国民经济发展的影响；汇源品牌对果汁饮料市场竞争产生的影响	集中对竞争产生的有利影响明显大于不利影响或者符合社会公共利益	具有排除、限制竞争效果，将对中国果汁饮料市场有效竞争和果汁产业健康发展产生不利影响	禁止集中

续表

案件名称	审查标准	审查内容	抗辩事由	竞争影响	审查决定
3. 三菱丽阳公司收购璐彩特公司案（2009年4月24日）	排除、限制竞争：影响有效竞争，产生市场封锁效应	基本同上	公告未显示提出市场进入、效率、破产企业等具体抗辩事由	具有排除、限制竞争效果，将对中国 MMA 市场及其下游市场有效竞争产生不利影响	附条件批准集中
4. 通用汽车公司收购德尔福公司案（2009年9月28日）	排除、限制竞争	基本同上	公告未显示提出市场进入、效率、破产企业等具体抗辩事由	可能具有排除、限制竞争的效果，对中国汽车整车市场及其上游汽车零部件市场的竞争产生不利影响	附条件批准集中
5. 辉瑞公司收购惠氏公司案（2009年9月29日）	排除、限制竞争	基本同上	市场进入等抗辩情形	辉瑞公司收购惠氏公司后将对中国猪支原体肺炎市场产生限制竞争的效果	附条件批准集中

续表

案件名称	审查标准	审查内容	抗辩事由	竞争影响	审查决定
6. 松下公司收购三洋公司案（2009年10月30日）	排除、限制竞争	基本同上	买方力量、市场进入等抗辩事由	将对硬币型锂二次电池、民用镍氢电池和车用镍氢电池等相关产品市场产生限制或排除竞争效果	附条件批准集中
7. 诺华股份公司收购爱尔康公司案（2010年8月13日）	排除、限制竞争	基本同上	公告未显示提出市场进入、效率、破产企业等具体抗辩事由	可能对眼科抗炎/抗感染化合物和隐形眼镜护理商品市场产生排除、限制竞争效果	附条件批准集中
8. 乌拉尔开放型股份公司吸收合并谢尔维尼特开放型股份公司案（2011年6月2日）	排除、限制竞争	市场份额、市场集中度、市场竞争状况等	市场进入抗辩事由	可能对中国氯化钾市场产生排除、限制竞争的效果	附条件批准集中

续表

案件名称	审查标准	审查内容	抗辩事由	竞争影响	审查决定
9. 佩内洛普有限责任公司收购萨维奥纺织机械股份有限公司案（2011年10月31日）	排除、限制竞争	市场竞争状况、供求关系、采购模式和市场进入	市场进入抗辩等事由	将对自动络筒机电子清纱器市场具有或可能具有排除、限制竞争的效果	附条件批准集中
10. 通用中国与神华煤制油设立合营企业案（2011年11月10日）	排除、限制竞争	集中对市场竞争的影响、市场进入分析	市场进入抗辩等事由	此项集中对水煤浆气化技术许可市场可能具有排除、限制竞争效果	附条件批准集中
11. 希捷收购三星硬盘业务案（2011年12月12日）	排除、限制竞争	相关市场、市场状况、采购模式、产能利用、产品创新、买方力量、市场进入、对相关商品市场及消费者的影响	市场进入、效率等抗辩理由	此项集中将对硬盘市场产生排除、限制竞争的效果	附条件批准集中

续表

案件名称	审查标准	审查内容	抗辩事由	竞争影响	审查决定
12. 汉高香港与天德化工组建合营企业案（2012年2月9日）	排除、限制竞争	相关市场的市场份额、市场集中度、市场控制力、市场进入、交易对中国市场竞争状况的影响	市场进入抗辩情形	此项集中对氰基丙烯酸酯单体市场产生排除、限制竞争的影响。	附条件批准集中
13. 西部数据收购日立存储案（2012年3月2日）	排除、限制竞争	基本同上	市场进入、效率抗辩理由	此项集中将对硬盘市场产生排除、限制竞争的效果	附条件批准集中
14. 谷歌收购摩托罗拉移动案（2012年5月19日）	排除、限制竞争	涉及的相关市场状况、安卓系统的免费开源问题、谷歌公平对待终端制造商问题、摩托罗拉移动专利许可问题、市场进入等	市场进入抗辩理由	此项集中将产生排除、限制竞争的效果	附条件批准集中

续表

案件名称	审查标准	审查内容	抗辩事由	竞争影响	审查决定
15. 联合技术收购古德里奇案（2012 年 6 月 15 日）	排除、限制竞争	相关产品信息、市场参与者情况、市场结构状况、行业特征及未来发展趋势等	市场进入抗辩、研发和创新（效率）抗辩	此项集中对飞机交流发电系统市场具有排除、限制竞争的效果	附条件批准集中
16. 沃尔玛公司收购纽海控股案（2012 年 8 月 13 日）	排除、限制竞争	相关市场界定、行业特征及未来发展趋势等方面信息	市场进入抗辩	可能具有排除、限制竞争效果	附条件批准集中
17. 安谋公司、捷德公司和金雅拓公司组建合营企业案（2012 年 12 月 6 日）	排除、限制竞争	深入分析了此项集中对市场竞争的影响	市场进入抗辩	具有排除、限制竞争效果	附条件批准集中
18. 嘉能可国际公司收购斯特拉塔公司案（2013 年 4 月 16 日）	排除、限制竞争	深入分析了此项经营者集中对市场竞争的影响	市场进入抗辩、消费者利益	具有排除、限制竞争效果	附条件批准集中

续表

案件名称	审查标准	审查内容	抗辩事由	竞争影响	审查决定
19. 丸红公司收购高鸿公司案（2013 年 4 月 22 日）	排除、限制竞争	深入分析了该项经营者集中对市场竞争的影响	市场进入抗辩	具有排除、限制竞争效果	附条件批准集中
20. 美国百特国际有限公司收购瑞典金宝公司案（2013 年 8 月 8 日）	排除、限制竞争	深入分析相关市场的市场份额、市场集中度、市场控制力、市场进入等因素	市场进入抗辩	具有排除、限制竞争效果	附条件批准集中
21. 联发科技股份有限公司吸收合并开曼晨星半导体公司案（2013 年 8 月 26 日）	排除、限制竞争	从相关市场、市场结构、对其他竞争者的影响、市场进入难度、对供应商的限制等方面，深入分析了此项经营者集中对市场竞争的影响	市场进入抗辩	具有排除、限制竞争效果	附条件批准集中

续表

案件名称	审查标准	审查内容	抗辩事由	竞争影响	审查决定
22. 赛默飞世尔科技公司收购立菲技术公司案（2014 年 1 月 14 日）	排除、限制竞争	深入分析该项经营者集中对市场竞争的影响	市场进入抗辩、效率抗辩	具有排除、限制竞争效果	附条件批准集中
23. 微软收购诺基亚设备和服务业务案（2014 年 4 月 8 日）	排除、限制竞争	深入分析该项经营者集中对市场竞争的影响	市场进入抗辩、效率抗辩	具有排除、限制竞争效果	附条件批准集中
24. 默克公司收购安智电子材料公司案（2014 年 4 月 30 日）	排除、限制竞争	深入分析该项经营者集中对市场竞争的影响	市场进入抗辩、效率抗辩	具有排除、限制竞争效果	附条件批准集中
25. 马士基、地中海航运、达飞设立网络中心案（2014 年 6 月 17 日）	排除、限制竞争	深入分析该项经营者集中对市场竞争的影响	市场进入抗辩、公共利益抗辩	具有排除、限制竞争效果	禁止集中

续表

案件名称	审查标准	审查内容	抗辩事由	竞争影响	审查决定
26. 科力远、丰田中国、PEVE、新中源、丰田通商拟设立合营企业案（2014 年 7 月 2 日）	排除、限制竞争	深入分析该项经营者集中对市场竞争的影响	市场进入抗辩、效率抗辩	具有排除、限制竞争效果	附条件批准集中

备注：本表根据截至 2014 年 7 月 2 日商务部已公布的 26 起关于禁止或附条件批准经营者集中审查决定公告为依据整理。

1. 实质审查标准分析

从我国商务部 2008 年 11 月 18 日公布的英博集团公司收购 AB 公司案，到 2014 年 7 月 2 日发布的科力远、丰田中国、PEVE、新中源、丰田通商设立合营企业案，这 26 起经营者集中审查案例的共同特点之一是，实质审查标准均定位于“排除、限制竞争”。例如，辉瑞公司收购惠氏公司一案中，也强调了合并后市场结构实质性改变对排除、限制竞争效果的影响。但对“排除、限制竞争”标准的具体应用与分析方面存在差异，体现了我国实质审查标准确定与应用指导理念和价值目标。

并购反垄断审查案例中，商务部在适用“排除、限制竞争”标准的同时，也融入了市场支配地位标准分析。如商务部禁止可口可乐收购汇源果汁一案中，执法机构综合分析认为，可口可乐公司有能力将其在碳酸软饮料市场上的支配地位传导到果汁饮料市场，对现有果汁饮料企业产生排除、限制竞争效果，进而损害饮料消费者的合法权益，强调市场支配地位与排除、限制竞争的关系。三菱丽阳公司收购璐彩特公司一案中，商务部认定：从横向看，合并后的三菱丽阳公司凭借在MMA市场取得的支配地位，有能力在中国MMA市场排除和限制竞争对手。赛默飞世尔科技公司收购立菲技术公司案中，双方虽在中国市场份额较低，但在全球市场合计份额高达80%到90%，此次交易实施后将加强集中后实体的市场支配地位。

在商务部实施并购反垄断审查中，在适用“排除、限制竞争”标准的同时，有时也强调维护消费者利益、中小企业竞争利益、有效竞争等标准。如微软收购诺基亚设备和服务业务案，商务部的决定中除了对竞争影响审查分析外，还通过市场调查认为，中国智能手机生产企业的平均利润率较低，面对微软提高专利许可费，可能选择退出市场或者将该成本全部或者一部分传导至智能手机消费者，前者将危害市场竞争，后者则直接损害消费者利益。再如，可口可乐收购汇源果汁一案，执法机构审查认为：集中挤压了国内中小型果汁企业生存空间，抑制了国内企业在果汁饮料市场参与竞争和自主创新的能力，给中国果汁饮料市场有效竞争格局造成不良影响，不利于中国果汁行业的持续健康发展。可见，商务部在评估可口可乐收购汇源果汁案中也兼顾了保护中小果汁企业价值标准，同时强调了有效竞争格局的重要性，又从整体经济利益的角度强调了中国果汁行业持续健康发展的价值。该分析思路反映了并购反垄断审查抗辩制度价值的多元性和多层次性特征。

当然，关于可口可乐并购汇源果汁案在学界也产生了较大争鸣。王晓晔教授对该案审查决定及理由持肯定观点，认为如果可口可乐取得了汇源，非常可能凭借其在碳酸饮料市场的地位和强大的销售网络，通过一揽子交易、捆绑销售等，使得汇源现有的一些竞争对手——主要是中小企业，非常可能被排挤出市场。史际春教授则对可口可乐并购汇源果汁案决定持保留态度，认为可口可乐并购汇源给广大中小企业带来机遇，并购后使我国的果汁市场升级上档次，竞争更规范，竞争结构更合理，围绕可口可乐建立的产业链一定是优于围绕汇源建立的产业链，给广大中小企业提供了非常好的机遇；并购是利大于弊，可以改善竞争结构，提高竞争效益和果汁市场上档次，有利于消费者。[1]

2. 审查内容分析

从商务部已经公布的集中审查案件决定看，审查内容及考虑因素主要依据《反垄断法》第27条的相关规定。具体考虑的因素包括：参与集中的经营者在相关市场的市场份额及其对市场的控制力；相关市场的市场集中度；经营者集中对市场进入、技术进步的影响；经营者集中对消费者和其他有关经营者的影响；经营者集中对国民经济发展的影响；国务院反垄断执法机构认为应当考虑的影响市场竞争的其他因素。如英博公司收购AB公司案，商务部基本没有阐释审查的内容，但可以看出其考虑的因素大体包括：并购规模、市场份额、竞争实力、对未来市场竞争影响等。商务部反垄断局局长尚明先生就英博公司收购AB公司案在答记者问中提及，集中审查考虑的因素依据《反垄断法》第27条规定。[2] 可口可乐收购汇源果汁案、三菱丽阳

---

〔1〕 参见“可口可乐汇源案法律研讨会（上）”，载 http：//www. civillaw. com. cn/article/default. asp? id =44005，访问日期：2011 年 12 月 21 日。

〔2〕 参见尚明：“商务部就经营者集中反垄断审查有关问题答记者问”，载 http：//www. gov. cn/gzdt/2008 -11/21/content_ 1155986. htm，访问日期：2011 年 12 月 15 日。

收购璐彩特案、通用汽车公司收购德尔福案、辉瑞公司收购惠氏公司案、松下公司收购三洋公司案和诺华股份公司收购爱尔康公司案，均在审查决定公告中明确提到审查内容包括《反垄断法》第 27 条规定的相关因素。

2011 年以来，我国商务部公布的集中审查案件决定对审查内容的表述，不再简单复制《反垄断法》第 27 条的条文。乌拉尔开放型股份公司吸收合并谢尔维尼特开放型股份公司案、希捷收购三星硬盘业务案和西部数据收购日立存储案等审查决定，均结合并购具体案情，对市场份额、市场集中度、市场竞争状况、供求关系、采购模式、市场进入、产能利用、产品创新、买方力量、对相关商品市场及消费者的影响等因素，进行了具体深入的系统分析，表明我国并购反垄断审查考量因素的经济与法律分析工具运用更加充分，内容也更加详实深入。

3. 实体性抗辩事由分析

从商务部公布的集中审查案件决定来看，我国并购反垄断审查过程及裁决的特点还是以行政为主导，并未重视辩论式或审判式审查理念及模式的实践。集中审查决定文本中，典型的陈述是商务部“对申报方提交的文件、资料的真实性、完整性和准确性进行了审核”，那么，申报方的具体抗辩主张及事由体现在申报材料及所提供证据之中，到底提出哪些具体抗辩事由则不得而知。但我们可以从商务部审查内容及竞争评估情形入手，来推测并购当事人可能会提出的实体性抗辩事由及证据。

英博公司收购 AB 公司案和可口可乐收购汇源果汁案等集中审查案件中，商务部公告的决定文本中未显示申报人明确的实体性抗辩事由，但可推知并购当事人的抗辩事由为“并购对竞争产生的有利影响明显大于不利影响或符合公共利益”。在 2014 年 6 月 7 日《商务部关于禁止马士基、地中海航运、达飞设立网络中心经营者集中反垄断审查决定》中，商务部认为此项经营者集中形成了交易方紧密型联营，对亚洲—欧洲航线集装箱班轮运输服务市场可能具有排除、限制竞争效果。参与集中的经营者不能证明该集中对竞争产生的有利影响明显大于不利影响或者符合社会公共利益。因此，商务部决定禁止此项经营者集中。此案明显涉及公共利益抗辩事由与审查法律问题。

可口可乐收购汇源一案中，汇源果汁通过新闻媒体提出的并购理由是，此次并购是一次正常的商业行为，可口可乐出价好，汇源果汁自然乐意接受此项并购；可口可乐提出了抗辩理由，可口可乐计划引入国际营销手法，推动国内果汁市场壮大，收购可增强业务增长能力，可以整合资源以节省成本，使销售网络更有效率。由此可见，并购当事人实际提出了相应的效率抗辩主张。[1]

我国并购反垄断审查案件日益重视市场进入分析。我国商务部《经营者集中申报表》第 9 项材料要求填写的内容包括：实际上关注的市场进入分析，客观上也是赋予经营者市场进入抗辩权利。市场进入分析的要素包括：进入市场的成本、障碍及进入的难易程度；因知识产权而产生的限制；相关产品规模经济的重要性；相关市场上竞争者数量、规模以及上下游市场是否存在事实或法律上的限制等；潜在市场竞争和可能的市场进入；介绍潜在市场竞争和可能的市场进入情况，并说明最近三年，相关市场上的重大市场进入或退出情况；如有可能请提交进入或退出企业名称、联系方式等详细情况。

在辉瑞公司收购惠氏公司案、乌拉尔公司吸收合并谢尔维

---

〔1〕 参见朱新礼："谁说卖汇源就是卖国?!"，载 http：//www. 21cn. com/weekly/2008/09/08/5168995. shtml，访问日期：2012 年 2 月 13 日。

尼特公司案、佩内洛普公司收购萨维奥纺织机械公司案和通用中国与神华煤制油设立合营企业案等案件中，商务部对市场进入难易程度进行了分析。由此可见，申报方提出了市场进入抗辩事由。以辉瑞公司收购惠氏公司案为例，商务部之所以对该项并购作出附条件批准决定，原因之一在于："市场进入将更加困难，辉瑞公司收购惠氏后很可能利用其规模优势进一步在中国扩张市场，打压其他竞争者。这里既考虑了市场集中度，也考虑了市场进入及其他抵消因素。"[1] 可见，辉瑞公司收购惠氏公司案涉及市场进入抗辩情形的分析。但从集中审查决定文本中的"市场进入"分析，主要从执法机构审查的角度进行，并未从并购当事人提出相关证据证明"市场进入的可能性、充分性和及时性"方面进行分析。

可见，我国并购反垄断审查需要执行商务部《关于评估经营者集中竞争影响的暂行规定》（2011 年 9 月 5 日施行）第 7 条规定，经营者集中可能提高相关市场的进入壁垒，集中后经营者可行使其通过集中而取得或增强的市场控制力，通过控制生产要素、销售渠道、技术优势、关键设施等方式，使其他经营者进入相关市场更加困难。评估经营者集中竞争影响时，可考察潜在竞争者进入的抵消效果。如果集中所涉及的相关市场进入非常容易，未参与集中的经营者能够对集中交易方的排除、限制竞争行为作出反应，并发挥遏制作用。判断市场进入的难易程度，需全面考虑进入的可能性、及时性和充分性。

商务部 2012 年 3 月 2 日公布的"西部数据收购日立存储案"的审查决定中，对竞争效果分析相对全面细致，体现了我

---

〔1〕 尚明："经营者集中反垄断审查立法和执法实践"，载中国世界贸易组织研究会竞争政策与法律专业委员会主编：《中国竞争法律与政策研究报告（2011 年）》，法律出版社 2012 年版，第 5 页。

国集中审查更加重视经济与法律分析工具。在该案中，商务部全面分析了相关市场、市场状况、采购模式、产能利用、产品创新、买方力量、市场进入、对相关商品市场及消费者的影响。从实体性抗辩事由的角度分析，并购当事人应当提出了效率抗辩（产能利用、产品创新）、市场进入抗辩和买方力量抗辩事由。本交易符合陶氏的经营战略，并能使陶氏获取所需现金，以集中于其他产品。

贝恩资本投资者（简称“贝恩”）收购陶氏化学公司一案，被我国商务部无条件予以批准，并未进行公告。但通过研究相关新闻报道可知，申报方提出的效率抗辩事由为：贝恩将收购一家活跃且发展良好的化学企业，这将使其业务结构更加多样化；斯泰隆业务的良好客户关系和领先地位也将确保贝恩获得稳定的利润回报；如果没有提议交易，就无法实现双赢的局面，且从长远来看，更为合理的分配资源所带来的效率也将使客户受益。[1]

我国《反垄断法》第27条第3款规定的考虑因素：经营者集中对市场进入、技术进步的影响。其中所谓技术进步即已经包含有效率抗辩的内容。企业集中一般能推动技术进步，技术进步必然带来效率提高。经营者集中可以通过集中不同经营者的优势资源、消除重复研发、降低成本等手段实现创新效率。效率创新的直接结果就是降低成本、研发新技术、开发新产品，如果经营者集中显著有利于效率提高和技术进步，可以得到额外的考虑或批准。

---

〔1〕 参见“陶氏化学16亿美元出售斯泰隆部门给贝恩资本”，载 http://www.gu518.com/20100302/310210446.html，访问日期：2012年4月13日。另参见“陶氏完成出售斯泰隆（Styron）事业部予贝恩资本（Bain）”，载 http://tlw.cbminfo.com/detail/info/gj/20101210/2126.html，访问日期：2012年4月11日。

商务部《关于评估经营者集中竞争影响的暂行规定》（2011年9月5日施行）第12条规定，评估经营者集中时，除考虑上述因素，还需综合考虑集中对公共利益的影响、集中对经济效率的影响、参与集中的经营者是否为濒临破产的企业、是否存在抵消性买方力量等因素。我国《反垄断法》并没有对效率的具体含义和构成条件具体规定，商务部的配套性规章、指导意见亦未详细规定，故而具体并购反垄断审查抗辩实践中，效率因素作为一种抗辩事由，实际操作性不够强。

依据商务部《关于评估经营者集中竞争影响的暂行规定》（2011年9月5日施行）第12条规定，评估经营者集中时，需综合考虑集中对公共利益的影响、集中对经济效率的影响、参与集中的经营者是否为濒临破产的企业、是否存在抵消性买方力量等因素。但商务部已经公布的集中审查案件决定，均未涉及破产企业抗辩情形。

根据我国《反垄断法》第28条规定，经营者能够证明该集中对竞争产生的有利影响明显大于不利影响，或者符合社会公共利益的，国务院反垄断执法机构可以作出对经营者集中不予禁止的决定。由此可见，我国《反垄断法》对社会公共利益抗辩持有肯定态度。已经公布的集中审查案件的决定并未明确提出并确认公共利益抗辩，只是在并购对整体产业持续健康的影响方面进行了一定分析，也可作为推知当事人可能提出了公共利益抗辩事由。

4. 竞争影响分析

从商务部公布的集中审查案件决定来分析，反垄断执法机构的竞争影响分析日益全面、深入、系统，经济分析工具的运用更加科学。已公布的禁止集中和附条件批准集中的案件，其竞争影响分析的结论均为集中行为可能会产生排除、限制竞争影响。商务部对集中案件的竞争影响分析，有的也涉及单边效应和协同效应的分析，体现了与国际接轨的趋势。如希捷收购三星硬盘业务案中，商务部分析认为，大型电脑生产商有能力通过提高电脑产品的价格，将硬盘价格的上涨转嫁给最终消费者，此为单边限制竞争效应。由于硬盘市场透明度较高，硬盘厂商有能力预判其他竞争者的行为，此项集中也进一步增加了市场竞争者通过协调从事排除、限制竞争行为的可能性，此为协调性限制竞争效应。另外，我国商务部对并购反垄断审查案件的竞争影响分析，越发重视抵消性因素或称抗辩性因素，如市场进入抗辩、效率抗辩、买方力量等因素的分析。

5. 审查决定分析

我国商务部的并购反垄断审查决定，绝大多数案件属于无条件批准决定，这也体现了国家促进正常并购交易，鼓励并购重组和发展规模经济的整体经济政策。极个别的并购案例因严重排除、限制竞争并无法附加限制性条件而被禁止，如可口可乐收购汇源案。虽会产生排除、限制竞争效果，但附加限制性条件能够消除这些不利影响的，则予以附条件批准。

（二）我国并购反垄断审查抗辩程序性规范的适用情况评析

本书对我国已经公布的经营者集中审查案件予以统计分析，从立案受理、抗辩方式、听证程序、调查方式、审查期限、公布方式几个方面入手，总结讨论我国并购反垄断审查抗辩程序性规范的运行情况及发展趋势（参见表2）。

表 2　中国并购反垄断审查已公告案件统计表

案件名称	立案受理	抗辩方式	听证程序	调查方式	审查期限	公布方式
1. 英博集团公司收购 AB 公司案（2008 年 11 月 18 日）	补充材料后立案	提供申报资料等	未举行听证会	征求政府有关部门的意见，听取相关生产企业、销售商的意见	第一阶段	官方网站；官方新闻发布会
2. 可口可乐公司收购汇源公司案（2009 年 3 月 18 日）	补充材料后立案	提供证据、表达看法、提出解决方案等	举行听证会	书面征求意见、论证会、座谈会、听证会、实地调查、委托调查以及约谈当事人	第二阶段	官方网站；官方新闻发布会
3. 三菱丽阳公司收购璐彩特公司案（2009 年 4 月 24 日）	补充材料后立案	提供材料、陈述意见、提出救济方案	未举行听证会	书面征求意见、论证会、座谈会以及约谈当事人等方式，征求各方意见	第二阶段	官方网站
4. 通用汽车公司收购德尔福公司案（2009 年 9 月 28 日）	补充材料后立案	提供资料、提供意见、陈述看法等	未举行听证会	书面征求意见、召开座谈会以及约谈当事人，征求各方面意见	第一阶段	官方网站

续表

案件名称	立案受理	抗辩方式	听证程序	调查方式	审查期限	公布方式
5. 辉瑞公司收购惠氏公司案（2009年9月29日）	补充材料后立案	提供资料、磋商解决方案等	举行听证会	召开论证会、座谈会、听证会和书面征求意见、实地调查以及约谈当事人	第二阶段	官方网站
6. 松下公司收购三洋公司案（2009年10月30日）	补充材料后立案	提供证据；澄清、说明问题、提出解决方案等	未举行听证会	调查问卷、电话采访、实地调查	延长审查期限	官方网站
7. 诺华股份公司收购爱尔康公司案（2010年8月13日）	立案	提供材料、文件及证据，补充、澄清问题	未举行听证会	征求政府部门、行业协会、竞争者的意见，要求申报方提供相关文件及证据、电话调查	第二阶段	官方网站

续表

案件名称	立案受理	抗辩方式	听证程序	调查方式	审查期限	公布方式
8. 乌拉尔开放型股份公司吸收合并谢尔维尼特开放型股份公司案（2011年6月2日）	立案	澄清说明补充信息	未举行听证会	书面征求有关政府部门、行业协会等各方面的意见，通过书面和座谈会方式了解信息	第二阶段	官方网站
9. 佩内洛普有限责任公司收购萨维奥纺织机械股份有限公司案（2011年10月31日）	补充材料后立案	提供信息材料、提出解决方案	未举行听证会	征求意见、市场调查	第二阶段	官方网站
10. 通用中国与神华煤制油设立合营企业案（2011年11月10日）	补充材料后立案	提供信息材料、提出解决方案	未举行听证会	征求政府有关部门、行业协会、同业竞争者意见、咨询行业专家的意见	延长审查期限	官方网站

续表

案件名称	立案受理	抗辩方式	听证程序	调查方式	审查期限	公布方式
11. 希捷收购三星硬盘业务案（2011 年 12 月 12 日）	补充材料后立案	提供信息材料、提出解决方案	未举行听证会	征求政府有关部门、行业协会、上下游企业意见；委托专家分析评估	延长审查期限	官方网站
12. 汉高香港与天德化工组建合营企业案（2012 年 2 月 9 日）	补充材料后立案	提供信息材料、提出解决方案	未举行听证会	征求有关政府部门、行业协会、同业竞争者和下游企业的意见，了解了相关市场界定、市场结构、行业特征及未来发展趋势等方面的信息	延长审查期限	官方网站
13. 西部数据收购日立存储案（2012 年 3 月 2 日）	补充材料后立案	提供信息材料、提出解决方案	未举行听证会	征求相关政府部门、行业协会和下游企业等方面的意见；实地调研了生产企业；向客户、行业专家了解信息；委托专家对竞争影响进行分析评估	申报人撤回申请；后重新申报，第二阶段审结	官方网站

续表

案件名称	立案受理	抗辩方式	听证程序	调查方式	审查期限	公布方式
14. 谷歌收购摩托罗拉移动案（2012 年 5 月 19 日）	补充材料后立案	提供信息材料、提出解决方案	未举行听证会	征求了相关政府部门、行业协会和下游企业的意见，并就技术问题咨询了有关专家，对申报方提交的文件、资料的真实性、完整性和准确性进行了审核	延长审查期限	官方网站
15. 联合技术收购古德里奇案（2012 年 6 月 15 日）	补充材料后立案	提供信息材料、提出解决方案	未举行听证会	商务部对申报方提交的文件、资料的真实性、完整性和准确性进行了审核，书面征求了有关政府部门、同业竞争者和下游客户的意见，了解相关产品信息、市场参	延长审查期限	官方网站

续表

案件名称	立案受理	抗辩方式	听证程序	调查方式	审查期限	公布方式
				与者情况、市场结构状况、行业特征及未来发展趋势等，并就相关情况进行了实地调研		
16. 沃尔玛公司收购纽海控股案（2012年8月13日）	补充材料后立案	提供信息材料、解决竞争问题的最终承诺	未举行听证会	商务部征求了相关政府部门、行业协会和相关企业的意见，了解了相关市场界定、行业特征及未来发展趋势等方面信息	延长审查期限	官方网站
17. 安谋公司、捷德公司和金雅拓公司组建合营企业案（2012年12月6日）	补充材料后立案	提供信息材料、解决问题方案	未举行听证会	征求了有关政府部门、行业协会、同业竞争者和下游企业的意见	第二阶段	官方网站

续表

案件名称	立案受理	抗辩方式	听证程序	调查方式	审查期限	公布方式
18. 嘉能可国际公司收购斯特拉塔公司案（2013 年 4 月 16 日）	补充材料后立案	提供信息材料、解决问题方案	未举行听证会	商务部对申报方提交的文件、资料的真实性、完整性和准确性进行了审核，向政府有关部门、相关行业协会、下游客户、同业竞争者以及行业专家征求了意见，多次召开座谈会，核实了相关数据信息	延长审查期限	官方网站

续表

案件名称	立案受理	抗辩方式	听证程序	调查方式	审查期限	公布方式
19. 丸红公司收购高鸿公司案（2013 年 4 月 22 日）	补充材料后立案	提供信息材料、解决问题方案	未举行听证会	商务部征求了相关政府部门、行业协会和相关企业的意见，了解了相关市场界定、市场结构、行业特征、未来发展前景等方面信息，并对申报方提交的文件、资料的真实性、完整性和准确性进行了审核	申报人申请撤回申请；后重新申报，第二阶段审结	官方网站

续表

案件名称	立案受理	抗辩方式	听证程序	调查方式	审查期限	公布方式
20. 美国百特国际有限公司收购瑞典金宝公司案（2013年8月8日）	补充材料后立案	提供信息材料、解决问题方案	未举行听证会	商务部对申报方提交的文件、资料的真实性、完整性和准确性进行了审核，向政府有关部门、相关行业协会、下游客户广泛征求了意见，了解了相关商品情况、行业特征、市场营销状况，听取了业内关于该交易对市场竞争影响的意见	延长审查期限	官方网站

续表

案件名称	立案受理	抗辩方式	听证程序	调查方式	审查期限	公布方式
21. 联发科技股份有限公司吸收合并开曼晨星半导体公司案（2013年8月26日）	补充材料后立案	提供信息材料、解决问题方案	未举行听证会	商务部书面征求有关政府部门、行业协会、同业竞争者和下游企业的意见，向相关方发放调查问卷，召开座谈会，委托地方商务主管部门进行实地调查等方式，核实了相关数据，了解了相关商品特点、市场参与者情况、市场结构状况、行业特征及未来发展趋势等方面的信息，同时聘请独立第三方咨询机构对此项集中的竞争问题进行了分析评估	申请撤回申请；后重新申报，延长审查期限审结	官方网站

续表

案件名称	立案受理	抗辩方式	听证程序	调查方式	审查期限	公布方式
22. 赛默飞世尔科技公司收购立菲技术公司案（2014 年 1 月 14 日）	补充材料后立案	提供信息材料、解决问题方案	未举行听证会	商务部征求了相关政府部门、行业协会和相关企业的意见，向相关方发放调查问卷，召开座谈会，进行了实地调研，了解了相关市场界定、市场结构、行业特征、未来发展前景等方面信息，并对申报方提交的文件、资料的真实性、完整性和准确性进行了审核，同时聘请独立第三方咨询机构对此项集中的竞争问题进行了定量分析	延长审查期限	官方网站

续表

案件名称	立案受理	抗辩方式	听证程序	调查方式	审查期限	公布方式
23. 微软收购诺基亚设备和服务业务案(2014年4月8日)	补充材料后立案	提供信息材料、解决问题方案	未举行听证会	商务部征求了相关政府部门、行业协会和相关企业的意见，了解了相关市场界定、市场结构、行业特征、未来发展前景等方面信息，并对申报方提交的文件、资料的真实性、完整性和准确性进行了审核	延长审查期限	官方网站

续表

案件名称	立案受理	抗辩方式	听证程序	调查方式	审查期限	公布方式
24. 默克公司收购安智电子材料公司案（2014 年 4 月 30 日）	补充材料后立案	提供信息材料、解决问题方案	未举行听证会	商务部征求了相关政府部门、行业协会和相关企业的意见，了解了相关市场界定、市场结构、行业特征、未来发展前景等方面信息，并对申报方提交的文件、资料的真实性、完整性和准确性进行了审核，同时聘请独立第三方咨询机构对此项集中的竞争问题进行了经济学分析	第二阶段	官方网站

续表

案件名称	立案受理	抗辩方式	听证程序	调查方式	审查期限	公布方式
25. 马士基、地中海航运、达飞设立网络中心案（2014年6月17日）	补充材料后立案	提供信息材料、解决问题方案	未举行听证会	商务部征求了相关政府部门、行业协会和相关企业的意见，了解了相关市场界定、市场结构、行业特征、未来发展前景等方面信息，并对申报方提交的文件、资料的真实性、完整性和准确性进行了审核，同时，聘请独立第三方机构对此项集中的竞争问题进行了法律和经济分析论证	延长审查期限	官方网站

续表

案件名称	立案受理	抗辩方式	听证程序	调查方式	审查期限	公布方式
26. 科力远、丰田中国、PEVE、新中源、丰田通商拟设立合营企业案（2014年7月2日）	补充材料后立案	提供信息材料、解决问题方案	未举行听证会	商务部征求有关政府部门和行业协会意见，进行实地调研，了解了相关市场界定、市场参与者、市场结构、行业特征及未来发展前景等方面的信息，并对申报方提交的文件、材料的真实性、完整性和准确性进行审核	第二阶段	官方网站

备注：根据截至2014年7月2日商务部已公布的26起经营者集中审查决定公告为主要依据整理。

1. 立案受理程序分析

立案是并购反垄断审查程序的第一个环节。从截至2014年7月2日我国商务部已经公布的26例集中审查案件决定来看，直接予以立案的2件，经补充材料后予以立案的24件，可见，绝大多数案件经过补充材料后予以立案，并通知申报人。这符合《反垄断法》第23条、24条的规定，同时也符合商务部

《经营者集中申报办法》第 14 条规定的立案程序。根据法律法规规定，商务部经核查认为申报文件、资料符合法定要求的，应当自收到完备的申报文件、资料之日予以立案并书面通知申报人。例如，英博公司收购 AB 公司案中，英博公司于 2008 年 9 月 10 日向商务部递交了申报材料，商务部审核时发现申报材料没有达到《反垄断法》第 23 条的要求，申报方于 2008 年 10 月 17 日和 2008 年 10 月 23 日先后提交了两次补充信息。商务部认为补充材料符合要求，于 2008 年 10 月 27 日对此项申报进行立案审查，并发出了立案通知。

我国商务部对经营者集中案件的审查，重视实行申报前磋商制度。当申报方对申报存有疑问时，可以向商务部反垄断局提出商谈或磋商申请，将所要讨论的问题以书面形式发给商务部反垄断局；商务部反垄断局收到申请后，对提出的问题进行研究，并将答复意见当面告知申报方。[1] 申报前商谈制度有利于集中申报的及时、顺利立案。

从立案程序上看，商务部享有执法主导权和自由裁量权，并购申报人只有根据商务部要求提供申报材料或补充材料并符合完备性要求时，商务部才会予以立案。申报人提交的文件、资料不完备的，应当在国务院反垄断执法机构规定的期限内补交文件、资料；经营者逾期未补交文件、资料的，会面临不利的法律后果，即被视为未申报。这种规定对并购当事人的抗辩权保障不足，而且较为僵化。我国商务部应当允许申报人基于特殊理由，可以申请豁免特定资料的提供义务，而先予以立案。

---

〔1〕 参见尚明："商务部就经营者集中反垄断审查有关问题答记者问"，载 http：//www. gov. cn/gzdt/2008 –11/21/content_ 1155986. htm，访问日期：2012 年 1 月 2 日。

2. 抗辩方式分析

我国《反垄断法》第43条规定了并购当事人享有程序性抗辩权利，被调查的经营者、利害关系人有权陈述意见。商务部《经营者集中审查办法》第5条也规定，在审查过程中，参与集中的经营者可以通过信函、传真等方式向商务部就有关申报事项进行书面陈述、申辩，商务部应当听取当事人的陈述和申辩。

从商务部已经公布的经营者集中审查决定内容分析，我国反垄断执法机构基本保障了并购当事人及利害关系人的程序性抗辩权的行使。但决定内容没有体现并购当事人主动性抗辩权利的行使，主要体现执法机构对申报人提供的申报材料的真实性、有效性进行核实。并购申报人及利害相关人的抗辩权行使，主要体现为提供申报资料、提供证据、陈述意见、表达看法、澄清说明问题、提出救济解决方案等方面，当事人陈述、申辩、抗辩的权利行使及具体内容未见体现。商务部审查决定中，审查方式、内容等占绝大多数篇幅，而涉及当事人抗辩的方式、内容、理由却微乎其微，这也一定程度上影响了审查决定的正当性、公正性和透明性。

分析比较澳大利亚竞争与消费者委员会《有关Britvic收购C&C之软饮料业务一案的决定》内容可见，其在竞争分析中提及并购申报者的意见陈述：委员会注意到CCA的如下意见陈述，碳酸饮料和果汁饮料市场各自为独立的相关市场，收购案双方当事人在果汁饮料的供应上只有有限的重叠；并分析了该收购可能实质性地减少全国果汁饮料市场中的竞争的具体理由。[1]我国商务部并购反垄断审查决定，亦应详细载明并购当事人抗

〔1〕 参见澳大利亚竞争与消费者委员会：《有关Britvic收购C&C之软饮料业务一案的决定》，载王传辉、葛菲等：《外资并购的反垄断管制》，经济管理出版社2011年版，第303—310页。

辩程序及理由，再说明审查裁决的理由，以保障审查决定的公正性与客观性。

3. 听证程序分析

听证作为当今行政程序立法的核心制度，优点在于它能保障相对人发表意见的权利，充分体现参与原则。[1] 从截至 2014 年 7 月 2 日我国商务部已经公布的 26 起并购反垄断审查决定内容来看，审查过程中举行了听证程序的只有两例：可口可乐收购汇源果汁案与辉瑞公司收购惠氏公司案；其他 24 起案例均未举行听证会，基本采用商谈等审查方式。因此，我国商务部在并购反垄断审查过程中应当更加重视发挥听证程序的作用，保障审查与裁决的正当性和公正性。建立完善听证制度，在作出最终决定之前，确保受该决定影响的当事人及第三人的听证权，对保护利益主体的权利十分必要。

我国商务部并购反垄断审查案件之所以举行听证会较少，主要原因有两项：一是由于《反垄断法》未就听证制度作出强制性规定，而商务部《经营者集中审查办法》第 7 条仅规定，在审查过程中，商务部可以主动或应有关方面的请求决定召开听证会，调查取证，听取有关各方的意见。可见，是否召开听证会由商务部自由裁量，并非强制性的法律义务。二是我国商务部反垄断执法机构对听证会制度的重要意义和作用的认识和重视程度尚需提高，听证会运行机制也尚需完善。我国可以借鉴欧盟的做法，对听证当事人予以明确规定，使各方利益主体得到公平陈述的权利。我国听证权主体应可向反垄断主管机关提出听证要求，反垄断执法机构应任命听证官，举行听证，听

〔1〕 参见钟刚：《反垄断法豁免制度研究》，北京大学出版社 2010 年版，第 165 页。

证结果应作为竞争主管机关作出决定的依据。[1]

4. 调查方式分析

从截至2014年7月2日商务部已公布的26起并购反垄断审查决定看，商务部的调查、取证及审查方式，基本依据《反垄断法》及商务部《经营者集中审查办法》相关规定办理。主要调查方式包括：征求政府有关部门的意见，听取相关行业协会、生产企业、销售商的意见；召开论证会、座谈会、听证会、实地调查、委托调查以及约谈当事人，以征求各方意见；调查问卷、电话采访；要求申报方提供相关文件及证据、电话调查；市场调查；咨询行业专家的意见；委托专家进行分析评估等。我国商务调查方式的运用及调查权的行使，基本运用的是传统调查方法，重视通过电话调查、实地调查、书面调查、咨询调查、论证会、座谈会等方式，获取相关信息资料及证据材料，对竞争影响进行综合评估，以作出客观公正的决定。值得肯定的是，商务部越来越重视聘请独立第三方咨询机构对此项集中的竞争问题进行分析评估。例如，联发科技股份有限公司吸收合并开曼晨星半导体公司案（2013年8月26日）；赛默飞世尔科技公司收购立菲技术公司案（2014年1月14日）；默克公司收购安智电子材料公司案（2014年4月30日）；马士基、地中海航运、达飞设立网络中心案（2014年6月17日）均聘请独立第三方咨询机构对此项集中的竞争问题进行分析评估。

5. 审查期限及公告方式分析

就审查期限而言，商务部公布的26起集中审查案件，均严格遵守我国《反垄断法》第26条的相关规定。其中，第一阶段

---

〔1〕 参见方立维、徐步云：《兼并与收购上市公司的反垄断规制》，知识产权出版社2011年版，第141页。

审结的2起；第二阶段审结的9起；第二阶段决定延期审结的12起；延长审查期限审查后，申报人以案件事实发生重大变更为由申请撤回申请，经过重新申报立案的，第二阶段审结2起，延长期限审结的1起。

就公告方式而言，我国商务部禁止集中和附条件批准集中的决定均由商务部官方网站予以公布，同时送达并购申报当事人。对少数影响较大的集中审查案件在网站公告后，商务部还召开了新闻发布会，对案件审查情况及决定理由进行解答。如商务部反垄断局尚明局长就英博收购AB公司案召开了答记者问招待会；商务部新闻发言人姚坚就可口可乐公司收购汇源公司反垄断审查决定举行了答记者问。商务部召开新闻发布会对并购反垄断审查的过程、内容及裁决理由予以解释，有利于提高并购反垄断审查决定的透明度和公信力，也有利于培养市场主体及社会公众的公平竞争意识。

并购反垄断审查实践表明，我国商务部对申报的经营者集中立案以后，反垄断局会以适当方式通知申报方，但不会向社会发出公告。但相关企业特别是上市公司可能会对并购协议签订、向商务部申报的事项进行非正式新闻发布。例如，2010年3月2日有关媒体报道“陶氏化学”同意以16亿美元出售斯泰隆部门给“贝恩资本”。[1] 该项收购符合我国经营者集中申报标准，“贝恩资本”向我国商务部提出经营者集中申报，商务部依法予以立案进行审查是必经的程序，我国并购反垄断审查决定的公告程序符合《反垄断法》第29条规定。但我国“经营者

〔1〕 参见“陶氏化学16亿美元出售斯泰隆部门给贝恩资本”，载http：//www.gu518.com/20100302/310210446.html，访问日期：2012年4月13日。

集中反垄断规制涉及的主要问题是执法信息的公开程度仍待加强”。[1] 与欧盟、美国等法域执法实践相比，商务部公告信息太过简略，再加上说理不足，无法让公众透彻理解其公告，也影响了公众有效行使监督权。[2] 我国并购反垄断审查对申报材料没有事中的公告机制，不利于发挥公众对并购反垄断审查的参与作用。对审查决定的公告也不够彻底，对大量的无条件批准决定仅公布案件名称、参与集中的经营者、结案时间三项内容，与国际惯例不完全相符，也不符合执法透明度原则，应当予以改革与完善。自 2014 年 5 月 22 日，商务部对适用简易程序的经营者集中审查案件进行为期 7 天的公示，公示的内容包括案件名称、交易概况、参与集中的经营者简介等，这是一项并购反垄断执法实践的进步。

三、中国并购反垄断审查抗辩制度运行情况的总体评价

并购反垄断审查抗辩制度的运行基本体现了合法性与合理性的辩证统一。对我国并购反垄断审查抗辩制度的运行情况，可以从合法性、合理性和先进性三个维度进行总体性评价。

（一）合法性评价

经济法的运行，必须具有合法性，这不仅体现在严格执行经济法的有关规定方面，亦即不仅体现为形式上的合法性，而且更为重要的是实质上的合法性，即真正平等地保护各类相关

---

〔1〕 王晓晔：“中国竞争法律与政策实施的现状与发展”，载中国世界贸易组织研究会竞争政策与法律专业委员会主编：《中国竞争法律与政策研究报告（2011年）》，法律出版社 2012 年版，第 81 页。

〔2〕 参见郗伟明：《经济全球化下中国反垄断执法专题研究》，法律出版社 2010 年版，第 136 页。

主体的利益，与宪法的基本精神保持一致。[1] 并购反垄断审查抗辩制度的运行亦应从形式上和实质上具备合法性。

1. 并购反垄断审查申报环节应具备合法性

我国并购反垄断审查申报程序符合《反垄断法》、《国务院关于经营者集中申报标准的规定》、商务部《经营者集中申报办法》等法律、法规和规章的相关规定。申报环节的合法性涉及申报主体的合法性、申报材料的合规性和完备性、申报时机的时限性等问题。需要强调的是，对于达到申报标准而未依法申报的并购案件，反垄断执法机构可以依职权主动予以立案调查，并购当事人及利害相关者须配合调查，提供相关信息材料。

2. 初步审查抗辩过程应具备合法性

就商务部公布的禁止集中和附条件批准集中案件的决定来看，我国并购反垄断审查的初步审查抗辩环节的运行符合合法性规范，遵守了初步审查的期限要求，执法机构实施了必要的审查与调查行为，并购当事人亦行使了其程序性抗辩权利，提出了申辩、答辩等理由及证据。我国商务部公布的禁止集中的决定和附条件批准集中的决定，均因经初步审查认为可能限制、排除竞争，而最终进入到第二阶段审查。该环节的问题在于，初步审查后，关于实施进一步审查的决定，应及时通知并购当事人。但也有一些附条件批准决定案件实施进一步审查的决定，并未显示通知并购当事人，并购当事人针对该实施进一步审查的决定的司法救济权亦未见明确告知，亦未有行使之案例，可能一定程度上影响该决定程序的正当性和合法性。

3. 进一步审查抗辩过程应具备合法性

根据商务部反垄断局的统计数据，2008 年～2010 年所有集

---

〔1〕 参见张守文：《经济法理论的重构》，人民出版社 2004 年版，第 477 页。

中审查案件中，第一阶段审结的案件占59%，第二阶段审结的案件占到39%，在第二阶段延期审查的占2%。[1] 我国集中审查案件大部分是在第一阶段即初审阶段完成，进入第二阶段审查的案件比例也较高。进一步审查抗辩过程遵守了法律法规规定的审查期限及程序要求，具有合法性和正当性。我国商务部对禁止集中决定和附条件批准集中决定予以公布，符合《反垄断法》第30条的相关规定。但大量的无条件批准集中案件决定并未公布，虽然并未违反《反垄断法》的强制性规定，但与我国《行政许可法》的相关规定相悖，不符合行政执法透明度原则，其合法性和正当性值得质疑。

（二）合理性评价

对并购反垄断审查抗辩制度的运行进行合理性评价，就是在合理原则指导下，通过对个案的分析，权衡某项并购的竞争伤害效应和效率效应，评价一项并购审查过程是否符合合理性规则，是否实现了执法的科学性和公正性。执法机构既应当证明企业行为的限制竞争性，又论证自身干预行为不会损害竞争来使其审查行为正当化。[2] 合理性评价的标准在于，看一项并购反垄断审查抗辩的案例，是否充分尊重和体现相关经济规律，是否符合经济合理性。

我国并购反垄断审查已经越发重视经济分析的合理性。商务部反垄断局专门设置了经济分析处，专司并购反垄断案件的经济调查、经济数据分析和经济效果分析。从已经公布的并购反垄断审查案件看，一些审查决定的内容中经济分析的比重越

---

〔1〕 参见朱忠良：《中国企业并购审查制度与实务》，第二次中欧竞争政策周企业运营与反垄断法研讨会（北京），2011年11月28日。

〔2〕 See Josef Drexl, Real Knowledge Is to Know The Extent of Ones Own Ignorance: On The Consumer Harm Approach in Innovation - related, 76 Antitrust L. J. 677 (2010).

来越大，经济理论的应用也越来越多，体现了一定的经济合理性。例如，《商务部附条件批准松下公司收购三洋公司反垄断审查决定的公告》利用经济分析方法，通过调查分析市场竞争状况、市场进入等情况，评估了并购交易对相关产品市场的排除、限制竞争影响；并要求申报方对相关问题进行补充与说明，对限制、排除竞争影响进行了磋商，就消除限制性竞争影响的解决方案达成一致，最后作出附条件批准并购交易的决定，体现了一定的经济合理性。

（三）先进性评价

并购反垄断审查制度的实施应以程序正义为标尺，符合现代法治的透明度理念和责任制理念，保证执法过程及结果的公平、公正，符合先进的执法理念。

1. 透明度理念的贯彻

公开透明是现代法治的一个基本原则。经营者集中审查抗辩的行政决定及诉讼裁判原则上应当予以公开。公开公告不仅有利于听取、吸纳各方的意见和建议，而且有利于有效监督执法，扩大执法影响。[1] 我国并购反垄断审查抗辩制度的运行，总体上比较重视与实现抗辩审查的透明度。申报当事人有机会申请听证会，有机会充分表达意见，阐明理由，知悉商务部担忧的问题，有机会与商务部反垄断局讨论救济措施的适当性。商务部通过提高执法透明度，可以对社会反馈信息予以利用，加强执法的监督，促进审查抗辩与裁决的公正性和科学性。

我国并购反垄断审查抗辩制度的透明度建设尚需加强。首先，相关法规、规章与指南应当细化具体操作性规定，在尊重

〔1〕 参见邱本：《经济法研究（中卷：市场竞争法）》，中国人民大学出版社2008年版，第264页。

反垄断执法机构自由裁量权的基础上，增强制度适用的可预期性，减少抗辩制度适用的不确定性。其次，健全听证制度，维护社会竞争秩序和公共利益，保障反垄断执法机构获得充分、真实的信息，保障经营者及利害关系人的合法权益。最后，商务部应加大案件审查过程中核心问题的信息披露，如申报材料的具体要求、相关市场的界定、潜在反竞争效果的评估、反竞争效果与促进竞争效果间的权衡、集中交易当事人的申辩意见、行业协会及专家的意见等。商务部应考虑对大量的无条件批准的集中案件决定，以特定方式与途径向社会公开，以提高并购反垄断审查案件执法的透明度。

2. 责任制理念的践行

并购反垄断审查抗辩过程中，反垄断执法机构工作人员面对实力雄厚的被调查者，较容易被收买而出现权钱交易和腐败现象，可能使得不应批准的并购交易被批准，本应许可的并购被禁止，从而损害经营者、消费者的利益，也损害竞争秩序，损害社会公共利益。可见，严格落实一般法律责任及行政执法责任制度，使得反垄断执法机构及其成员、并购当事人、利害第三人等主体正确行使权利（力），严格履行义务，做到责、权、利、效相统一，强化责任追究，确保并购反垄断审查抗辩制度的运行合法、合理和高效。

本章小结

通过本章分析，可以得出以下基本认识与观点：

第一，我国并购反垄断审查抗辩制度的运行基础及环境已初步具备，但尚需不断进行优化与改善。并购反垄断审查抗辩制度的实际运行受到社会政治、经济、文化、法治和环境等因素的影响。我国并购反垄断审查立法与执法实践，与国际并购反垄断审查的特点与趋势逐步接轨。

第二，我国已经初步建立了较为完善的并购反垄断审查实体性和程序性抗辩规范体系，基本满足经营者集中审查控制要求。但并购反垄断审查实体性抗辩规则具体性与操作性不强，尚需进一步予以细化；程序性规则在申报材料完备性认定、听证制度设计、公开透明原则的贯彻等方面尚须改革与完善。

第三，我国并购反垄断审查抗辩制度的运行情况正常有序，取得了较好的实施效果。我国并购反垄断审查抗辩制度基本符合合法性、合理性与先进性的评价要求。实体性与程序性法律规范运行较好，竞争评估越发重视经济合理性分析的作用，在透明度建设方面也取得一定成就。但制度的具体运行也存在一些问题与不足，如大量的无条件批准案件决定并未公布，不完全符合行政执法透明度原则；并购反垄断审查程序中调查与审理裁决的职能分离机制未有效建立与运行。

第五章　改革方向：构建符合实质正义与公平自由竞争理念的并购反垄断审查抗辩制度

并购反垄断审查抗辩制度是由实体性和程序性规范构成的辩证统一的系统，以社会本位观为立法宗旨，以实质正义为基础价值，以维护公平自由竞争为基本理念。我国已经建立了并购反垄断审查抗辩法律体系，商务部亦已审查了一定数量的并购反垄断申报案件，取得一定立法及执法成就。但相关制度设计及实施仍有待改革与完善。我国须秉承先进的法治理念与原则，立足社会经济发展客观要求，从法律规范、法律行为、法律关系和法律责任的维度，建构科学系统的并购反垄断审查抗辩制度体系，有效规范企业并购行为，维护公平自由的市场竞争秩序，保障国民经济的健康持续稳定发展。

第一节　法律规范：构建并购反垄断审查抗辩制度的原则和规则

法律规范是法律要素的重要组成部分，一般包括三个方面：规则、原则和概念。鉴于相关概念已在导论中阐释，本节仅从原则和规则两个方面，分析并购反垄断审查抗辩制度的法律规范要素及完善思路。

一、并购反垄断审查抗辩制度的法律原则构建

法的原则是比狭义法律规范更具有一般性的原理或准则。原则是超级规则，是制造其他规则的规则，换句话说，是规则模式或模型。[1] 基本原则具有立法准则、行为准则、执法准则和司法准则的功能，发挥着基础性规范和高级规范的作用。

并购反垄断审查抗辩制度的基本原则是指贯穿于立法、执法及司法之中，体现国家维护公平自由竞争秩序的基本目标和价值判断的根本准则。当并购反垄断审查法律调整出现空白或背离客观要求时，执法者和司法者需要根据基本原则所表达的理念和抽象规则，合理运用自由裁量权，实现法律制度的价值目标。本书认为，并购反垄断审查抗辩制度的基本原则主要包括：平衡协调原则、合理原则、正当程序原则、公开透明原则、规制与合作结合原则。

（一）平衡协调原则

平衡协调原则是经济法的基本原则之一，指经济立法和执

〔1〕 参见［美］弗里德曼：《法律制度》，中国政法大学出版社1994年版，第27页。

法要从整个国民经济的协调发展和社会整体利益出发，来调整具体经济关系，协调经济利益关系，以促进、引导或强制社会整体目标与个体目标的统一。[1]

并购反垄断审查抗辩制度作为经济法的具体制度之一，其实体性和程序性规范的制定及实施亦应贯彻平衡协调原则，协调好社会利益、国家利益、集体利益和个体利益的关系，以社会公正和福利最大化为导向，实现追求经济自由和经济秩序、社会效率和个别效益、实质公平与经济效益、经济民主与经济集中的有机统一。

反垄断法对企业并购行为的控制是一个权衡利弊的法律过程。为了把对经济活动的干预减到最低，在法律规则上与实践中还规定了各种例外、豁免、除外，救济措施的商谈，以及企业的抗辩权等；在整个法律体系中，政府的干预被这些制度所平衡。[2]并购反垄断审查制度的程序性设计，既要保障执法机构的调查、审查等职权的正常行使，又要保障当事人的陈述、申辩等抗辩权利的有效实现，从而保证并购反垄断审查过程及裁决的公平公正。

市场进入抗辩、效率抗辩、破产企业抗辩和公共利益抗辩等实体性抗辩规则，充分贯彻了平衡协调原则。以破产企业抗辩为例，该制度在维护公平竞争秩序的基础之上，从国民经济协调发展和社会整体利益出发，平衡协调濒临破产企业、合并企业、企业职工、企业供应商及销售商等主体的利益关系，以

---

〔1〕 参见史际春、邓峰：《经济法总论》，法律出版社2008年第2版，第158页。

〔2〕 参见尚明："正确认识反垄断法　依法开展经营者集中审查"，载中国世界贸易组织研究会竞争政策与法律专业委员会主编：《中国竞争法律与政策研究报告(2010)》，法律出版社2010年版，第6页。

促进、引导或强制实现社会整体目标与个体利益目标的统一。并购审查过程中，依法适用破产企业抗辩制度，允许竞争性公司并购一家濒临破产企业，既可以平衡私人利益，又可以维护社会利益。[1]

并购反垄断审查制度的运用有其合理性一面，但如果实施不当也可能妨碍经济发展，损害竞争机制，降低经济效率。一个规避风险的潜在被告可能更喜欢在有较多禁止性规定、同时又提供一系列抗辩事由和权利的法律体制下从事业务。[2] 可见，并购反垄断审查制度应协调好公权力和私权利的关系，既要依法科学行使执法机构维护公平自由竞争的职能，又要维护并购当事人及相关利害关系人等主体的合法权益。[3]

"反垄断执法机构在考量经营者集中对国民经济发展的影响和经营者集中是否对竞争产生的有利影响明显大于不利影响，或者符合社会公共利益等要素时，可能还要面临如何解决产业政策与竞争政策冲突的问题，而协调这种冲突主要需要遵循利益平衡的理念，以是否有利于国家社会整体利益最大化为判断标准来进行。"[4] 因此，并购反垄断审查抗辩制度须致力于实现实质正义和社会效率，追求最大多数人的长远利益；实现多元价值目标之间的协调，在经济增长和环境保护之间、公共利

---

〔1〕 参见吴长军："破产企业抗辩与破产重整制度关联性辨析"，载《国际商报》2010年6月9日，第16版。

〔2〕 See Keith N. Hylton Fei Deng, Antitrust Around The World: An Empirical Analysis of The Scope of Competition Laws and Their Effects, 74 Antitrust L. J. 271 (2007).

〔3〕 参见王传辉：《反垄断的经济学分析》，中国人民大学出版社2004年版，第86页。

〔4〕 孟雁北："论特殊行业经营者集中行为的反垄断执法原则"，载《上海交通大学学报（哲学社会科学版）》2010年第6期。

益和私人利益之间实现平衡与协调。

（二）合理原则

合理原则，是指一种垄断行为虽然可能限制竞争，但因具有合理性，因而不视为违法并不予禁止的法律原则。“按照合理原则，如果可以表明某种做法是旨在提高经济效率的合理的商业行为，那么是可以接受的。效率上的收益与削弱竞争的较高价格相互平衡。”〔1〕并购反垄断审查法律并不认定并购行为本身违法，主要采取合理原则，对符合申报条件的并购或可能产生严重反竞争影响的并购进行调查，分析评估并购行为的竞争效果，综合考量各方面要素。分析并购交易是否实质性限制竞争，是否存在市场进入、效率、破产企业、公共利益等合理性的抗辩因素。例如，欧盟并购控制法合理规则的运用被称为“一事一议”，即对并购案采用个案审查，执法机关必须证明一项并购在效果上确实造成了对竞争的限制，否则不能因为并购本身而判定其违法。〔2〕

合理原则的优点在于能够对并购交易进行具体分析，对不合理的并购交易予以禁止，对合理的并购不予禁止。并购反垄断审查应注重证据，裁决应合情合理，客观公正。我国《反垄断法》第15条主要依据合理性原则，规定了改进技术或创新、提高效率、促进标准化、增强中小企业竞争力、应对和克服经济危机、环境资源保护、增进消费者利益、促进社会公共利益、保障国际贸易等合理化垄断协议豁免情形。虽然该条规定属于垄断协议的豁免情形，实际上可以准用于经营者集中审查的合

〔1〕［美］斯蒂格利茨著，梁小民、黄险峰译：《经济学》，中国人民大学出版社2000年第2版，第373页。

〔2〕参见王中美：《并购与反垄断》，上海世纪出版集团、上海人民出版社2008年版，第20页。

理化分析。

合理原则要求，政府、企业等并购反垄断审查法律关系主体应树立科学的市场经济理念，掌握市场经济规律与方法，以实现维护公平竞争与促进自由竞争、政府规制与市场自治、经济集中与经济民主的辩证统一。执法机构应重视事前的监督和控制，力求把并购引起的限制竞争影响与问题消灭在萌芽状态，维护公平自由的市场竞争秩序。

合理原则还要求，反垄断执法机构应采用合理性的标准审查并购行为的目的、方式和竞争影响后果等因素，以判定该并购行为是否产生实质性限制竞争影响。竞争者实施并购行为亦应遵守实体性和程序性规则，以合理的标准约束自己的行为，使并购行为符合反垄断法基本原则和规则。[1]

当然，在决定一项并购是否应当被认定为反竞争行为的时候，合理性标准将要求对福利效应进行权衡。但是，正如在反垄断的其他领域所看到的，一个合理性检测对实施机构施加了沉重的管理负担。[2] 合理性原则的适用也存在举证与认证复杂、执法成本较高、审查结果的可预期性差等不足，需要与其他相关法律原则综合协调适用。

（三）正当程序原则

“正当程序”原是英美法上的概念，强调当事人在执法程序上享有充分的法定权利，可以依法行使申诉、申请听证、抗辩、

---

〔1〕 吴宏伟教授对合理原则进行了精到阐释，详细内容参见吴宏伟：《论竞争法》，中国人民大学 2000 年博士学位论文，第 89 页。

〔2〕 参见［美］基斯·N. 希尔顿著，赵玲译，刘凯校：《反垄断法：经济学原理和普通法演进》，北京大学出版社 2009 年版，第 252 页。

质证等权利。[1] 由美国法院发展起来的“正当程序规则”内涵与要求则更为全面：“要决定在此提供的行政程序是否充分合宪，就要分析受到影响的政府和私人利益。我们以往的决定表明，要鉴别正当程序的具体要求，一般需要考虑三个不同因子：第一，受到官方行动影响的私人利益；第二，现有程序错误地剥夺这类利益的风险以及附加或替代程序所能保证的可能价值；最后，政府利益，包括其涉及的职能以及附加或替换程序的要求所将导致的财政和行政负担。”[2] OECD 认为，“适用竞争法时，程序公平应涵盖竞争案件调查及诉讼时的各项权益，包括被告、原告及相关第三人，均应受到程序保护”。[3]

并购反垄断审查抗辩制度的制定与实施应贯彻正当程序原则。并购申报、调查、当事人发表意见、文件查阅、听证会等制度设计与运行，均要遵守合理公正的法定程序。例如，欧盟并购审查抗辩制度即充分体现了正当程序原则，当事人有权就异议书提供回复意见，申请举行正式听证会；设计了内部平衡协调机制，包括设立专家组、内部决策机制和听证官；如果委员会所作出的最终决定将影响相关方和第三方的利益，那么在决定作出之前，必须听取其意见；保障竞争程序中的权利。

我国并购反垄断审查抗辩制度的设计及实施，须充分贯彻正当程序原则，有效保障审查抗辩过程及裁决结果的公平公正。首先，相关规范应保障并购当事人申报前可与商务部反垄断局

---

〔1〕 参见王中美：《并购与反垄断》，上海世纪出版集团、上海人民出版社 2008 年版，第 168 页。

〔2〕 转引自张千帆：《西方宪政体系》（上册·美国宪法），中国政法大学出版社 2000 年版，第 226 页。

〔3〕 转引自方立维、徐步云著：《兼并与收购上市公司的反垄断规制》，知识产权出版社 2011 年版，第 2 页。

取得联系，以获得并购审查中必备的信息。执法机关有权收集和获得信息，并购参与企业及第三人有权查看获得的相关资料。其次，相关规范应设置审查平衡机制，保障审查过程及裁决的公正性。最后，相关规范应充分保障相对人的抗辩权。并购反垄断审查法律、法规、指南应明确规定，执法机构作出裁决之前，应告知并购方裁决的内容及理由，使其有机会就裁决的内容提出抗辩；明确规定相对人可提出抗辩的时限，以保障程序效率；明确可适用抗辩的依据，并就执法机构可接受的相关反垄断理论给予指导。

（四）公开透明原则

美国著名法官布兰狄西曾说过："阳光是最好的防腐剂，灯泡是最有效的警察"。[1] 公开透明原则又称透明度原则，是现代法治的一项基本原则，有利于促进立法、执法及司法的公开、公平与公正。任何法律制度要得到有效实施，透明度原则不可或缺。反垄断法实施的透明度和连续性，对帮助企业形成与法律目的相一致的预期非常重要。[2]

透明度原则也是世界贸易组织法律的基本原则之一，其内涵包括：①竞争法及其相关的规章，均应透过官方出版品或因特网或其他可披露的方式进行公布；②竞争机关的决定、复审机关的决定以及法院的判决等信息均应公布；③政策宣示、法律的补充解释、各项准则、调查行政程序、因个案决定所衍生出的对法律的见解、新闻数据、声明等也应公布。[3]

---

〔1〕 转引自刘俊海：《公司的社会责任》，法律出版社 1999 年版，第 110 页。

〔2〕 See Bruce M. Owen, Su Sun, Wentong Zheng, China's Competition Policy Reform: The Anti - Monopoly Law and Beyond, 75 Antitrust L. J. 231 (2008).

〔3〕 参见方立维、徐步云：《兼并与收购上市公司的反垄断规制》，知识产权出版社 2011 年版，第 2 页。

“为了确保社会公开机制的实效，还有必要把社会公开原则解释为具有强行法的性质。”[1] 并购反垄断审查抗辩制度的立法、执法及司法等环节，均应严格贯彻公开透明原则，以保障审查抗辩程序的公平公正，提高并购审查裁决的公信力和公正性。以效率抗辩为例，透明度也是最实质性的问题。竞争执法当局需要提供尽可能多的关于效率抗辩分析的细节，包括效率如何可能被内在地联系起来，效率如何影响竞争效果的分析，效率需要产生重大的成本节约并足以抵消并购的反竞争性影响，固定成本和边际成本、创新效率的处理及没有限制性更小的替代者等，也需要在审查报告或评估报告中予以阐述。[2]

透明度原则要求，法律、法规及规章应明确规定并购反垄断审查的依据、内容、并购当事人及相关人的权利和义务、裁决程序、审查结果及救济途径等规则，增强反垄断审查抗辩的规范性和可预测性。

透明度原则要求并购反垄断审查抗辩制度的设计及实施，应贯彻信息公开的原则。信息公开是指，有关公共经济管理的立法和政策、执法及其结果、行政裁决和司法裁判等，除了应当保密的以外，必须公开，允许公众任意了解。[3] 并购反垄断审查原则上应公开操作，保障并购当事人及社会公众的知情权和信息自由权；尊重并购当事人及利益相关方的申辩、表达意见、提供证据、参加听证等程序性抗辩权利；保障并购当事人、消费者、行业协会、公共部门等人员和机构的参与权。反垄断

---

〔1〕 刘俊海：《公司的社会责任》，法律出版社1999年版，第116页。

〔2〕 See David Balto, The Efficiency Defense in Merger Review: Progress or Stagnation, ANTITRUST, Fall 2001, p. 74.

〔3〕 参见史际春主编：《经济法》，中国人民大学出版社2010年版，第199页。

执法机构的审查决定应公开公布，并详细说明所作决定的理由，保障相关主体和公众能够及时了解决定内容，从而保证并购反垄断审查过程与裁决的公正性。

（五）规制与合作相结合原则

现代国家治理理论认为："如果没有公众的积极参与，政府很难使其行动合法化。"〔1〕规制与合作相结合原则的内涵是指，并购反垄断审查立法及执法中，既要发挥执法机构依法管理并购活动的规制职能，又要贯彻现代法治对等与合作的执法理念。

并购反垄断审查控制法律是政府介入、管理市场经济，维护公平自由竞争秩序的规范系统。规制与合作相结合原则要求，相关立法、执法及司法应尊重并购当事人、利益相关方及社会公众的参与权和监督权。并购反垄断预先申报制度的建立、并购当事人抗辩和救济权利的保护、实体抗辩规则、并购前商谈、承诺、附条件批准、同意令等规范的建立和实施，均充分体现了对等与合作原则。

规制与合作相结合原则要求，并购反垄断审查执法机构在严格公正行使公共执法职权的同时，亦需将原本独占的执法职权适当地转移给社会，实现官民积极有效地携手合作，重视并购当事人、利益相关方及社会公众的参与权和监督权，促进公民、企业和非政府组织等主体积极参与并购反垄断执法调查、裁决、执行和监督过程，以增强并购反垄断执法的权威性和公信力。实际上，美国、德国、日本、欧盟等国家和地区并购审查的诸多制度设计，均体现了规制与合作相结合的原则要求。我国经营者集中审查抗辩制度也已经确立了集中前商谈、承诺

〔1〕［美］B. 盖伊·彼得斯著，吴爱明、夏宏图译：《政府未来的治理模式》，中国人民大学出版社 2001 年版，第 59 页。

制度、听证制度、抗辩制度、附条件批准制度等相关制度，贯彻了规制与合作相结合的基本原则。

二、并购反垄断审查抗辩法律规则的逻辑结构及分类

法律规则是指具体规定权利、义务及法律后果的准则，是法律规范的基础性要素。法律规则具有微观指导性、可操作性、确定性和可预期性。

（一）完善并购反垄断审查抗辩法律规则的逻辑结构

并购反垄断审查抗辩法律规则的逻辑结构一般由假定、处理和制裁三部分组成。假定是指法律规范中规定适用该规范的条件的部分，把规范的作用与一定的事实状态联系起来，指出在发生何种情况或具备何种条件时，法律规范中规定的行为模式便生效。处理是指法律规范中为主体规定的具体行为模式，即权利和义务。制裁是法律规范中规定主体违反法律规定时应当承担何种法律责任或国家强制措施的部分。[1]

我国并购反垄断审查抗辩制度尚处于初步建立阶段，建立了较为全面的规则体系，但尚需进一步完善。特别是《经营者集中申报办法》、《经营者集中审查办法》等部门规章设定的抗辩法律规则，法律责任相对缺失，很多规则缺少制裁因素。从法律规则逻辑分析即缺少“处理”、“制裁”部分，导致一些条款权义设置失衡，造成有些规则的操作性、强制性和有效性不强。我国相关制度建设应重视具体法律规则要件的完整性，尤其是应为法律规则确定明确的法律责任即制裁模式。

（二）完善并购反垄断审查抗辩制度的各类法律规则

按照不同标准，并购反垄断审查抗辩法律规则可以再进行

---

〔1〕 参见朱景文主编：《法理学》，中国人民大学出版社 2008 年版，第 349 页。

具体分类。整个规则体系须科学处理好各类规则的平衡协调关系，达到法律规则调整效果的最优化。

1. 调整性规则与保护性规则并重

按照法律规则在法律调整中的不同作用，可以把并购反垄断审查抗辩法律规则分为调整性规则和保护性规则。调整性规则就是直接体现法对社会关系调整职能的规则，规定了权利和义务，提供了各种合法行为的模式。保护性规则体现着法对社会关系的保护职能，规定的是违法行为所应承担的法律责任和法律制裁措施。[1]

并购反垄断审查抗辩法律规则既要重视调整性规则设计，设置好并购审查机关、并购当事方和利害关系方等主体的权利义务关系，又要重视通过保护性规则的设置，完善法律责任和法律制裁措施，强化对企业、公民、消费者等主体合法权利和利益的保护。

我国并购反垄断审查法律规定了申报、审查及裁决的程序性规则，明确了执法机构、并购当事人等主体的权利和义务，发挥了调整性规则的重要作用；制定了相应的行政责任、民事责任乃至刑事责任条款，发挥了保护性规则的规范作用。

2. 强行性规则与任意性规则协调

根据是否允许当事人进行自主调整，即按照主体意愿自行设定权利和义务，可以把法律规则分为强行性规则和任意性规则。强行性规则为社会关系参加者规定了明确的行为模式，行为主体必须遵守规则的规定。一般来讲，禁止性规则与义务性规则均属强行性规则。任意性规则在规定主体权利义务的同时，

---

〔1〕 参见朱景文主编：《法理学》，中国人民大学出版社 2008 年版，第 349 页。

亦允许当事人在法律许可的范围内，通过协商自行设定彼此的权利与义务。[1]

并购反垄断审查抗辩法律规范的制定应当协调好强行性规则与任意性规则的关系。并购反垄断审查当事人的申报义务、提交信息义务、配合调查义务等规则，执法机构依法调查义务、遵守期限义务、公告义务等规则，均属于强行性规则。同时，并购反垄断审查抗辩制度也重视任意性规则的制定与实施。在法律规定的幅度内通过协商、沟通等方式实现制度的有效运行。例如，申报前商谈制度、经营者承诺制度、附条件批准并购交易的相关条件设置的商谈制度等规范，均属于任意性规则。任意性调整规则的适当运用，有利于调动并购审查机关与并购当事方的积极性，克服审查机关与并购当事方的信息不对称问题，实现并购审查抗辩制度的调整功能。

3. 确定性规则、委任性规则与准用性规则结合

按照法律规则是否直接规定了某一行为规则的内容，可以把法律规则分为确定性规则、委任性规则与准用性规则。确定性规则是指直接而明确地规定某一行为规则的内容，无须援用其他立法文件加以说明的法律规则。委任性规则又称委托性规则，是指没有明确规定某一行为规则的具体内容，只是委任某一国家机关加以规定的法律规则。[2] 例如，《反垄断法》第23条第5款规定，授权国务院反垄断执法机构规定经营者集中审查申报须提交的其他事项，该法律规则即属于委任性规则。准用性规则是指，虽然没有直接规定某一行为规则的内容，但明

---

〔1〕 参见朱景文主编：《法理学》，中国人民大学出版社2008年版，第355页。

〔2〕 参见朱景文主编：《法理学》，中国人民大学出版社2008年版，第356页。

确指出在这个问题上可以适用其他法律条文或法律文件中某一规定的规则。例如，并购反垄断审查过程中的调查、抗辩、复审等程序性规定，一般明确规定准用行政强制法、行政处罚法、行政复议法、行政诉讼法等程序性法律的相关规定。

并购反垄断审查抗辩法律制度是一项系统性规范体系，应当实现确定性规则、委任性规则与准用性规则的有机结合。一般而言，就并购反垄断审查的抗辩权行使的方式、期限及重大实体性抗辩事由等内容，需要法律通过确定性规则予以调整，以增强法律的确定性与可预期性。鉴于《反垄断法》的一些规定具有一定的抽象性和不确定性，这就需要通过委任性规则授权国务院及其反垄断执法机构制定相应的条例、规章和办法，以增强审查与执法程序的可操作性和针对性。并购反垄断审查抗辩法律制度具有经济法的综合性特征，与《行政法》、《行政诉讼法》、《民事诉讼法》等法律在内容方面有衔接关系，需要通过准用性规则适用其他相关法律的程序性或实体性规则。

三、并购反垄断审查抗辩实体性法律规则的完善与适用

实体性法律规则对明确并购反垄断实质审查标准、竞争效果分析评估、实质性抗辩的提出及适用都具有重要的调整和规范价值。本节着重阐述我国市场进入抗辩、效率抗辩、破产企业抗辩和公共利益抗辩等实体性抗辩规则体系的建构问题。

（一）完善实体性抗辩规则的一般适用要件规则

并购反垄断执法机构按照审查标准，对并购的实质性竞争影响进行分析评估，综合考虑相关经济与法律因素，对并购当事人等主体提出的市场进入、效率、破产企业、公共利益等抗辩主张进行综合审查，判断该项并购是否具有反竞争的法律效果。一般来讲，我国并购反垄断审查实体性抗辩的适用要件须

包括以下方面：

1. 并购交易可能会产生实质性限制竞争后果

我国经营者集中审查制度，目前以“排除、限制竞争”为实质审查标准，与欧美等法域审查标准基本一致，但内涵还有不同。我国需要从立法上确认“实质性减少竞争”审查标准，以实现与国际并购反垄断审查标准的接轨。判断并购交易是否存在“实质性减少竞争”效果时，反垄断执法机关需要综合分析相关商品市场和地域市场，并购前后相关市场的竞争状况及特点，并购后竞争者是否减少、是否限制了相关市场的公平自由竞争。一般而言，反垄断执法机构通过上述竞争分析，如果认为不会产生实质性减少竞争效果则会许可该项并购行为。如果认为可能会产生实质性减少竞争后果，则会对市场进入、效率、破产企业、公共利益等抗辩情形进行分析评估，审查并购当事人提出的抗辩主张及证据，最终裁决并购交易是否应当予以禁止。

2. 存在市场进入、效率、濒临破产企业及公共利益等抗辩事由

执法机构可以利用“如果没有合并事实会产生怎样结果”的方法来考察市场进入、效率等多方面的因素。[1] 是否可能存在新的市场进入障碍、是否影响并购参与方竞争对手的扩张；是否带来经济效率的提高；如果并购不发生，并购一方是否会破产等抗辩因素。并购当事人需要提出主张及证据，证明拟实施并购交易的有利影响足以抵消其实质限制竞争的不利后果。市场进入抗辩需要证明潜在市场进入的可能性、及时性和充分

---

〔1〕 参见中国世界贸易组织研究会竞争政策与法律专业委员会主编：《中国竞争法律与政策研究报告（2010）》，法律出版社2010年版，第207页。

性。效率抗辩需要证明效率能够向消费者转移、效率为并购所特有和效率可以证实。破产企业抗辩需要证明目标企业濒临破产，在不久的将来资不抵债；目标企业没有能力依据破产法予以重组；没有比拟议中的并购具有更小反竞争性影响的替代并购者；如果没有该项并购，破产企业的资产将退出相关市场。

3. 并购所产生的有利效果足以抵消其反竞争效果或者至少不会比并购前的市场竞争状况差

一项成功的并购反垄断审查实体抗辩，需要证明所主张抗辩事由的正面效果足以抵消并购可能产生的限制竞争性效果，从而使得并购交易产生的有利影响大于不利影响；或者至少并购交易产生的限制竞争效果不大于并购未发生时的竞争状况和限制竞争影响。OECD 有关法律文件即规定，主张效率抗辩当事人应证明并购所产生的效益足以抵消源于该并购的限制竞争的效应；主张破产企业抗辩的当事人应证明曾经采取措施寻找其他收购者，没有发现竞争性更小的收购者。[1] 具体而言，市场进入抗辩主张，需要证明潜在进入者应当可能、及时、充分地限制并购后的企业实施其单边或双边限制竞争效应，使得并购

---

〔1〕《经济合作组织（OECD）竞争法的基本框架》推荐的“审查市场集中”之款第 8、9 节规定：可能对竞争构成明显限制的集中将被禁止。对于被本款第 8 节禁止的集中，如果其当事人能证明其符合下列两个条件中的任何一个条件，可不受竞争主管当局的禁止：（a）该集中带来了或者可能带来非货币性的实际效益，而且这种效益在抵消源于或可能源于该项集中的压制竞争效应而绰绰有余；（b）该项集中的当事人之一面临着实际的或迫近的财务失败，而该项集中为该当事人的资产提供了一种在已知选择中对竞争危害最小的用途。本节中的举证责任由寻求豁免的当事人承担。寻求（a）豁免中所定豁免的当事人必须证明，如果不完成该集中，就不可能靠比该集中更少限制竞争的办法来获取有关的效能收益。寻求（b）中所定豁免的当事人必须做到：（i）证明自己在最近曾采取过合理的步骤来发现能收购失败厂商资产的其他收购者；（ii）详细地说明这一搜寻过程的结果。参见尚明主编：《主要国家（地区）反垄断法律汇编》，法律出版社 2004 年版，第 735—736 页。

后企业获得市场支配地位不会被滥用以排除、限制竞争，不会用来实施垄断高价、拒绝交易等限制竞争行为。效率抗辩的主张，需要证明并购所产生效率大于并购所产生的限制竞争影响，并购所产生的技术创新、质量提高、价格下降等效率能够传递给消费者，从而使得并购所产生的正效益大于负效益。破产企业抗辩至少要证明收购破产企业产生的限制竞争影响是最小的，而且不会比并购不发生时的竞争状况更坏。公共利益抗辩应当证明并购所产生的环境保护、国家经济安全等公共性收益，能够抵消并购可能产生的实质性限制竞争负面影响。

（二）完善实体性抗辩具体规则

1. 完善市场进入抗辩规则

我国可借鉴 ICN 研究成果及欧美等法域经验，总结相关立法及执法经验，完善“市场进入”抗辩相关规则。通过修订相关法规、规章和指南，对市场进入的可能性、充分性和及时性要件予以详细规定。预计中的市场进入性质、规模和范围须能够阻止或抵消并购交易所带来的反竞争效果；进入不但要可能和及时，还必须有充分的规模，以弥补并购后会发生的竞争损失。

（1）市场进入须具有可能性。我国并购反垄断审查法规、规章或指南应规定，市场进入“可能性”是指进入市场的企业可以并购前的价格销售产品获利，并在一定时期内维持这个价格进行销售。只有当市场进入足够有利可图时，进入才是可能的，如果存在着很高的进入障碍，那么就不太可能产生进入。该市场进入应具有发生的可能，在价格上涨后必须有进入的可能性，包括国内企业的进入和国外企业的进入。潜在进入者可能会遭遇进入壁垒，进入壁垒决定着进入风险和成本，从而对进入的赢利性产生影响。当进入壁垒较低的时候，合并各方就更可能受到进入的约束。相反，如果进入壁垒较高，合并企业的价格提高就不会受到进入的严重约束。历史上出入产业的例子可以提供有关进入壁垒大小的有益信息。在评估企业进入是否能够赢利时，应该考虑市场的预期发展。进入一个可望在今后有高增长的市场要比进入一个已成熟或预计要下降的市场可能更有利可图。如果新进入企业不能获得足够大的市场份额，规模经济或网络效果也会使进入不能获利。[1]

（2）市场进入须具有及时性。我国相关法规、规章及指南应规定，"及时性"是指潜在的竞争者能够及时进入市场并及时遏制合并企业涨价的趋势。[2] 为了阻止或者抵消合并的反竞争效果，进入者必须尽快对相关市场的价格产生显著影响，当局一般只考虑那些在两年内可以完成从初定计划到对市场产生显著影响的受约束的进入。[3] 市场进入只有及时，才能有效制约并购企业实施限制竞争行为，抵消并购可能产生的限制竞争影响。

（3）市场进入须具有充分性。我国法规、规章及指南应规定，"充分性"是指进入的企业应当具备足够的生产技术和财力，能够充分实现其销售机会，这样才有足够的力量阻止或者抵消合并后经营者反竞争的效果。[4] 分析市场进入的充分性时，下列问题值得考虑：其一，新进入者是否势单力薄以致现有企业可以毫无忌惮地占据市场、提高价格；新竞争者是否具有足

---

〔1〕 参见尚明主编：《企业并购反垄断控制：欧盟及部分成员国立法执法经验》，法律出版社 2008 年版，第 322—323 页。

〔2〕 参见王晓晔：《企业合并中的反垄断法问题》，法律出版社 1996 年版，第 253—254 页。

〔3〕 参见尚明主编：《主要国家（地区）反垄断法律汇编》，法律出版社 2004 年版，第 244 页。

〔4〕 参见王晓晔：《企业合并中的反垄断法问题》，法律出版社 1996 年版，第 253—254 页。

够的市场优势可以与并购各当事方企业展开有效竞争。其二，在一项差异化产品经销商之间的并购活动中，新的进入者是否可以与并购各当事方企业展开直接较量，使得足够多的消费者为应对并购当事方企业提价转而购买进入者的产品。其三，新进入者是否能够抵消并购交易带来的违反竞争的特定影响。其四，新进入者是否能够抵制本地化违反竞争的行为。其五，一些影响增加产能的因素值得考虑。[1]

2. 完善效率抗辩规则

效率抗辩旨在承认并购的损害竞争和促进效率的可能性兼而有之。我国商务部可成立由企业、顾问、律师、经济学家等主体共同组成的效率抗辩评估小组，建立定期报告制度，细化并购审查中评估的效率抗辩类型，保证效率抗辩审查评估的科学性和合理性，增强效率抗辩审查规则的透明度和预期性。[2]我国需要通过完善相关法规、规章和指南对效率抗辩适用条件予以详细规定，增强规则的科学性和操作性。并购反垄断审查的效率抗辩应具备四个条件：

（1）并购产生的效率须为重大，足以抵消并购交易的限制竞争性影响。反垄断审查需要对并购产生的利弊进行权衡，只有产生总体经济效率足够重大，能够有效抵消并购交易可能产生的限制竞争的不利影响，才能认可该效率抗辩的有效性。

（2）效率须为并购所特有，而非其他替代性经营方式所产生。我国相关法规、规章及指南可借鉴 ICN 研究成果规定，并

---

〔1〕 See ICN Merger Guidelines Workbook, for the Fifth Annual ICN Conference in Cape Town, ICN Merger Working Group: Investigation and Analysis Subgroup, April 2006, E15.

〔2〕 See David Balto, The Efficiency Defense in Merger Review: Progress or Stagnation, ANTITRUST, Fall 2001, p. 74.

购所特有的效率主要包括：节省成本、现有产能综合利用、规模经济、网络规模、产品质量提升、研发活动整合、产品技术升级等。对于真正的效率和单纯金钱上的收益，也必须进行区分。例如，合并能带来税收上的好处，使企业的成本减少。但在这种情况下，该企业在税收上产生的节约，与政府税收收入的减少抵消了，不能视为合并所产生的收益。[1]

（3）并购产生的效率须能够向消费者转移，有利于增进一般消费者福利。关于效率抗辩福利权衡的标准，加拿大《竞争法》规定，如果并购的效率大于其反竞争效果并会抵消之，则该并购不应被禁止，这可称为"综合福利评价法"。欧盟的规定则体现出对消费者福利的重视，效率抗辩受制于是否影响消费者福利。消费者要能分享并购带来的效益，享受到更低的价格或新产品或改良的服务等，这可称为"消费者福利评价法"。[2]我国须采用消费者福利标准与综合福利标准结合的评价方法。一项并购的效率抗辩首先必须满足总体福利大于总体损失的福利权衡标准，同时福利的增长应能够转移给消费者，能由一般消费者分享；如果整体福利大于损失，但却损害了一般消费者的利益，则该效率抗辩不能被执法机构认可和接受。当然，以效率分析为基础的并购审查，要求详细证明并购交易不与消费者优先利益冲突，会增强并购审查的不确定性。[3] 需要强调的是，我国并购反垄断审查抗辩所主张的效率向消费者的转移，

---

〔1〕 参见［美］赫伯特·霍温坎普著，许光耀、江山、王晨译：《联邦反托拉斯政策——竞争法律及其实践》，法律出版社2009年版，第555页。

〔2〕 参见王传辉、葛菲等：《外资并购的反垄断管制》，经济管理出版社2011年版，第44页。

〔3〕 See Josef Drexl, Real Knowledge Is To Know The Extent of Ones Own Ignorance: On The Consumer Harm Approach In Innovation - related, 76 Antitrust L. J. 677 (2010).

应为部分转移，原因在于消费者也可能是企业的股东，企业获得效率收益能够产生创新与提高质量的激励，长远看有利于消费者和社会总体福利。如果一项规则要求把所有的效率都必须传递给消费者，那么这一规则也是不可接受的。这首先会完全消除企业进行合并的主要动机——降低成本。[1]

（4）效率必须可以被证实，并购当事人应当举证证明并购所产生的效率能够实现。效率的证明责任由并购当事人承担，但反垄断执法机构也应对效率抗辩的主张予以综合调查评估。

3. 完善破产企业抗辩规则

（1）修订并购反垄断审查法律、法规、规章和指南，阐明破产企业抗辩制度的基本原理和价值目标。破产企业抗辩制度的价值目标，本质上重在维护公平竞争秩序。破产企业抗辩制度适用的基本原理应为：公司并购已经达到反垄断审查标准，但基于如果不批准该并购，那么该被并购企业必然要破产消亡，该竞争主体将不复存在；从维护竞争性市场结构角度来看，这种企业破产消亡的结果与被并购消除竞争主体的结果一样，亦可推论出该公司并购并不会危害竞争秩序，而且还可以产生节约社会资源、促进职工就业与保持社会稳定等积极效应。[2]

（2）细化破产企业抗辩的适用条件，增强市场主体的预期性。我国需要通过相关制度设计，详细规定破产企业抗辩的适用条件。濒临破产企业是指公司财务状况极度恶化，处于无支付能力的状态，或者预计即将处于此种状态的企业。有学者提

---

〔1〕 参见［美］赫伯特·霍温坎普著，许光耀、江山、王晨译：《联邦反托拉斯政策——竞争法律及其实践》，法律出版社2009年版，第553页。

〔2〕 参见吴宏伟、吴长军："破产企业抗辩与破产重整制度的协调互动机制研究"，载张守文主编：《经济法研究》（第8卷），北京大学出版社2011年版，第151—152页。

出，我国破产企业抗辩的适用条件为：其一，被并购的企业必须提供确切的、可以验证的报表，证明企业已经资不抵债，濒临破产边缘，企业资产在短期内将退出相关市场。其二，企业已经根据我国《企业破产法》进行了重整自救但没有获得成功；或者企业能证明，企业的财务状况和面临的市场经济条件，使得重组不可能成功，因而也没有必要先行重整。其三，企业已经通过当地的产权交易所挂牌寻求买家，但在合理的时间内（应当不少于 30 日）没有其他的并购方提出并购该破产企业；或者其他并购方的并购对竞争造成的不利影响比审查中的并购更大。[1]

上述关于破产企业抗辩适用条件的建议仍显过于繁琐。本书认为，我国破产企业抗辩的适用条件宜规定如下：其一，并购目标企业财务状况严重恶化，如果不进行拟议并购，则其资产将不可避免地退出市场。其二，并购目标企业不存在根据企业破产法进行重组的重大可能。鉴于“重整程序处于最优先的地位”[2]，如果符合重整条件并且能够实施重整，那么应优先适用重整制度；如果不能进行重整，即使并购行为依《反垄断法》应予审查，但可因经严格审查确认符合破产抗辩条件，而应被允许实施该项公司并购行为。其三，并购目标企业经过真诚地努力，但未能寻求到反竞争效果更小的替代性购买者或购买方案。

（3）明确把握破产企业抗辩与效率抗辩的适用原理差异，正确适用破产企业抗辩规则。破产企业抗辩规则的价值取向在

---

〔1〕 参见张伟：《公司并购的反垄断监管制度研究》，复旦大学 2009 年博士学位论文，第 125 页。

〔2〕 王欣新：“新〈破产法〉透析（下）”，载 http：//www. civillaw. com. cn/article/default. asp? id =29784，访问日期：2010 年 6 月 1 日。

于，鉴于如果没有拟议中的并购交易，则并购目标企业的资产将退出市场，收购该濒临破产企业与该濒临破产企业破产退出市场相比，不会带来竞争性问题，因为并购后的竞争状况至少不会比听由目标企业破产退出市场后竞争状况更差。换言之，并购濒临破产企业不会对市场结构带来重大改变从而实质性减少竞争。效率抗辩的重点是，并购所带来的经济效率收益大于或足以抵消并购所产生的限制竞争性影响，有利于提高消费者福利，故而反垄断执法机构予以批准。

4. 完善公共利益抗辩规则

反垄断法控制经营者集中的目的，就是要维护竞争性的市场结构，从而保障经济的可持续发展，这与整体经济和社会公共利益通常是一致的。[1] 我国应进一步完善并购反垄断审查公共利益抗辩制度，细化公共利益抗辩的适用条件。

（1）修订法律、法规、规章和指南，细化规定公共利益抗辩规则。根据我国《反垄断法》第 28 条规定，社会公共利益可以作为经营者集中的豁免或抗辩事由之一。商务部《关于评估经营者集中竞争影响的暂行规定》第 12 条规定，评估经营者集中时，需综合考虑集中对公共利益的影响等因素，但尚须进一步细化规定公共利益抗辩的细则，以增强其科学性和操作性。相关法律、法规及规章须规定相关公共部门的公共利益抗辩权。例如，《日本禁止私人垄断及确保公平交易法》（2005 年）第 70 条之五规定了政府机构或公共组织的意见表达权："任何案件有关的政府机构或公共组织，为了维护公共利益，可向公平交易

[1] 参见徐孟洲、孟雁北：《竞争法》，中国人民大学出版社 2008 年版，第 210 页。

委员会表达其观点。"[1]

（2）界定公共利益的内涵与外延。社会公共利益就是在特定的社会条件下，能够满足作为共同体的人类的生存、享受、发展等公共需要的各种资源和条件的总称，即具有社会共享性的全社会的整体共同利益。[2] 公共利益应界定为具有公益性、全局性和整体性的社会利益，具体可包括国家经济安全、社会稳定、就业增长、国家竞争力提升、国民经济健康发展等。[3] 例如，我国《反垄断法》第 15 条第 4 款规定，经营者能够证明所达成的协议属于为实现节约资源、保护环境、救灾救助等社会公共利益情形的，不适用本法第 13 条、第 14 条的规定。由该条文可见，作为抗辩事由的"公共利益"至少包括节约资源、保护环境、救灾救助等具体情形。

（3）细化公共利益抗辩适用的条件和程序。其一，作为并购反垄断审查抗辩事由的"公共利益"须为重大的国家和社会公共利益。公共利益抗辩理由，须足以抵消或超过并购交易对竞争限制的负面后果。如果是一般性公共利益，可能不足以抵消或超过限制性竞争的负面影响，则不宜作为合理的抗辩事由予以接受。其二，公共利益外延一般涉及国家安全、国计民生、

〔1〕 参见时建中主编：《三十一国竞争法典》，中国政法大学出版社 2009 年版，第 178 页。

〔2〕 金善明：《竞争法法益研究》，中国人民大学 2009 年博士学位论文，第 91 页。

〔3〕 2006 年修订的《关于外国投资者并购境内企业的规定》第 54 条指出："有下列情况之一的并购，并购一方当事人可以向商务部和国家工商行政管理总局申请审查豁免：（一）可以改善市场公平竞争条件的；（二）重组亏损企业并保障就业的；（三）引进先进技术和管理人才并能提高企业国际竞争力的；（四）可以改善环境的。"以上涉及社会公共利益内容的条款，对理解《反垄断法》中的"社会公共利益"有所助益。

环保、公益等领域，具有公共性和公益性。其三，作为并购反垄断审查抗辩事由的“公共利益”应当可被证实。并购当事人等主体提出公共利益抗辩主张，应当提出证据予以证实并购交易确实能够显著增进社会公共利益，并且能够超过并购所产生的负面影响。公共利益抗辩的举证责任应当归于并购当事人。社会公共利益包含的范围很广，要求国务院反垄断执法机构主动审查某项集中是否符合社会公共利益，无疑造成巨大的执法成本的浪费，法律应将符合社会公共利益的举证责任配置给经营者。需要注意的是，对于某项集中是否符合社会公共利益的判断，即经营者有关公共利益的抗辩是否成立，仍应由反垄断执法机构作出。[1] 其四，公共利益抗辩主张的审查与认定需要经过严格的正当程序。为避免公共利益抗辩的自由裁量被滥用，我国并购反垄断审查的公共利益抗辩主张的认定与批准，须经听证及公众评议，并最终经由国务院反垄断委员会认可。“公共利益”抗辩的评估应引入并购当事人、利益相关方、消费者、行业协会、公共机构的程序性参与，将公共利益的认定纳入程序性控制之中；做到决策和执行全过程的公开透明，依法保障公众及行政相对人的知情权、听证权、陈述权、申辩权、参与决策权等程序权利和民主权利的有效行使，最终保障该公共利益评估考量及认定行为的合法有效。[2]

四、并购反垄断审查抗辩程序性法律规则的完善与适用

程序不仅有助于保障公平，而且在一定意义上还有助于提

---

〔1〕 参见时建中主编：《反垄断法——法典释评与学理探源》，中国人民大学出版社2008年版，第306页。

〔2〕 参见蒋悟真：“反垄断法中的公共利益及其实现”，载《中外法学》2010年第3期。

高效率。[1] 并购反垄断审查抗辩制度是程序性规范与实体性规范的统一。程序性规则对保障并购反垄断审查过程及裁决结果的公开、公平、公正，具有重要的规范价值。

（一）完善并购反垄断审查的立案受理规则

我国并购反垄断审查案件立案的条件尚需完善。相关法律、法规、规章及指南，应明确规定主体条件、事实条件、后果条件和管辖权条件，保证并购当事人明确拟实施的并购是否符合申报标准，是否在并购审查的管辖范围之内，从而能够确定自己是否负有强制性申报义务。反垄断执法机构收到并购申报材料后，应首先核查材料，审查申报主体的合格性、申报材料的完备性、申报事实的真实性等情况。核查材料后，认为申报材料完备的，并购反垄断执法机构决定立案受理，并应把受理决定通知并购反垄断审查申报人。并购反垄断执法机构根据举报或依职权主动发起的并购反垄断调查，亦应首先核查初步调查的证据及材料，决定是否正式立案，决定立案后应通知当事人。

（二）完善并购反垄断调查、审理及抗辩的程序性规则

1. 完善商谈与信息沟通程序规则

为保证并购反垄断调查程序的效率，制度设计要保障并购方与执法机构充分和必要的交流，保证并购执法机构及时获得有效信息，正确判断并购交易的竞争性影响。我国相关法规、规章及指南可规定反垄断执法机构代表可以与合并方或利益第三方会见的时间，就调查过程中关注的竞争问题、解决措施及裁决进行充分沟通交流。

可借鉴欧盟做法，通过修订相关法规、规章和指南予以规定，反垄断执法机构在对集中交易的竞争影响进行评估期间，

[1] 参见张守文：《经济法理论的重构》，人民出版社 2004 年版，第 238 页。

可以根据个案情况，就执行机构重点关注的竞争问题，召开有关案件“进展情况会议”，根据需要可邀请集中方、相关市场的竞争者、行业和经济专家及消费者代表等主体参加，保障各方有机会陈述有关竞争问题和竞争影响的观点和抗辩理由，确保竞争机构与申报方之间信息的充分交流。反垄断执法机构调查过程中应向集中方提供充分及时的信息，帮助其确定任何不利裁决背后关注的实质性竞争问题；在第二调查阶段开始之前告知合并方决定进行深入调查背后的原因，并为其提供机会在就案件事实作出终局性裁决之前提出回应和抗辩。

2. 完善并购反垄断审查案件的行政审理程序性规则

并购反垄断案件的审理程序，是反垄断执法机构为确保并购审查过程及裁决的公正性，为了充分听取并购当事人的抗辩意见，而采取一种类似于诉讼的审理程序。以美国行政听证制度为例，在行政审讯中，当事人如同法院诉讼中的当事人一样，有举证的权利，各方也可通过证人的证言、书证和法律依据提出自己的辩护意见。[1] 我国并购反垄断审查机构是商务部，具体负责机构为商务部反垄断局，实施的经营者集中审查程序属于行政执法程序。

（1）依法明确并购审查案件审理的法律关系主体。法律关系主体是指反垄断执法机构审理案件过程中参与审理活动的人，主要包括裁判机关、调查官和并购当事人等主体。裁判机关是商务部反垄断局，但审理者应由具体负责的职员来担任，主要是组织和主持案件的审理活动。考察美国、日本、欧盟等法域的审查者可知，并购反垄断案件的审理人员由专门人员担任。

---

〔1〕 参见胡建淼：《比较行政法：20 国行政法评述》，法律出版社 1998 年版，第 161 页。

例如，美国联邦贸易委员会一般都由其下属的行政法官来担任。日本公正交易委员会由作为事务总局职员的裁判官来担任，从被认为具有进行审判程序所必要的法律、经济知识经验且具有公正判断能力的人中挑选。欧盟委员会对垄断案件的审理是由作为其职员的听证官来担任，其目的也是为了在其内部将调查权、指控权与审理权分开，提高案件处理的公正性。调查官是指反垄断执法机构负责并购案件调查和指控的工作人员，其主要职责是调查案件、按时出庭、对案件作出事实和法律上的陈述、提出证据等。由于调查官和裁判官都是反垄断执法机构内部的职员，为确保公正性，我国商务部审理并购案件应贯彻遵守职能分离原则，要求负责某一并购案件调查的官员及参与调查该案件的有关人员，均不能被指定为该案件的裁决官。并购当事人是指并购反垄断案件审理程序中的行政相对人，其享有聘请律师、陈述自己的反意见和理由、提供证据、询问证人、要求鉴定等权利。[1]

（2）完善审理前准备程序。并购反垄断审理机构应制作调查裁决书，并附加开庭日期、地点等内容的通知书，并应当给并购当事人及其他利益相关主体一定的准备时间。这有利于并购当事人有针对性地提出答辩，表达自己对裁决书的抗辩意见，保障并购当事人的辩护权。

（3）完善开庭审理程序。我国商务部审理并购反垄断案件一般应坚持公开审理原则，采用对审方式进行。可借鉴法国《价格自由与竞争法令》第五编第三章的相应规定，完善相关立法，保障案件的调查和审理完全分离，审理完全以对审方式进

---

〔1〕 参见曹康泰主编：《中华人民共和国反垄断法解读：理念、制度、机制、措施》，中国法制出版社2007年版，第196—197页。

行，审理活动由裁判官主持。一般首先由调查官发言，陈述调查确认的事实和认定的法律根据、初步处理建议等内容。然后，并购当事人及其代理律师答辩，对案件发表事实上和法律上的意见和理由。不管是法律的还是事实的情况，如果当事人未能有机会就这些情况表明自己的观点，它们就不能作为裁决案件的依据。接下来，由调查官员与并购当事人就提供的证据进行质证，裁判官对证据进行调查核实。在庭审和证据的调查核实过程中，裁判官可以向调查官或并购当事人发问，调查官或并购当事人可以在裁判官的许可和主持下向对方发问。最后，裁判官分别给双方一个最后陈述的权利和机会，审理程序即告终止。〔1〕

3. 完善信息资讯制度程序性规则

并购反垄断抗辩审查决定的科学正确，需要信息资讯制度来保障。我国须进一步完善信息资讯调查、征询等程序性规则，引进社会公众评议制度，以保障并购反垄断审查过程及结果的正当性和公正性。

（1）反垄断执法机构应掌握并购交易的事实、知识、资料和法律规定等信息，并通过当事人的举证责任的分担，保证信息和证据的可靠性以及对事实和法律规范进行解释的合理性。

（2）反垄断执法机构在审查过程中可以从相关的人、企业、企业协会、其他公共机构等获得信息，听取第三方对并购交易的观点和意见。商务部反垄断局在与申报方、其他相关方召开双边会议和沟通外，如有正当理由的，可决定要求第三方参加由申报方和第三方共同参与的“三方会议”，以更充分地听取第

---

〔1〕 参见曹康泰主编：《中华人民共和国反垄断法解读：理念、制度、机制、措施》，中国法制出版社2007年版，第187—198页。

三方的观点与意见。

（3）鼓励并购当事人提供完备系统的信息，处理好信息公开与信息保密的关系。我国相关法律、法规可引进美国 HSR 申报材料的保密规定，申报表提供的信息和与申报表一同提供的信息应当保密，除非与行政或者司法程序有关，不得公开。[1]

（4）建立完善公众评议程序，征询社会公众的意见和建议。加强社会公众的参与程序，扩展审查信息的来源与依据。美国并购反垄断审查过程中的公众评议制度具有重要的借鉴价值，有利于增强并购审查过程及结果的正当性。

4. 完善并购反垄断审查抗辩的证明程序

（1）明确可以接受的证据。并购反垄断审查机关在进行正式裁决时能够接受的证据，称为可能接受的证据。所接受的证据是否具有证明力量，取决于对该证据进行评价的结果。并购当事方提出抗辩的证据形式一般为文件资料和口头语言等。反垄断执法机构对这些抗辩证据证明力的判断应着重考虑以下因素：其一，证据形成的时间。在集中方不可能预见到将受到反垄断调查时或者在集中方具有集中的意图之前形成的证据以及其他相关方制作的与调查程序有关的文件，通常对于说明当时的市场结构及各方对竞争状态的观点是非常有力的。其二，证据的来源。重点需要考察证据提供方是否具有提供具有倾向性甚至偏见性证据信息的动机。对于接受调查而在调查过程中制作的文件和提供的口头语言，则需要考虑提供方的主观意图。一般而言，并购方为自身利益而提供的证据具有一定的倾向性，需要审查其真实性和有效性。

---

〔1〕 参见美国律师协会反垄断分会编，伊莲·K. 格茨主编，李之彦、王涛译：《美国并购审查程序暨实务指南（第3版）》，北京大学出版社2011年版，第85页。

（2）完善相关证据的质证程序。并购审查当事人有权提出口头或书面的证据，进行辩护，也有权提出反证，并可为了弄清全部事实进行质证。质证的目的在于检验双方提供的证据是否可靠，是否全面，是否真实。

（3）完善对证据的判断规则。对证据的判断是指负责听证的人和作出裁决的人，对各方当事人提供的证据进行鉴别，确定其准确性和证明力，决定其证明的程序是否达到能够确定其所要证明的事实。并购反垄断审查程序对证据证明力的判断，应当按照单独审查评判、比对审查评判和综合审查评判的顺序进行。反垄断执法机构首先进行单独审查评判，对并购案件的每个证据分别审查，单独地分析每个证据的来源、内容及其与案件事实的联系，看其是否真实可靠。反垄断执法机构进行比对审查评判，对并购当事人提供的两个或两个以上证据进行比较和对照，看其内容和反映的情况是否一致，看其能否合理地共同证明并购交易不具有实质性限制竞争效果等证明目标。另外，反垄断执法机构还应进行综合审查评判，对并购案件所有相关证据进行综合分析与研究，看其内容和反映的情况是否协调一致，能否相互印证和吻合，能否确实充分证明并购案件的竞争性影响。[1]

（4）完善对抗辩证据的证明力考量规则。用以证明并购行为是否符合实质性限制竞争标准，是否符合市场进入抗辩、效率抗辩、破产企业抗辩等条件的证据分为两类：直接证据和间接证据。直接证据是确定并购各方交易情况的材料，包括并购协议、股东会决议、董事会决议、经营管理人员参加的会议备

---

〔1〕 参见何家弘、刘品新：《证据法学》，法律出版社2011年版，第385—386页。

忘录、经营管理人员的证词及设备、载体中存储的数据电子证据等。间接证据是不能直接表明并购交易实质性限制竞争的信息，包括并购当事人间的沟通交流记录、市场行为等。

5. 完善并购当事人及利害关系人程序性抗辩规则

（1）完善我国并购反垄断审查的告知程序规则。执法机构受理或发起并购反垄断审查程序后应告知并购当事人。并购反垄断审查的告知程序及内容可以准用《行政处罚法》及部门规章规定。经审查评估提出初步裁决意见后，执法机构应将裁决的事实、理由、依据、决定等内容告知并购当事人，从而保障并购当事人的陈述权和申辩权的及时有效行使。告知的形式应以书面形式为主，特殊情况下可以采用口头告知的形式。

（2）完善并购当事人的陈述申辩程序规则。我国应通过完善相关立法规定，陈述申辩的形式应以书面为主，口头形式也应允许，但应记录在档。至于陈述申辩的地点，当事人可到并购反垄断执法机构办公场所陈述，也可通过邮寄陈述书的形式进行。并购交易当事人和利害关系人可以通过各种正当形式陈述意见。并购当事人等主体可以利用媒介表达意见，可以聘用律师、会计师等中介服务人士以及科研机构、咨询机构、专家等专业机构和人员提出不同看法和意见。以美国为例，在正式程序裁决中，当事人一方对他方所提证据有进行口头辩论、互相质问的权利，行政机关只能根据听证的记录作出决定。[1]

（3）完善并购当事人陈述申辩意见的复核程序。并购当事人在陈述申辩程序中提出自己主张的事实、理由和证据，对此，执法机关应予以复核，当事人提出的事实、理由和证据成立的，并购反垄断执法机构应予以采纳。原则上，并购反垄断审查的

〔1〕 参见王名扬：《美国行政法》，中国法制出版社1995年版，第418页。

复核程序与调查取证程序应相分离，以保证整个行政程序的公正性。

（三）完善并购反垄断审查听证程序

听证是指执法机关作出行政裁决前，依法听取听证当事人、参加人的陈述、申辩和质证的程序。听证的目的是听取案件调查人员、相对人、利害关系人和其他主体的陈述、申辩和意见，以查明事实，作出客观公正的行政裁决。听证之所以作为当今行政程序法立法的核心制度，原因就在于这保障了相对人发表意见的权利，充分体现了参与原则。[1] 我国商务部在作出经营者集中审查决定之前，应当举行听证会，听取并购当事人以及其他人的现场意见陈述，以便于为并购进行辩护或对并购提出反对意见。

1. 确立并购反垄断审查听证制度的基本原则

（1）公开原则。贯彻公开原则有利于保证并购审查抗辩案件当事人和相关利害关系人平等的辩护权，有利于保证论点更加集中明确，论证更加充分完整，程序更加公开公平。例如，德国原则上允许反垄断机构公开举行听证，以充分地保护当事人利益，凸显对公共利益的关注。[2] 公开原则要求，在听证开始阶段应当向当事人公开有关材料，听证程序一般应公开进行，举行听证会前应发出公告，告知并购当事人及利害关系人听证程序举行的时间、地点、案由等情况，允许公众等主体旁听。并购当事人及相关利害关系人在公开听证中有权陈述和申辩，提出自己的主张和证据。并购反垄断审查机关作出决定所依据的事实须公开经当事人质证，根据听证记录作出的行政决定内

---

〔1〕 参见张穹：《反垄断理论研究》，中国法制出版社 2007 年版，第 306 页。

〔2〕 参见时建中：“经济性垄断案件调查程序探讨”，载《工商行政管理》2006 年第 11 期。

容一般应予公开，以保障审查过程与结果的公平性与公正性。

（2）事先告知原则。并购反垄断机构作出审查决定前，应当告知相对人听证的主要事项、听证时间和地点，确保相对人有效行使抗辩权，从而保证反垄断审查决定的适当性和合法性。

（3）职能分离原则。职能分离原则是指，在听证过程中从事裁决和审判型听证的机构或人员，不能从事与听证和裁决行为不相容的活动，以保证裁决的公平公正。我国相关立法应重视并购反垄断审核听证职能分离的制度设计。商务部内部机构及人员、执行调查追诉职能的人，不得主持听证和参加裁决。职能分享原则有利于避免因事先进行调查追诉的人主持听证与裁决，造成调查人员与裁决人员角色的混同，出现可能忽视当事人证据和反驳意见的结果。

（4）案卷排他性原则。该原则是指，并购反垄断审查机构按照正式听证程序作出的决定只能以案卷为根据，不能在案卷以外，以当事人未知悉和未质证的事实为根据。该项原则要求裁决必须以经过公开质证的事实及证据材料为依据，以充分保障当事人的陈述意见权利及申辩权利。

2. 确认并购反垄断审查听证主体范围

根据我国商务部《经营者集中审查办法》，听证主体为“听证参加人”，具体包括：参与集中的经营者及其竞争者、上下游企业及其他相关企业的代表，并可以酌情邀请有关专家、行业协会代表、有关政府部门的代表、消费者代表等。在当代，有权参加行政裁决正式听证的人，不限于对行政决定具有明显直接利害关系的当事人，也包括间接利害关系人，如竞争者和消费者。[1] 我国相关法律、法规及规章应进一步明确主体范围为

---

〔1〕 参见王名扬：《美国行政法》，中国法制出版社1995年版，第425页。

听证主持人、调查人员、相对人、利害关系人及其他相关主体。

我国并购反垄断审查听证主持人员的设置，应当体现调查与裁决职能分离原则。为提高听证制度的有效性，我国须设置听证官职位，完善听证官的职权。听证官可直接隶属于国务院反垄断委员会，以保证其职权的独立性和权威性。听证官不参与案件的调查和指挥，其主要职责是组织和主持听证会工作，监督听证会笔录的制作；在听证会后写出听证报告，表达自己对该案的看法以及下一步的处理结论；在听证后出具的报告应作为经营者集中审查决定草案的附件，上交商务部并购反垄断审查委员会裁决机构；最后应将听证报告与审查决定一起发布在政府公告或商务部官方网站上，以增强听证制度的透明度和有效性。[1]

3. 完善并购反垄断审查听证程序规则

我国可借鉴美国执法经验，完善并购反垄断审查听证规则，赋予并购当事人以下权利：由无偏见的官员作为主持人的权利；得到通知的权利，通知中必须适当地说明听证所涉及的主要事项和问题；提出证据和进行辩护的权利；通过互相质问及其他正当手段驳斥不利证据的权利；请律师陪同出席的权利；只能根据听证案卷中所记载的证据作出裁决的权利；取得全部案卷副本的权利。[2]

并购当事人及利害关系人的听证通知权应得到有效保障。听证参与人必须就下列事项及时得到通知：听证的时间、地点和性质；举行听证的法律根据和管辖权限；听证所要涉及的事实和法律问题。听证通知应包含所有有利于当事人知晓听证的

---

〔1〕 See Commission Decision of 23 May 2001 on the terms of reference of hearing officers in certain competition proceedings, Official Journal L162, p. 21, 19. 06. 2001.

〔2〕 参见王名扬：《美国行政法》，中国法制出版社 1995 年版，第 384 页。

问题，以便其准备抗辩。

反垄断执法机关在作出重大的、影响并购审查相对人权利义务关系的决定之前，须听取当事人的陈述、申辩和质证，然后根据双方质证、核实的材料作出行政决定。行政听证程序的目的在于弄清事实、发现真相，给予当事人就重要事实表达自己意见的机会，保证当事人运用法定权利维护自身权益，保证行政权力使用的公正和合法。[1]

（四）完善并购反垄断审查的裁决及公告程序

1. 完善并购反垄断审查的初步裁决程序

商务部对并购反垄断案件的初步裁决一般要经过三个阶段：首先，并购审查调查办案人员经过调查取证、竞争评估，可以提出初步审查的意见建议，并说明理由；其次，把初步审查的处理意见与建议，交专门人员进行审查，既审查实体问题也审查程序问题，审查并购案件的事实与证据、管辖权、案件性质、适用依据、处理意见的合理性和公正性；最后，把并购审查的初步处理建议报负责人审批。为保证程序的公正性，并购反垄断审查应由三方主体参与，即调查办案人员、审查人员、批准人员，分别承担提出处理意见、案件审查、拟定初步处理决定的职责，这三类主体业务分开、职责分离、相互制衡，以保证初步裁决的合法性和合理性。[2]

2. 完善并购反垄断审查的最终决定程序

（1）商务部在作出最终行政决定前应充分保障并购当事人的知情权和抗辩权。可借鉴《关于控制企业集中的（EC）第

---

〔1〕 参见詹昊：《〈反垄断法〉下的企业并购实务：经营者集中法律解读、案例分析与操作指引》，法律出版社2008年版，第202页。

〔2〕 参见邵建东等：《竞争法学》，中国人民大学出版社2009年版，第371页。

139/2004理事会条例》的相关规定，赋予并购当事人及利害关系人在案件审查阶段查看档案的权利；在主要审查程序中为并购当事人及第三人提供参与机会，让其及时了解审查的进度和阶段性审查结果，展开对审查过程的讨论，提出抗辩意见；在作出最后决定前应告知当事人拟决定内容，赋予当事人最后提出答辩意见的权利，以提高审查的透明度和公正性。

（2）成立并购反垄断审查专家顾问委员会，增强审查决定的科学性和民主性。商务部可借鉴欧盟执法经验，成立并购反垄断审查专家顾问委员会，由著名法律专家、经济学家和实务专家组成；在作出最终审查决定前，必须与专家顾问委员会会商，听取专家顾问委员会的意见和建议。[1]

（3）审查决定的作出应实行调查与裁决职能相对分离的机制。我国商务部并购反垄断审查裁决程序应贯彻调查与裁决职能分离的原则。[2] 职能分离是指，从事裁决和审判型听证的机构或者人员，不能从事与裁决和听证行为不相容的活动，以保证裁决的公平。[3] 并购反垄断审查听证的主持和作出裁决的人和机构，不能同时又是追诉者和调查者。职能分离制度的理由在于，如果事先调查追诉的人参与裁决，可能会着重以所调查

---

〔1〕 参见阮方民：《欧盟竞争法》，中国政法大学出版社1998年版，第429页。

〔2〕 以美国联邦行政程序法为例，行政裁决禁止以下几种方式的职能合并：除依法律授权为处理事项所必要的行为以外，听证官或裁决官员不能与当事人单方面接触。需要和当事人接触时，必须通知所有当事人出席，以防止偏听偏信。裁决人员和听证人员必须独立行使职权，不受外界影响。调查人员或追诉人员不能充当裁决角色。美国行政法官在听证和裁决并购案件时，不仅需要站在公正的第三者的立场，而且需要站在申请人和行政机关的立场，积极调查和案件有关的各种证据，维护双方当事人的各自利益，作出公正的行政裁决。参见王名扬：《美国行政法》，中国法制出版社1995年版，第446页。

〔3〕 参见王名扬：《美国行政法》，中国法制出版社1995年版，第443页。

的证据作为裁决的基础，而忽视当事人所提出的证据和反驳。

关于行政裁决职能分离有两种观点：完全的职能分离主义和内部的职能分离主义。完全的职能分离主张把行政裁决职能和追诉职能、调查职能以及执行职能完全分开，由相互独立的机构行使。该观点由于协调成本高，一般不予赞成。批评者认为，行政裁决机关和行政执行、调查及追诉机关完全分离，会降低行政裁决的质量。因为行政裁决往往需要高度的技术知识，具有很强的政策性，完全职能分离不能满足这两点要求。内部的职能分离方案主张，行政机关就其总体而言，同时具有调查、追诉和裁决三种职能，但是由不同的实际工作人员行使。执行调查和追诉职能的人，不能参加裁决。实际工作人员实行职能分离的结果，行政长官不再分离，保障了行政裁决的公平。鉴于我国行政执法体制及传统，商务部并购反垄断审查亦采取内部职能分离主义，在商务部反垄断执法机构内部实现调查与裁决机构、人员及职能的分离，以保障行政审查及裁决的公正性。

3. 完善并购反垄断审查决定的公告程序

并购反垄断审查决定的公告程序具有重要的制度价值，有利于保障并购当事人抗辩权等权利的正常行使，有利于监督审查机构作出公正的裁决。例如，德国、欧盟的立法例均规定，应依法定程序对并购审查决定予以公布。[1] 我国台湾地区《公平交易法实施细则》第12条规定，中央主管机关对于依本法第11条第四项规定，就申报案件所为之决定，得刊载政府公

---

〔1〕 德国反垄断局在调查的第二个阶段公布所有禁止、附条件批准和批准合并的裁决。欧盟委员会按照案件号、公司名称、日期、裁决类型和NACE码针对个案发表出版物、新闻稿和公开委员会裁决。

报。[1] 我国并购反垄断审查立法及执法实践中，仅仅公布禁止决定和附条件批准决定，尚不完全符合透明度原则，不符合国际反垄断法的发展趋势与基本要求。[2] 我国须进一步完善并购审查决定的公示制度，对所有并购审查裁决予以公布，并充分说明裁决的理由。

（1）明确规定执法机构应公布所有经营者集中审查案件裁决，包括禁止集中决定、批准集中决定和附条件批准决定等行政决定，并建立审查决定文本数据库，供并购当事人及社会公众查询，以保障审查与决定的公开、公平和公正。公告所有类型的经营者集中审查决定，既符合国际惯例，也符合我国《行政许可法》关于行政决定应予公开的相关规定。[3]

（2）明确规定决定公布的时间。例如，爱尔兰法律规定，无论是快速许可判决还是经历了正式调查的判决，“竞争管理局”必须在作出判决后 2 个月内公布，还会把实施调查的通知发布在竞争管理局网站主页上。在偶尔情况下，判决可能不被公布，但在其他任何情况下，当事方企业和提出过建议的第三

---

〔1〕 参见赖源河编审：《公平交易法新论》，元照出版有限公司 2002 年版，第 530 页。

〔2〕 根据《理事会第 1/2003 号条例》规定，欧盟委员会经过审理，在听取了当事人的抗辩意见后，欧盟委员会作出如下决定：a. 如果委员会认为被诉企业不存在违法行为，一般会通过对该企业发出一个认定不构成违法的通知而结案。b. 如果委员会认定该企业存在违法行为，可以作出决定以禁止该行为，或者同时给予某种制裁。委员会应当公布所作出的决定，决定中应当载明当事人的名称及决定的主要内容，包括所要实施的任何处罚，当然，公布时应当考虑企业在保护其商业秘密中的合法权益。参见李国海：《反垄断法实施机制研究》，中国方正出版社 2006 年版，第 304—305 页。

〔3〕 我国《行政许可法》第 40 条规定，行政机关作出的准予行政许可决定，应当予以公开，公众有权查阅。参见王晓晔主编：《中华人民共和国反垄断法详解》，知识产权出版社 2008 年版，第 191 页。

方必须被告知。[1] 我国《反垄断法》及配套规章要求“及时”公布。但“及时”到底是多长时间并不确定。具体公布时间应当由法律法规予以明确规定，确定一个具体的公布期限，规定为30天内公布为宜。

（3）明确规定关于审查决定公布的方式和媒介。并购反垄断执法实践中，商务部把禁止决定和附条件批准决定公布在商务部反垄断局官方网站上。前德国联邦卡特尔局局长乌尔夫·伯格认为，透明度是量化反限制竞争法执法机构是否高效和最佳设计的一个标准，裁决结果应该尽可能地通过出版物、新闻发布会、专业杂志和网络予以公布。[2] 我国亦须规定兼采公布政府公报、监管当局网站公告等形式，以照顾到各个社会群体易于获悉决定内容，有利于发挥经营者、消费者、竞争者、公共部门等主体的综合监督制约机制。

（4）明确规定公告具体内容。为完善并购反垄断审查制度，保障当事人抗辩权，增强并购反垄断审查裁决的公正性和科学性，应进一步完善案件决定公告文书的内容，公告文书应做到翔实、具体，对关键问题应细致分析，充分说明同意或拒绝批准并购的事实与理由。翔实的公告文书具有宣扬竞争文化的功能，对并购反垄断审查申报具有明晰的指引作用，有助于节约执法成本与市场交易成本。我国并购反垄断审查决定的摘要须一律公开，内容应包括审查涉及的所有关键问题，具体由法律或商务部规范性文件作出规定。不断扩大并购反垄断审查决定

---

〔1〕 参见爱尔兰2002年《竞争法》第3（1）条、第21（2）条。转引自史建三、钱诗宇等著：《企业并购反垄断审查比较研究》，法律出版社2010年版，第287页。

〔2〕 参见王晓晔主编：《反垄断法热点问题》，社会科学文献出版社2007年版，第222—223页。

公告的范围，除审查决定外，可公告公众评论意见、政府竞争性评估意见等文件，以增强并购反垄断审查程序及决定的正当性与公正性。[1] 禁止与附条件许可类案件的公告文书可进一步加大信息披露力度；附条件许可案件的后续执行与监督情况信息也需要考虑予以披露。通过附条件许可公告后续信息的适当发布，实际上也可以促进社会监督功能的发挥，确保救济措施的有效落实。[2]

当然，审查决定的公示与公告，应当遵守信息保密的相关规定；并购法律法规应当进一步规定，审查机关公示审查决定时，需要隐去关于商业秘密或者其他重要秘密的信息，充分保护当事方企业的合法权益。

4. 完善并购反垄断最终审查决定的有效期及其变更程序

尽快建立我国最终审查决定的有效期与变更制度。我国法律法规没有规定反垄断执法机构作出三种决定的有效期制度，决定一旦作出即生效。禁止决定公示后，除非发生重大的情事变更，经营者可以重新进行申报，要求并购审查机构重新审查作出决定，这实际上已经是一个新的并购反垄断申报事项；或者通过行政复议或行政诉讼途径寻求救济。

我国可借鉴一些国家的立法例，规定许可的有效期制度。例如波兰、爱尔兰等国对无条件许可和附条件或义务的许可规定了有效期，当事方企业超过该期限不实施或完成被许可并购的，该并购并不必然无效，但却不再受到监管机构许可决定的

---

〔1〕 参见尚明主编：《主要国家（地区）反垄断法律汇编》，法律出版社 2004 年版，第 192—193 页。

〔2〕 参见王晓晔："中国竞争法律与政策实施的现状与发展"，载中国世界贸易组织研究会竞争政策与法律专业委员会主编：《中国竞争法律与政策研究报告（2011 年）》，法律出版社 2012 年版，第 81—83 页。

保护。该项制度设计的目的在于促进当事方企业按计划实施和完成并购交易，以免行政资源遭到浪费，或市场竞争环境发生重大变化，使得原来的评估条件与因素已经不存在，并购交易失去了原被批准的理由。

为保障实质正义价值目标的实现，我国有必要建立完善并购反垄断审查决定的变更和撤销制度。对于反垄断执法机构决定的变更情形，商务部只是提到了附加限制性条件批准决定这一种，而对于不予禁止决定和禁止决定却没有规定。〔1〕在作出各类最终审查决定后，有些国家规定监管机构可以在某些情况下撤销或改变其决定的全部或部分。例如，俄罗斯法律规定，并购审查最终决定变更的情形包括：联邦反托拉斯局发现其获得的有关交易活动的信息是错误的；当事方企业成功地提出了对其判决的质疑；联邦反托拉斯局独立得出了该判决是没有根据的结论；监管机构受到了欺诈而作出最终决定；作出最终决定时所依据的情形或事项发生了重大或实质性变化，致使该决定不再有其必要性；当事方能证明其他合理的理由等。〔2〕

我国有必要通过修改法律、法规，完善最终审查决定变更的具体理由。可以把以下理由规定为变更禁止决定的依据：反垄断执法机构发现其作出决定时依赖的重大信息或材料存在错误的，或者其受到欺诈而作出了决定；经营者事后成功地提出了对决定的质疑；质疑反垄断执法机构自行得出了其作出决定时存在重大违法情况的结论；反垄断执法机构作出决定时不再

〔1〕 我国商务部《经营者集中审查办法》第 15 条第 2 款规定："参与集中的经营者未依限制性条件履行规定义务的，商务部可以责令其限期改正；参与集中的经营者在规定期限内未改正的，商务部可以依照《反垄断法》相关规定予以处理。"

〔2〕 参见史建三、钱诗宇等：《企业并购反垄断审查比较研究》，法律出版社 2010 年版，第 316 页。

有其必要性和合理性；经营者能够提出其他合理的理由等。这些事由与情形应当同时适用于并购审查的三种最终决定形式。[1]

(四) 完善并购反垄断审查裁决的法律救济程序规则

并购反垄断审查机构的审查决定本质上属于一种行政行为，相对人应当享有提起法律救济途径的权利，以有效制约公权力的行使，维护当事人的合法权益。我国《反垄断法》第53条规定，相关主体有权针对并购反垄断执法机构作出的集中审查决定，提起行政复议和行政诉讼。

1. 完善我国并购反垄断审查的法律救济途径体系

并购当事人及利害关系人等主体对执法机构的决定不服的，大体上可以通过两种途径寻求救济，即行政救济途径和司法救济途径。行政救济是并购反垄断执法机构内部的纠纷化解机制，一般称为行政申诉或行政复议。司法救济是司法权力对行政权力的制约，一般由有管辖权的法院对执法机构的行政裁决进行独立审查，并根据案件事实作出相应的裁决。

救济途径一般有行政终局救济、司法终局救济和混合型救济方式。行政终局救济是指，相关主体对并购执法机构的决定不服，只能在行政体系内部处理，行政复审决定是终局的，不能被改变。司法终局救济是指，对并购执法机构的决定不服的，可以直接向司法机关提起诉讼，请求其依法予以审查，司法审查裁判是终局性的。司法终局救济又可分为一审终局制和多审终局制。混合型救济途径是指，当事人对并购执法机构的决定不服的，可以提起行政复议，也可以提请司法审查。一般而言，当事人应首先进行行政复议，对行政复议不服的再申请司法审

〔1〕 参见史建三、钱诗宇等：《企业并购反垄断审查比较研究》，法律出版社2010年版，第329—330页。

查。我国并购反垄断审查救济方式包括行政复议与司法审查两种类型。

我国相关立法既要完善调查阶段的救济规则，又要完善执法机构裁决阶段的救济规则。调查阶段的行政复议或司法审查范围，主要涉及反垄断审查机构对并购交易进行调查过程中所采取的查封、扣押等行政强制措施等具体行政行为，也包括对当事人作出行政处罚行为。如果当事人认为这些行为侵犯了其合法权利，有权提起行政复议和司法诉讼救济。美国《谢尔曼法》、《克莱顿法》以及《联邦贸易委员会法》等也未对调查阶段的当事人救济问题作出相关的详尽规定，这些规定均在美国的行政法体系中得以解决。[1] 因此，我国并购反垄断审查调查阶段的救济，可以通过《反垄断法》对特殊性问题进行规定，可以由行政法尤其是行政程序法和行政救济法解决的一般性问题，参照行政法的规定处理。

我国《反垄断法》第53条规定，对经营者集中审查的行政决定，可以先依法申请行政复议；对行政复议决定不服的，可以依法提起行政诉讼。但值得注意的是，这里立法文本表述的是“可以”而不是“应当”，只是倡导性规范，并非强制性规范；因此，经营者集中决定的行政前置规定似可理解为不具强制性。有学者对文本解读认为，对于经营者集中的决定，则应先申请行政复议，对复议决定不服的，才能提起行政诉讼。本书认为，此项学理解释值得商榷。按照行政复议法和行政诉讼法规定原则，对经营者集中的行政决定不服的，既可以申请行政复议，也可以直接提起行政诉讼。按照法治要求，设置行政

---

〔1〕 参见钟刚：《反垄断法豁免制度研究》，北京大学出版社2010年版，第181—182页。

复议前置程序并无必要，容易造成行政资源浪费，影响经营者权益的实现进程，应当允许当事人直接向法院提起行政诉讼，寻求司法救济。当然，我国通过《反垄断立法》倡导并非强制要求先行申请行政复议，可以发挥反垄断执法机关的专业优势，尽量把争议解决在行政体系内部，以节省成本，但是司法审查仍然是最终的救济渠道。

2. 完善我国申请救济的主体条件

各国关于对并购反垄断审查决定申请救济的主体范围及资格的规定有所不同。并购当事人作为行政相对人当然享有申请救济权，但第三方能否有权针对行政裁决提请行政救济和司法救济还存在学术争论与立法差异。例如，欧盟委员会的行政程序所涉及的相关企业，可以对委员会作出的宣布集中与共同市场不相容的决定提出异议。虽然委员会很少禁止整个交易，但是集中案件的当事人越来越多地对委员会的决定提起诉讼。尽管那些不能接受委员会决定的利害关系的第三人，要获得诉权就必须证明作为诉讼标的的委员会决定对他们造成了直接和独立的影响，但是第三人也经常提起诉讼。欧盟的执法实践表明，相关企业、股东、竞争者和工会代表等四类与拟议集中有关的自然人和法人，曾经对委员会根据《合并条例》作出的决定提起过撤销之诉。[1]《俄罗斯关于商品市场竞争和限制垄断活动的俄罗斯联邦第948－1号法》（2005年）第28条第1款规定了对反垄断机构的决定和指令提起上诉的主体范围，具体包括联邦行政机构、行政权力机关、市政当局、被委托行使公共行政职能的机构或组织、商业性或非商业性组织、包括个人企业家

〔1〕参见安德雷斯·冯特·葛拉雷兹、爱德娜·纳瓦罗·瓦罗纳等著，解琳、叶军译：《欧盟企业合并控制制度——法律、经济与实践分析》，法律出版社2009年版，第425—426页。

在内的自然人。这些主体应当有权利向普通法院或商业法院提起上诉，请求法院判决反垄断机构的决定和指令全部或部分无效。[1]

根据我国《反垄断法》第53条规定，申请救济的主体应该主要指并购当事人。我国应通过修订法律、法规明确规定，并购当事人、消费者、竞争者、其他经营者、自然人等利害关系人在符合条件的情况下，享有寻求行政救济权和司法救济权。对反垄断执法机构作出的不予禁止决定提出异议，申请行政复议和提起行政诉讼的人，应当不限于实施相关集中交易的经营者，还应当包括第三方，因为当事方经营者是不会质疑该类许可决定的。[2]

3. 完善并购反垄断救济程序审查的范围

考察各国并购反垄断行政复审和司法审查的范围，一般会把案件事实、法律适用及审查裁决程序均纳入审查的范围。例如，波兰相关立法即兼顾实体和程序问题的审查。我国《行政复议法》和《行政诉讼法》的相关规定，也兼顾了实体和程序问题的审查。可见，我国并购反垄断决定的救济审查范围应包括对相关事实认定及法律适用的审查。

---

〔1〕《俄罗斯关于商品市场竞争和限制垄断活动的俄罗斯联邦第948－1号法》（2005年）第28条第1款规定了对反垄断机构的决定和指令提起上诉的程序：联邦行政机构、俄联邦各部门的行政权力机关、各市政当局或被委托行使上述机构职能或权力的其他机构或组织（以及上述机构和组织的官员）、商业性和非商业性组织（以及他们的管理人员）、包括个人企业家在内的自然人，应当有权利向普通法院或商业法院提起上诉，请求法院判决反垄断机构的决定和指令全部或部分无效。参见时建中主编：《三十一国竞争法典》，中国政法大学出版社2009年版，第573页。

〔2〕参见史建三、钱诗宇等：《企业并购反垄断审查比较研究》，法律出版社2010年版，第393页。

4. 完善并购反垄断审查救济程序的法律效果规则

一般而言，大多数国家启动行政复审或司法审查程序并不会当然产生中止实施行政裁决的效力。《中华人民共和国行政处罚法》第45条规定：当事人对行政罚款决定不服申请行政复议或者提起行政诉讼的，行政处罚不停止执行，法律另有规定的除外。当事人寻求行政复议和行政诉讼的救济不影响罚款的执行。我国并购反垄断审查的救济程序一般需要先经过行政复议，对行政复议决定不服的，可向人民法院提起诉讼。行政复议与司法审查的最终后果包括：维护执法机构的决定、变更执法机构的决定和撤销执法机构的决定。鉴于并购反垄断审查的专业性特征，我国法院只宜撤销反垄断执法机构的裁决，而不宜予以直接变更。

5. 探索改革建立专门竞争法庭审判机制

对行政机关的行政决定和措施实施司法审查，有利于防止行政权力滥用，平衡权力关系，维护社会公平公正。并购反垄断执法机构的强制措施、制裁措施及审查裁决，必须能够接受司法审查，以实现正当程序要求。法律赋予并购当事人及利益相关方等主体提起司法救济的权利。国家司法机关是并购反垄断审查法律关系的司法审查主体，是社会公正的最后一道防线。例如，俄罗斯《竞争和垄断法》第28条规定，联邦行政权力机构、俄联邦各部门的行政权力机构、各市政当局、商业组织和非营利性组织，以及普通公民，有权向一般法庭或经济法庭起诉，要求部分或全部撤销联邦反垄断当局的决定，或者要求取消或更改由联邦反垄断当局作出的处罚或课收罚金的决定。[1]我

---

〔1〕 参见尚明主编：《主要国家（地区）反垄断法律汇编》，法律出版社2004年版，第158页。

国人民法院是并购反垄断审查案件的司法审查主体，主要受理并购当事人对商务部审查决定或行政措施不服的行政诉讼案件。

为贯彻司法终局的理念，许多国家设置了竞争法庭等专业司法机构来完善企业并购控制体系。如2002年《英国企业法》将竞争委员会上诉法庭从竞争委员会中分立出来，新成立了技术专家型的竞争上诉法庭，专门审理竞争法律事务。加拿大设置了专门的“竞争法庭”，以其在竞争领域的专业性而不同于一般法庭。当事人不服企业并购监管机构作出的决定的，可以向国家司法机构寻求司法救济。印度2007年修订的《竞争法》增设竞争上诉法庭来对竞争委员会的决议有异议的当事人提供救济途径，有利于强化对并购当事人权利的保护。[1]

我国需要逐步完善相关司法审判机构的设置及程序。考虑到并购反垄断审查等竞争案件具有很高的专业性，可探索建立

〔1〕 印度根据2007年《竞争法修正案》新设立了竞争上诉法庭，以保护当事人的合法权益，纠正委员会作出的不正确的决定、指示和指令。从而完善了救济制度，建立了从委员会到上诉法庭最后到最高法院的救济途径。在竞争上诉法庭的组成上，其由主席和两名成员组成，竞争上诉法庭的成员必须是能力卓著、正直廉洁、经验丰富的人，并且在国际贸易、经济、商务、法律、财经会计、管理、工业、公共事务或竞争事务等方面拥有25年以上的实践经验。主席是从印度的法官和即将任免的法官中选出。他们的任期为每任5年，可连选连任，但是均有最高年龄的限制，其中主席的最高年龄不能超过68岁，而成员的年龄则不能超过65岁。主席和其他成员在离职的两年内不能受雇于任何一家之前被竞争委员会提起过诉讼的公司，也不能主动联系该公司的管理者或经营者。但是在中央政府、州政府、当地政府、任何法律机构任职的除外；1956年《公司法》第617条定义的国有公司任职的除外。如果中央政府、邦政府、地方当局、企业或个人认为委员会作出的决定、指示或指令侵害了其利益的话，即可以向上诉法庭上诉或者针对其损害申请上诉法庭颁发赔偿令，而上诉法庭在调查以后，应当下达指令或赔偿令。如果中央政府、邦政府、地方当局、企业或个人对上诉法庭作出的决定或指令不服，还可以通过向最高法院上诉来寻求救济。参见中国世界贸易组织研究会竞争政策与法律专业委员会主编：《中国竞争法律与政策研究报告（2010）》，法律出版社2010年版，第296—297页。

专门的竞争法庭，处理因不服竞争执法机构决定的行政上诉案件，保障当事人的抗辩权与抗辩意见能得到专业化审查，从而实现维护自由公平秩序与维护当事人合法权益的平衡与协调。设置专业竞争法庭，有利于完善国家司法机关对并购反垄断审查案件的司法管辖权，为并购当事人及利益相关方等主体提供司法救济渠道，保障并购反垄断审查抗辩程序的公平公正。

第二节 法律行为：完善并购反垄断审查抗辩的行为模式

一、完善并购反垄断审查抗辩法律行为的界定

（一）并购反垄断审查抗辩法律行为的内涵

一般认为，法律行为是指具有法律意义的或能够引起一定法律效果的行为。[1] 法律行为对于法律制度价值目标的实现具有重要意义。“经济法行为是为实现社会正义的价值目标，在社会经济领域，经济法主体进行的具有管理性、社会性、经济性的，产生经济法律效果的活动。”[2] 并购反垄断审查抗辩法律行为是指，由并购反垄断审查法律确认的，由权利主体实施的，能够产生法律意义或引起法律效果的法律行为。

（二）并购反垄断审查抗辩法律行为的分类

1. 执法法律行为与抗辩法律行为

根据主体和性质不同，并购反垄断审查抗辩法律行为可分

---

〔1〕 参见张文显：《法哲学范畴研究（修订版）》，中国政法大学出版社 2001 年版，第 68 页。

〔2〕 徐孟洲、杨晖：“法律行为与经济法行为的关系——经济法行为的正当性”，载《经济法论坛（第 5 卷）》，群众出版社 2008 年版。

为执法法律行为和抗辩法律行为。执法法律行为是指，反垄断执法机构及其人员依法实施立案受理、调查、取证、采取强制措施、作出行政裁决等行政执法行为。执法法律行为必须符合正当程序原则，尊重当事人程序性抗辩权利和实体权利，才能产生并购反垄断执法的效果，实现反垄断执法的目标。我国《反垄断法》规定，经营者集中及其他垄断案件都须经过调查取证程序，反垄断执法机构的调查取证行为应当符合法律规定。抗辩法律行为，是指并购当事人依法实施针对并购行为的不利主张和指控，提出意见、申辩理由、抗辩事实，以期达到让执法机关批准并购交易目的的法律行为。抗辩法律行为，应遵守法律，尊重事实，提供真实的事实、证据和材料，表达真实的意思表示，以实现抗辩法律行为的法律效果。

2. 申报环节的抗辩法律行为与审查环节的抗辩法律行为

根据发生环节不同，抗辩法律行为又可分为申报环节的抗辩法律行为和审查环节的抗辩法律行为。申报环节的抗辩法律行为，是指并购当事人在提出的并购申报行为，并依法就申报期限、材料信息提交的完整性、申报管辖权是否正确等问题，提出自己的抗辩理由，以期实现被执法机构及时立案受理的法律效果。我国相关法律、法规应规定，并购当事人有权针对执法机构要求补充资料的行为实施抗辩法律行为，要求执法机构认可材料的完整性，或者要求执法机构认可目前阶段下材料提供的受限制性，而追求实现并购申报被执法机构正式受理的法律效果。审查环节的抗辩法律行为，是指在并购反垄断审查阶段，并购当事人针对执法机构的调查、取证、审查、质疑而提出的申辩等法律行为，以期证明并购行为不存在实质性限制竞争效果，以期达到被执法机构认可并批准并购的法律效果。

二、完善并购反垄断审查申报环节的抗辩法律行为

申报环节的抗辩法律行为对保障并购审查案件的正确受理、确保并购反垄断审查启动环节的正常开始，保障反垄断执法机构获得规定的信息材料，维护并购当事人时限权益等，均具有重要的意义。

（一）申报环节抗辩法律行为的后果分析

并购当事人实施申报行为，可能会涉及一系列抗辩法律行为。这些抗辩法律行为是否合法有效，关系到能否达到其法律效果。一般而言，申报环节抗辩法律行为的法律后果有两种：一是抗辩法律行为有效，得到执法机构的承认，申报被及时受理，顺利进入并购反垄断审查的初步审查阶段；二是抗辩法律行为没有得到执法机构的承认，执法机构以申报材料不完备等理由要求继续补充申报材料或者不予立案受理，使得申报未能及时受理，未能实现申报行为的法律效果。如果一项并购交易经申报被受理，则进入了并购反垄断审查的初步审查阶段。

（二）完善申报材料完备性认定的抗辩法律行为

申报材料是经营者集中反垄断申报要求提交的相关材料，一般包括申报文件和支持文件资料。多数法域的强制申报制度把“完整申报”规定为有效申报的标准，原因在于，如果申报材料不完整，就意味着执行机构无法在信息充分的基础上作出有关竞争影响的初步判断。为保证并购交易反垄断申报的效率，防止浪费行政资源和对交易造成法律上的不确定性，我国《反垄断法》及配套法规、指南已经明确规定了应提交的文件资料内容、有助于对并购交易的竞争影响作出初步判断的信息。为保障申报表格内容的真实、正确和完整，我国可借鉴美国的申报报告表格规范要求，相关表格必须经过证明，并且应规定必

须由谁来证明。证明的主要目的之一是为了保持证据的真实性，同时证明要求，个人承担义务确保所报告的信息须真实、正确和完整。证明的宣誓书都必须经过公证，否则承担伪证责任。[1]

我国《经营者集中申报办法》应当明确规定赋予申报方申请确认材料完整性的权利。如申报方无法获得某些法规或主管部门要求申报材料，应允许其向执法机构说明无法获得该材料的理由、申报方对该类材料可能涉及的重要问题的评估及依据，在可能情况下说明能够从何处获得这些资料。我国相关法规、规章与指南应当规定允许申报方以无法获得部分申报材料为理由，向审查机构申请免除其提交某类材料的义务，并说明正当理由；并购反垄断审查机构应当对该理由说明进行评估，如认为适当，可确认申报的完整性，但这并不影响审查机构依据评估的需要再次要求提交该类材料的权利。我国相关法规、规章、指南还应进一步明确规定，在申报方一次性提交的申报材料并不符合竞争机构对申报材料要求的情况下，主管机关应确定最长期限和要求补充的最多次数，同时要说明材料不完整的理由。[2] 这些规定能够有效保证行政执法程序效率的实现，也能够保障申报方行使申报资料完整性和补充资料期限方面的抗辩权。

根据美国与欧共体的执法历史记录显示，大约95%的通报

---

〔1〕 See Hart - Scott - Rodino, Premerger notification Program Introductory Guide Ⅰ, What is the Premerger, Notification Program? (An Overview, Revised March 2009).

〔2〕 例如，我国台湾地区《公平交易法实施细则》第9条规定，事业结合依本法第11条第1项提出申报时，所提资料不符前条规定或记载不完备者，中央主管机关得叙明理由限期通知补正；届期不补正或补正后所提资料仍不齐备者，不受理其申报。参见赖源河编审：《公平交易法新论》，元照出版有限公司2002年版，第529页。

案在初期审查后会被放行。[1] 据统计，截至2010年底，我国商务部审查的并购案件第一阶段即被批准的占59%。[2] 为节约并购反垄断审查的申报及执法成本，我国可借鉴美国“两步通报体制”的具体制度设计，进一步完善并购反垄断审查指南规则，明确规定第一阶段申报书的基本内容，简化企业在初期应当提交的材料，将两步审查分别应当提交的资料内容加以区别，以减轻大多数企业在初期审查中的举证及提供信息的负担。[3]

（三）完善有关申报时间的抗辩法律行为规定

申报时间关系申报的立案管理及审查期限问题，并购当事人应被赋予就申报时间问题提出自己的抗辩主张及证据的权利。我国《反垄断法》规定的经营者集中申报控制采事前申报异议制，应事先检查申报资料的完整性。但我国相关法律、法规尚未就申报的时机作出明确规定。我国可根据《国际兼并控制程序最佳实践的建议框架》建议，取消不合理限制当事人提交申报材料能力的规定，允许当事人在并购意向确定或计划形成时即可提交审查申报材料。修订法律、法规及指南，根据并购申报不同类型对申报时间作出相应规定，以明确申报的时机。一般而言，公司合并应于董事会决议、股东会决议中作出，合并协议签订之前，还须在向相关主管机关进行合并登记。除了合并外，依其他事实的集中，应当于契约签订之前申请许可。有关公开收购股票的，若达到表决权控制标准的，应当先取得反

---

〔1〕 See U. S. DOJ, International Competition Polycy Adivisory Committee（ICPAC）, Final Report, at 112（2000）, available at http：//www. usdoj. gov：80/atr/icpac/finalreport. htm.

〔2〕 参见“中国企业并购审查制度与实务”，《第二次中欧竞争政策周企业运营与反垄断法国际研讨会上的演讲报告》，2011年11月28日，北京。

〔3〕 参见王中美：《并购与反垄断》，上海世纪出版集团、上海人民出版社2008年版，第208页。

垄断执法机构的许可，才能准予公开收购。

三、完善并购反垄断审查环节的抗辩法律行为

（一）完善进一步信息提交的法律行为

进一步信息提交程序设计，既要贯彻权利义务平衡原则，有利于并购审查机关获得准确全面的相关信息，保障其作出正确的判断与决定；又要兼顾并购当事方的抗辩程序权利的保障。信息提供既是并购当事方的法定义务，也是提出抗辩、答辩、证据的法定权利。例如，以色列法律规定，“反垄断管理局”有权要求申报企业提交额外的信息，当“反垄断管理局”想反对某项并购交易时，亦可以允许当事方企业提供进一步的信息或证明该交易合法性的证据。[1]

进一步提供信息法律行为必须在明确的法定期限内作出，以保障整体审查的顺利进行，保障当事方企业的合理预期利益。例如，爱尔兰“竞争管理局”如果需要进一步的信息来审查问题交易，则可以要求当事方企业在规定的期限内提供，这在第一阶段就可以进行。如果进入第二阶段的审查，则所有的进一步材料必须在“竞争管理局”决定实施全面调查之日起 21 日内提交。[2] 我国并购审查机构要求第三方提供信息的制度设计应当增强执行力和强制性，把向并购监管机构提供信息作为第三方的一项法定义务，当然，也应当同时赋予消费者、供应商、竞争者、其他行政机关以陈述意见权，以平衡并购审查机构与

---

〔1〕 参见以色列 1988 年《限制性贸易习惯法》第 20（a）条，转引自史建三、钱诗宇等：《企业并购反垄断审查比较研究》，法律出版社 2010 年版，第 281 页。

〔2〕 爱尔兰 2002 年《竞争法》第 20（1）（b）条和第 20（2）~（4）条，转引自史建三、钱诗宇等：《企业并购反垄断审查比较研究》，法律出版社 2010 年版，第 280 页。

第三方的权利义务关系。

(二) 完善并购当事人初步裁决的抗辩法律行为

反垄断执法机构经过初步审查，会在法定期限内作出批准并购交易或进入第二阶段审查的初步裁决，该裁决也关系到并购交易是否最终被批准。我国并购反垄断审查法律、法规应当明确规定，并购当事人有权就执法机构作出的进入第二阶段审查的初步裁决提出抗辩法律行为。并购当事人就初步裁决的抗辩法律行为，可以指出该初步裁决行为法律及事实依据的不足，证明并购交易不会造成排除、限制竞争的不利影响，或者提出存在市场进入、效率、破产企业、公共利益等抗辩情形，足以抵消或超过并购所产生的限制竞争效果，从而证明执法机构作出进入第二阶段审查的裁决不当。

(三) 完善有关实质审查期限缩短的抗辩法律行为

为维护并购当事人的合法权益，减少市场交易成本和风险，我国应建立“实质审查期限缩短”的制度设计，只要并购当事方提出了正当理由，提出了缩短实质审查期限的抗辩法律行为，并经并购审查机构认可，即可实施实质审查期限缩短制度。该制度设计一般可以保证一些并购案件在法定期限届满之前得到解决，有利于提高审查行政效率，节约并购交易成本。

该法律行为适用的条件主要包括两种情形：一是问题交易对相关市场及竞争环境影响微小；二是当事方企业申请并能够证明加速审查程序具有正当性和必要性。如奥地利法律规定，当事方企业为了使并购审查机关放弃申请实施深入调查的权利，从而加速审查进程，必须提交一份正式的书面申请以说明情况紧急的正当理由。[1]

美国并购审查机关颁发进一步审查令后，延长的等待期自交易双方实质履行了进一步审查令之日起 30 天届满，但又特别规定现金要约收购或者收购破产情况除外，这时延长的等待期为实质履行之日起 10 天。[2] 我国可借鉴美国《哈特—斯科特—罗蒂诺反托拉斯促进法》（简称《HSR 法》）相关规定，针对并购破产企业进一步审查的等待期可以缩短为 10 天，从而提高破产企业抗辩制度的适用效率，实现该制度的立法宗旨和目标。

（四）完善豁免经营者集中中止的抗辩法律行为

对于未达法定申报标准的经营者集中，反垄断执法机构启动调查后并不必然会得出集中将产生竞争损害的结论。虽然执法机构在启动调查后应有权依据得出的初步结论并且在其认为必要和紧急的情况下，可命令集中方中止集中的实施。但是，在此情况下，集中方可实施免予中止的抗辩法律行为，申请免予中止并提出正当的抗辩理由，执法机构可审查决定维持中止的命令或者在认为理由正当的情况下，允许免予中止。但如果最终判定集中具有排除和限制竞争影响，集中方应承担不中止而集中的相应后果。我国应当设定一个确定的中止效力，这个中止效力是程序性的，只要竞争机构开始反垄断调查，即发生对已经开始但尚未完成的集中的中止效力。鉴于绝大多数经营者集中不会产生反竞争影响，最终会被批准，我国应参照欧盟的规定，对于集中已经开始实施但未完成的情况，如果执法机

〔1〕 参见史建三、钱诗宇等：《企业并购反垄断审查比较研究》，法律出版社 2010 年版，第 277 页。

〔2〕 参见［美］美国律师协会反垄断分会编，伊莲·K. 格莰主编，李之彦、王涛译：《美国并购审查程序暨实务指南（第 3 版）》，北京大学出版社 2011 年版，第 23 页。

构启动初步审查，集中方有权向执法机构实施申请豁免中止的抗辩法律行为，但应说明正当的理由；如果执法机构认为合理，可以允许继续实施。

第三节 法律关系：解析并购反垄断审查抗辩的主体、客体和内容

“法律关系是法律规范在指引人们的社会行为、调整社会关系的过程中形成的人们之间的权利和义务关系，是社会内容和法的形式的统一。”[1] 经济法律关系是指，国家机关、社会组织和其他经济实体，在参加经济管理过程中和经营协调活动中发生的经济关系，由相应的经济法律、法规对之进行确认和调整后形成的，并由国家强制力保证其存在和运行的经济权利和经济义务相统一的关系。[2] 并购反垄断审查抗辩法律关系是并购反垄断审查抗辩制度的运行过程中形成各方主体之间的权利义务关系，包括主体、客体和内容三个要素。

一、并购反垄断审查抗辩法律关系的主体

主体是指参与特定经济法律关系，享受一定权利和承担一定义务的组织或个人。“反垄断法的主体不仅包括各类限制或影

---

〔1〕 张文显：《法哲学范畴研究（修订版）》，中国政法大学出版社2001年版，第96页。

〔2〕 参见潘静成、刘文华主编：《中国经济法教程》，中国人民大学出版社1999年第3版，第68—69页。

响竞争的主体，也当然包括反垄断法的执法主体。”[1] 企业并购反垄断审查抗辩法律关系主体是指参加并购反垄断审查法律关系，享有经济权利或拥有经济权力和承担经济义务或经济职责的企业组织、国家机关等当事人。

（一）并购反垄断审查抗辩法律关系主体的种类及特征

法律关系的主体是指，在并购反垄断审查抗辩制度实施过程中，享有权利承担义务的当事人，具体包括国家行政执法机关、经营者、消费者、行业协会等。[2] 法律关系主体又可分类为反垄断执法机关、并购当事人、利害关系人。法律关系主体具有以下几个特征：

第一，法律关系主体是一种独立的法律主体。即能直接参与并购反垄断审查法律关系，并以自身的行为享有权利，承担义务，对其行为的法律后果承担责任的主体。

第二，法律关系主体必须是参与并购交易及审查活动的主体。包括反垄断执法机构、经营者、消费者等主体。

第三，法律关系主体必须具有经济权利能力和经济行为能力。反垄断执法机构是国家法律授权享有执法权限和责任的专门机构，享有相应职责和权限。并购当事人则是具有权利和义

---

〔1〕 孟雁北：“反垄断法的主体制度研究”，载 http：//www. civillaw. com. cn/article/default. asp? id =20002，访问日期：2012 年 4 月 6 日。

〔2〕《德国反限制竞争法》（2005 年）针对卡特尔当局进行的程序予以规定，该法第 54 条第 2 款和第 3 款规定：在卡特尔当局进行的程序中，其当事人有：①申请启动程序的人；②作为程序相对人的卡特尔、企业、经济联合会或企业联合会；③与行政裁定有利害关系的人或者人合组织，卡特尔当局根据他们的申请传唤他们参加程序；在行政裁定对众多消费者产生作用并且对消费者利益产生实质性影响时，消费者权益咨询中心和其他获得公共基金资助的消费者组织；④第 37 条第 1 款第 1 项或第 3 项情形的出让人。（三）联邦卡特尔局也应作为当事人参加在州最高国家机关进行的程序。时建中主编：《三十一国竞争法典》，中国政法大学出版社 2009 年版，第 112 页。

务，具有履行权利和承担义务的能力和资格的市场主体。

第四，法律关系主体必须是依法成立或合法存在的主体。国家反垄断执法机构是依法成立的专门执法机构，具有独立的法律主体地位；并购交易当事人也是依法成立的企业组织或其他合法存在的主体。

（二）国家反垄断执法机关：并购反垄断审查抗辩法律关系的公共执行主体

1. 完善商务部的组织设置及运行机制

商务部作为我国并购反垄断审查机构，是经国务院授权，依据法定标准和程序实施经营者集中审查的反垄断执法机构。商务部作为并购反垄断执法机构，尚需在组织机构、职能及运行程序上进行改革完善，以更好地发挥其维护公平自由竞争的职能。

（1）加强商务部反垄断局经济处的建设，发挥经济分析工具的作用。经济处提供经济学和统计学上的分析报告，为并购反垄断审查和裁决提供咨询意见。经济处人员应具备一定的任职条件和任职资格，配备经济理论及实务经验的专家进行经济分析评估。为保障商务部经营者集中审查的有效性，应配备拥有竞争法理论与实践方面的丰富知识、技能与经验的专业人员。[1] “对于经营者集中的审查工作，需要做大量的专业性经济分析工作确定是否对经营者集中做出禁止性的决定。”[2] 并

---

〔1〕 韩国公平交易委员会前主席权五乘提出：一般而言，竞争执法专业人员需要三种技能：第一种是专业调查技能；第二种是能够认真分析案件，评估限制竞争对市场竞争影响的经济分析能力；第三种是对案件正确作出决定的能力，即能够判决案件的违法性并提出适当改正措施以防止违法行为发生的能力。参见［韩］权五乘："竞争法的有效实施"，载王晓晔主编：《反垄断法实施中的重大问题》，社会科学文献出版社 2010 年版，第 342—343 页。

〔2〕 张穹著：《反垄断理论研究》，中国法制出版社 2007 年 9 月第 1 版，第 271 页。

购反垄断审查内部机构设置应设立专门的由经济学家、法学家及其他学科、行业的专家组成的专家咨询部门。因此，并购反垄断审查机构应有部分法学家和经济学家的参与。

（2）商务部须重视通过规范、透明和有效的执法活动，赢得企业、消费者等市场主体及社会大众的公信。执法机构应努力建立一套客观、合理的标准，并严格予以遵循，同时维系公平、透明地处理案件的程序。这样，竞争执法机构就能通过提升企业对个案结果的预期能力而获得公信力。〔1〕

2. 完善国务院反垄断委员会的组织及运行机制

国务院反垄断委员会的权威性和独立性需要进一步增强，以发挥其在并购反垄断审查中的积极作用。

（1）国务院反垄断委员会组织制定发布并购反垄断审查指南，增强并购反垄断审查当事人预期。并购反垄断审查指南应根据国家社会经济发展情况适时进行修订，以增强集中审查指南的权威性和指导性。并购反垄断审查的重要程序性规则指南，也应由国务院反垄断委员会组织制定，并以国务院反垄断委员会的名义发布，增强并购反垄断审查程序的透明度和规范化。

（2）国务院反垄断委员会应组织撰写年度并购反垄断审查报告并定期予以公布，增强并购反垄断审查的政策及执法的透明度。该项制度性措施有利于培育市场主体的竞争文化意识，增强并购反垄断审查的预期性，加强并购反垄断审查制度的国际交流与合作。

（3）国务院反垄断委员会应加强宏观决策职能，从而实现商务部并购审查的准司法职能配置。目前，国务院反垄断委员

---

〔1〕 参见［韩］权五乘："竞争法的有效实施"，载王晓晔主编：《反垄断法实施中的重大问题》，社会科学文献出版社 2010 年版，第 344—345 页。

会办公室设在商务部，也是增强并购反垄断审查准司法化的一个有利条件。特别是并购反垄断审查的调查与审理的相对分离改革，可以引入国务院反垄断委员会的职能，加强并购反垄断审查的中立性与公正性。听证会听证官也可从国务院反垄断委员会专门职员中选配，以增强听证主持人的中立性与公正性，确保听证制度的作用与功能发挥。另外，可有效发挥国务院反垄断委员会的专家咨询顾问功能，商务部审查的重大并购案件涉及公共利益抗辩、效率抗辩和破产企业抗辩等重大情形的，裁决前应当咨询反垄断委员会的建议与意见。[1] 2011 年 12 月 20 日，国务院反垄断委员会成立以著名法学家、经济学家等专家为成员的专家咨询组，有利于更好发挥其法律政策咨询功能，可望为竞争政策、反垄断指南和规章、市场竞争状况评估报告、反垄断重大议题和重大事项、国内外反垄断重点热点问题等提供咨询意见。[2]

（三）市场经济主体：并购反垄断审查抗辩法律关系利益主体

除了并购当事人外，并购反垄断审查抗辩的公众参与，应该主要采用“关键公众接触”原则。参与主体必须是有限的参与者，关键的主体通常是利益相关者，相关主体一般包括特定

---

〔1〕 例如，德国《反限制竞争法》第 42 条规定，如果企业合并对整体经济产生的利益可以弥补对竞争的限制，或合并符合重大的公共利益，应申请，联邦经济部长可以批准为联邦卡特尔局所禁止的合并，联邦经济部长在作出决定前，应征求垄断委员会的意见。至于联邦经济部长是否必须遵从垄断委员会的意见，法律并没有明确规定。参见李国海：《反垄断法实施机制研究》，中国方正出版社 2006 年版，第 70 页。

〔2〕 参见“我校三位教授受聘国务院反垄断委员会专家咨询组成员”，载 http：//www. liuxue114. com/renda/waiyu/xuezairenda/20120102112052. html，访问日期：2012 年 1 月 29 日。

的咨询组织、消费者保护协会和其他相关利益群体等组织。为有效实施并购法律控制，除并购当事人外，我国须赋予更多主体参与并购审查程序的资格，如举报人、受害人、消费者、竞争者、行业协会、其他社会团体及其他政府公共部门等主体，均应有权参加并购反垄断审查抗辩程序。

1. 并购当事人

并购当事人是参与并购交易活动的相关主体。其中，申报义务人是法律、法规、规章规定的向并购监管机构提出申报的并购交易人。申报义务人并非当事人自行协商确定，而是通过法律予以规定。合并交易通常由参加合并的双方各个企业共同实施申报；并购交易一般应由主持交易的收购方企业进行申报；获得控制或重大影响力应由获得控制或者能够施加重大影响力的当事方企业履行申报义务。申报义务人同时往往也是并购审查与审理中的抗辩人，当然，并购交易的非申报义务人亦应享有抗辩权，也是抗辩法律关系的利益主体。

2. 竞争者、消费者等利益相关第三方主体

并购反垄断审查抗辩法律关系的主体不仅包括并购当事人，还应包括并购当事人的竞争者、消费者及其他利益受到影响的主体。〔1〕并购当事人、竞争者及其他利害关系人这些市场经济主体，与作为公共执行主体的反垄断执法机构相对，可以称为

〔1〕例如，2002 年《英国企业法》规定，如果对公平贸易局或竞争委员会的决定不服，并购方和有利益关系的第三方均有权要求就竞争执法机构的决定提交司法审查。任何人的权利受到公平贸易局、竞争委员会或者国务大臣的决定的侵害，均可向竞争上诉法庭起诉。并购方的竞争对手也可以作为有利益关系的第三方，要求竞争上诉法庭推翻公平贸易局应移送而未移送、竞争委员会应禁止而未禁止或者应采取救济措施而无条件批准的决定；消费者或其他相关利益方利益受到损害，也可向竞争上诉法庭起诉。参见尚明主编：《企业并购反垄断控制：欧盟及部分成员国立法执法经验》，法律出版社 2008 年版，第 141—142 页。

私人执行主体，对并购反垄断审查抗辩制度的具体实施具有重要发起、监督、制衡等作用，可以有效弥补与补充公共执行的不足，有效实现并购反垄断审查抗辩制度的价值目标。[1] 并购反垄断审查机关应当更加尊重并购交易当事人之外的第三方的主体作用。除调查合并双方当事人外，还要调查同业竞争者、客户、供应商、潜在的从业者和相关工业的公司，访问工业领域的专家、经济学专家、其他政府机构的人员及其他可能了解相关产业和产品的人员等，以获得支持竞争影响评估及决断的信息和证据。调查中要求第三方合作，要求第三方提供进一步的信息，邀请、命令第三方参加听证或其他审查程序，允许第三方主动提出加入程序或者对案件提出自己的看法与意见，均充分体现第三方在并购审查中的积极作用，有利于并购审查机关提高自己的执法能力，作出公平公正的审查决定。[2]

拟并购企业的竞争者也是并购反垄断审查的重要主体。传统观点认为，竞争者反对并购是浪费时间，因为竞争者的观点没有可信度。近些年来，执法机关已经明确表示，竞争者能够提供有用的信息。这种变化大概有两个原因。一是执法机关意识到，并非所有的反竞争并购都符合并购当事方的竞争者的利

---

〔1〕 关于反垄断实施中私人主体重要作用的阐述，参见李国海：《反垄断法实施机制研究》，中国方正出版社2006年版，第31—34页。还可参见李俊峰：《反垄断法的私人实施》，中国法制出版社2009年版；王健：《反垄断法的私人执行——基本原理与外国法制》，法律出版社2008年版。

〔2〕 例如，波兰《竞争及消费者保护法》（2004年修正案）增设了一项正式的法律规定，授权所有个人或实体向竞争及消费者保护局主席提交任何有关即将送达的案件的重要信息或解释。如果该个人或实体希望通过自己主动提出评论或反对意见等方式与主席分享其掌握的情况，在这种情况下，不需要正式确立该个人或实体与案件的利害关系。参见波兰2000年《竞争及消费者保护法》（2004年修正案）第45（a）条，转引自史建三、钱诗宇等：《企业并购反垄断审查比较研究》，法律出版社2010年版，第297页。

益；二是当并购活动盛行的时候，在很多案件中，人手不足的执法机关都意识到积极反对并购的企业有助于发掘事实和观点。[1]

反垄断执法机构在启动调查与审查过程中，利害关系第三方也是重要的法律关系主体。执法机构可以要求第三方提出对产品、行业以及相关市场的观点。在确定需要解决的重点问题后，立即与并购当事人及第三方进行讨论，以确保其能够提供必要的信息并且有机会提出任何抗辩。在适当情况下，反垄断执法机构可考虑组织召开与各方及利害关系第三方的会议，以及检验当事方及第三方的抗辩观点的正确性。从第三方获取信息是并购审查中的重要环节，有利于提供有关市场的重要事实信息，以对并购当事方提供的信息、抗辩事由及证据进行检验。当然，在与第三方的接触与信息沟通过程中，并购反垄断审查机构应保持对第三方的中立态度，以确保程序的公平性和客观性。

二、并购反垄断审查抗辩法律关系的客体

（一）并购反垄断审查抗辩法律关系客体的内涵辨析

“法律关系的客体指的是权利义务的对象，借助客体可以实现主体达致的目标。”[2] 权利和义务都必须指向一定的客体，必须在一定的客体之上才能形成某种法律关系，进而在主体之间分配权利义务。法律关系的客体一般包括物、行为和智力成果等。当然，考察任何法律关系的客体必须结合具体情况分别

---

〔1〕 参见［美］美国律师协会反垄断分会编，伊莲·K. 格茨主编，李之彦、王涛译：《美国并购审查程序暨实务指南（第3版）》，北京大学出版社2011年版，第247页。

〔2〕 王利明：《民法总则研究》，中国人民大学出版社2003年版，第187页。

加以判定。经济法律关系客体是经济法律关系的主体通过经济法律关系所追求的经济目标和经济利益。

竞争法律关系的客体是各种行为。[1] 并购反垄断审查抗辩法律关系的客体应该确定为并购行为，具体是指，相关经济法主体通过并购反垄断审查经济法律关系，以达到特定的社会经济效益和经济效用目标的行为。并购反垄断审查的结果包括禁止并购行为、无条件批准并购行为和附条件批准并购行为三种。

并购行为经过审查和抗辩后的法律结果包含着并购当事人主体的利益需要，而且并购审查行为结果也可能涉及消费者福利、其他竞争者利益、社会公共利益等需要。

（二）并购行为的审查及抗辩结果分析

1. 批准并购行为结果

反垄断执法机构经过法定的调查、取证、听证、审查、评估等程序，充分尊重并购当事人及利益相关方的申辩权和抗辩权，如果判定并购不会产生实质性限制竞争影响，或者存在市场进入、效率、破产企业、公共利益等抗辩事由足以抵消或超过限制竞争影响，则会批准并购行为。反垄断执法机构审查并购行为实现了维护公平自由竞争秩序、维护消费者福利的价值目标。并购当事人则实现了依法申报、抗辩、合法实施并购活动、增强企业规模经济、提高企业管理水平、增进经济效率的并购目标。

2. 附条件批准并购行为结果

为了使集中对竞争产生的不利影响降低到最低限度，执法机构对不予禁止的经营者集中，可以决定附加减少集中对竞争

---

〔1〕 参见吴宏伟：《论竞争法》，中国人民大学 1999 年博士学位论文，第 65 页。

产生不利影响的限制性条件，经营者接受附加的限制性条件是执法机构批准集中的前提。经营者必须严格履行限制附条件规定的义务，执法机构有权对经营者执行情况进行监督。

3. 禁止并购行为结果

反垄断执法机构经过调查、取证、听证、审查、综合评估，听取并购当事人及利益相关方的意见和申辩，如果认定并购实质性限制竞争，则可以依法作出禁止并购的裁决结果。

三、并购反垄断审查抗辩法律关系的内容

法律关系的内容是指主体的权利和义务。“经济法在行为权利（权力）义务（职责）分配上，就必须在个体经济利益与整体经济利益之间寻找一个合理的边际均衡点，不仅应尊重个体的经济行为权利（权力），同时也必须要求其承担经济行为义务（职责），以最终实现经济行为利益最大化的法价值目标。”[1] 可见，经济法责权利效相统一理念，必然要求法律应为并购反垄断审查抗辩制度配置相应的权利义务。相关法律、法规须合理配置权利义务，赋予并购反垄断执法机构及其执法人员以相应调查权、询问权、强制权等职责权限；同时也赋予并购当事人、其他人利害关系人参与并购反垄断审查程序的权利。

（一）完善并购反垄断执法主体的权利义务配置

1. 完善并购反垄断执法主体的职权配置

反垄断执法机构依法享有一定的职权，是其有效实施对经营者集中控制职能的重要保障。并购反垄断执法机构一般享有调查权、强制措施权、处罚权、咨询权、获得信息权、行政指

---

〔1〕 刘少军：“经济法行为性质论”，载《天津师范大学学报（社会科学版）》2009 年第 1 期。

导权、准立法权、准司法权、协商权等权利。我国亟需完善以下相关权利配置制度。

（1）完善调查权。反垄断执法机构对并购交易开展调查，对并购当事方的经营现场进行检查，有权强制要求合并公司提供内部文件，以更好地评估并购公司合并方的竞争关系、竞争环境和竞争影响等因素。该项调查应当确保没有遗漏抗辩性材料，保障并购当事方的程序性权利与抗辩权利。执法机构行使调查权利主要用于获得关键信息，尤其是在引起竞争关注的复杂案件中，用于获得对于判断集中的反竞争影响具有实质价值的证据信息。反垄断执法机构应有权要求合并方、竞争者、客户等第三方提供书面形式的特定信息资料。借鉴欧盟立法及执法经验，我国须进一步强化并购反垄断执法机构的调查权限，规定反垄断执法机关享有对并购当事人、第三人、企业代表人及职工等主体的询问权；也可规定反垄断执法机构调查活动的“晨袭权”，当然必须规定严格的程序规则。

（2）完善咨询职权。并购反垄断审查过程中，应重视经济、法律专家的观点和意见。商务部反垄断局可建立咨询专家制度，或成立专家咨询委员会。聘请反垄断法律专家、经济专家和行业专家等外部专家，能够帮助执法机构获得有关最适于案件情形的理论研究成果的充分信息，弥补执法机构在专业知识和评估能力方面的不足，帮助执法机构从经济和法律专业的视角确定并购可能产生的关键问题和审查重点。

（3）完善行政指导权和协商权。行政指导是非强制性行政行为，符合行政民主化的发展趋势。加强行政指导也是完善并购反垄断审查抗辩程序的重要措施之一。行政指导权是指反垄断执法机关指导、建议、劝告相对人采取某种行为的权力。[1] 赋予并强化反垄断执法机关对并购控制的行政指导权，有利于经营者增强预测性和确定性，加强对竞争行为的自我约束，适时调整经营策略，也有利于反垄断执法机构节约行政资源，提高行政效率，反垄断执法机构的执法行为和行政决定更容易被经营者授受和遵守。[2] 我国须进一步完善经营者集中申报前的商谈制度、经营者承诺制度和听证会制度的程序规定，加强行政指导。重视与并购相对人以及其他主体的协商、谈判工作，以节约并购反垄断审查的人力、物力、财力及时间成本。[3] 我国《经营者集中申报办法》第 8 条已经规定申报前商谈制度，并且在并购反垄断审查实践中取得良好的效果。[4] 但商务部尚需对申报前商谈制度的具体办法予以细化规定，增强其操作性和实效性。

(4) 完善准司法权。准司法权是指，反垄断执法机构可以通过一定的程序，像司法机关一样中立而公正地审查并购反垄断案件。我国商务部尚不是典型的准司法机关，在并购反垄断审查职能方面也不具有准司法权。我国须进一步完善制度设计，

---

〔1〕 参见王炳：《反垄断非强制性执法制度与实践分析》，法律出版社 2011 年版，第 175 页。

〔2〕 参见史际春等：《反垄断法理解与适用》，中国法制出版社 2007 年版。

〔3〕 例如，日本企业并购审查抗辩制度规定了事前磋商制度。包括重大的合并和取得资产、股份在内的所有企业并购案，公正交易委员会都在“事前申报”之前的非正式事前磋商阶段，用行政指导的方式进行处理。因此，即使重大的合并（或取得）案都没有正式成为调查对象。当然，也有日本学者认为，事前磋商程序不仅欠缺透明性也不理想。参见［日］村上正博著，姜姗译：《日本禁止垄断法》，法律出版社 2008 年版，第 72—73 页。

〔4〕 商务部《经营者集中申报办法》第 8 条规定：“在正式申报前，参与集中的经营者可以就集中申报的相关问题向商务部申请商谈。商谈申请应当以书面方式提出。”

逐步增强商务部的准司法性，赋予相应的准司法权，保证反垄断执法机构恪守公正程序，以其公正执法取得应有的权威性。程序公正需要贯彻公平、公正的原则，并习惯于运用立案、调查、送达、取证、听证、当事人陈述、答辩、质证、辩论、裁决等方式查处并购反垄断审查案件。[1] 一些国家的反垄断专门执法机构在内部设置了裁判庭，配置专门的裁判官，通过合议而非一人意志决定案件处理结果；同时也十分重视证据规则，强调抗辩方式。[2] 我国可适当借鉴日本等国反垄断执法机构准司法权的组织设置及程序保障规定，完善组织机构和职能设置，不断增强并购反垄断审查案件调查、审理及裁决的准司法性。

（5）完善准立法权。准立法权是指，反垄断执法机构可以在其履行职权的范围内制定具有法律效力的行政规则和命令的权力，也包括制订相关方针、政策、工作规程、实施细则等。[3] 我国并购反垄断具体执法权限划归商务部，国务院反垄断委员会作为综合议事协调机构主管反垄断事务。国务院反垄断委员会享有准立法权：其一，研究拟定有关竞争政策。竞争政策是一定时期执行竞争法的方针、原则等，有利于协调并购反垄断审查法律执法与产业政策、贸易政策、投资政策的关系，维护反垄断法执法的统一性。其二，制定、发布经营者集中指南。并购指南是并购执法的操作规程、方法，有利于反垄断执法机

〔1〕 参见罗豪才：《行政法学》，中国政法大学出版社 1996 年版，第 235 页。

〔2〕 参见刘宁元：《中外反垄断法实施体制研究》，北京大学出版社 2005 年版，第 19 页。

〔3〕 例如，欧洲理事会在 2004 年通过关于企业合并控制的《第 139/2004 号条例》的同时，颁布了《横向合并评估指南》和《合并调查最佳实践指南》。美国《联邦贸易委员会法》第 6 条第（g）款规定，委员会有权制定执行本法的规章及原则。参见尚明主编：《主要国家（地区）反垄断法律汇编》，法律出版社 2004 版，第 209 页。

构正确理解和规范执法，也有利于企业了解并购控制的规定和审查流程，了解反垄断执法机关审查的要素，自觉地约束和规定自身并购交易行为。例如，国务院反垄断委员会即制定颁布了《关于相关市场界定的指南》。另外，我国商务部作为经营者集中控制的具体反垄断执法机构，亦享有制定相关规章、细则和办法的准立法权。国务院反垄断委员会和商务部的准立法权应当纳入到《立法法》规范之内，坚持科学民主立法，及时制定完善并购及各类反垄断指南，并确保立法的透明度和科学性。

2. 完善并购反垄断执法机构的义务设置

（1）完善并购反垄断审查抗辩通告义务设置。我国须借鉴国际惯例，规定并购审查机关的通告义务。通告的内容要包括：并购交易被申报的事实和部分信息的公告、并购监管处罚措施的公告和并购审查决定的公告。并购反垄断执法机构的通告义务是行政公开原则的基本要求。通过行政公开，行政相对人可以有效地参与行政程序，维护自己的合法权益。行政公开是行政机关的法定职责，同时也是行政相对人的权利。行政公开的本质是通过一种法律程序实现对行政权的制约。行政公开在行政执法方面的内容之一就是行政执法结果的公开。[1] 并购审查机构的通告义务，有利于利害关系人提出其见解、异议和评论，有利于消费者、其他公共机构、社会团体对并购审查及抗辩行为实施监督。

（2）完善依法或依申请举行听证会的义务设置。商务部对并购反垄断审查案件举行听证应为一项法定义务，必须按规定程序与要求举行。完善商务部听证程序，建立健全并购审查裁

〔1〕 参见尚明主编：《〈中华人民共和国反垄断法〉理解与适用》，法律出版社2007年版，第321—322页。

决的回避制度[1]，建立完善听证审查裁决与调查取证职能相互分离的审决机制，平衡协调好审查机构的权力与义务、执法机关与当事人的权利义务关系，保证审查过程及决定的公正性。

（3）完善执法机关及其工作人员的保密义务设置。我国法律规定的保密义务的范围应当不限于商业秘密，还包括其他需要保密的信息，如商务部进行证据收集和调查处理的有关情况。保密义务的主体不仅限于反垄断局及其工作人员，还应包括申报人及其他在企业并购申报过程中知悉保密信息的单位或个人。[2] 我国还须明确规定监管机构工作人员违反保密义务将产生的后果，反垄断执法人员在行使其职权过程中，如果违反法律规定公开、传播或者出于个人目的使用任何获得的机密信息和商业秘密，造成对当事方企业损害的，应当支付赔偿金，金额应该按照法定程序从国家预算基金中划拨，这就是对相关方的合理保护。当然，根据法律规定应当披露或者取得了权利人事先同意的信息，可以豁免于保密义务。商务部《经营者集中申报办法》就保密义务作出了规定，却没有对“保密义务的例外”作出规定，应当予以完善。[3] 我国须进一步明确规定调查处理过程中保密义务的两项例外：一是根据法律法规规定应当

---

〔1〕 例如，韩国《限制垄断与公平交易法》第44条规定，公平交易委员会的委员负有回避的义务。委员不得参与有关下列事项的发言和表决：与自己有利益关联的事项；涉及与委员的配偶、九亲等以内的近亲、四亲等以内姻亲有关系的人的事项；自己成为证人或鉴定人的事项。

〔2〕 参见史建三、钱诗宇等：《企业并购反垄断审查比较研究》，法律出版社2010年版，第141页。

〔3〕《关于经营者集中申报的指导意见》第11条规定：“经营者应同时提交申报文件资料的公开版本和保密版本。经营者应对申报文件资料中的商业秘密进行标注。”《关于经营者集中申报的指导意见》第12条规定：“反垄断局对在办理经营者集中反垄断商谈和申报工作中知悉的商业秘密承担保密义务。”《经营者集中申报办法》第12、17条亦作出相同规定。

披露的；二是取得商业秘密权利人事先同意的。

（二）完善市场主体的权利义务配置

在并购反垄断审查过程中，并购当事人等市场主体享有的权利主要包括：举报权；知悉权；针对调查进行陈述的权利、表达意见的权利、对调查人员获取的对自己不利的证据进行辩解的权利；对违法调查和不当调查进行申诉、质疑并要求赔偿的权利；要求执法机构和调查人员保守秘密与合理使用调查所得资料的权利。并购反垄断审查相对人等市场主体有接受和配合执法调查等相关义务。

1. 完善并购当事人及相关市场主体的基本权利配置

在启动阶段，并购申请人或抗辩人拥有以下权利：获得调查的通知、获知相关程序规定、提出抗辩理由及提交相关信息。在审查和批准阶段，并购当事人在遵守信息保密的前提下享有查看相关档案或获取相关证据的权利；聘请代理律师及其陈述权；提交证据的权利；获得最后通知或决定的权利；及时向行政机构或者法院上诉的权利。在程序中给当事人权利保障，实际上也是约束并购反垄断执法机构更加谨慎地运用其权力，慎重对待证据的收集和事实的认定，以作出更加科学合理的裁决。

（1）完善举报权设置。违法实施集中行为，既危害整个市场经济的活力和公平竞争秩序，又可能直接损害经营者和消费者的权益。赋予私人市场主体以投诉、举报的权利，有利于加大对违法集中的监督力度，促进《反垄断法》的有效实施。我国《反垄断法》第 38 条第 2 款规定了单位和个人对涉嫌垄断行为的举报权，赋予了包括市场主体在内各主体以对违法实施经营者集中等垄断行为的举报权。因此，法律应当进一步完善对举报的受理、调查程序，加强保障举报人的权益，完善相关鼓励和奖励措施，发挥市场主体对违法集中等行为的监督作用。

经营者、行业协会、消费者及其他公共部门对执法行为及裁决结果享有监督的权利。

（2）完善并购当事方和第三人的知情权设置。知情权是指，并购当事人及利害关系人依法获得并了解并购审查相关信息的权利。并购反垄断执法机关在对案件作出处理前，应告知相对人拟处理决定所依据的事实、理由、决定。并购当事人及相关利害关系人知悉执法机关的异议、决定的事实和法律理由等信息非常重要，有利于保障相对人行使陈述和抗辩的权利。我国应借鉴欧盟立法及执法经验，完善并购当事人等主体的文件查阅权。如欧盟《第139/2004号条例》第18（3）条规定："在审查程序中，抗辩权应当受到尊重。"在此问题上，该条进一步规定"至少参与的当事人应能看到文件"。我国相关法规、规章应规定，如果其他利益相关方要求查阅文件，并能够证明查阅这些文件是他们准备意见报告所必需的，商务部将允许他们查阅这些文件。当然，相关规定也应平衡好文件查阅权与商业秘密保护权的关系。在特殊情况下，行政相对人的知悉权应当受到一些限制，例如涉及国家机密、他人商业秘密、个人隐私、可能侵害第三人权利或者社会公共利益的情况。[1]

（3）完善行政相对人的陈述意见权设置。行政相对人参与行政调查与执法程序，是现代法治的本质要求，也是行政执法民主化的重要体现。在并购反垄断调查中，行政相对人既有配合调查的义务，亦有权陈述意见、提出抗辩和提供证据证明自己的观点。如前所述，主要发达国家和地区的并购反垄断审查

---

〔1〕 根据欧盟《第139/2004号条例》第18（3）条和《第802/2004号条例》第17条和第18条规定，不允许查阅的文件包括：含有任何个人或企业商业秘密的文件，此处的个人或企业包括申报人、其他相关方和第三人；委员会认为就审查程序而言无须披露的秘密文件；委员会的内部文件。

抗辩制度，对第三人的程序参与权和发表意见权都有相应的规定。我国并购反垄断审查抗辩制度设计，须进一步完善第三人意见发表权的保障机制，以平衡协调好各方利益，维护社会整体利益。竞争者、客户、消费者、社会团体、公共机构可能与并购交易具有直接或间接的关系，其提供的意见、建议与信息具有重要的参考价值，有利于执法机构全面评估一项并购交易的竞争影响，评估并购当事方抗辩事由与证据的真实性和科学性，以得出公平公正的审查结论。

2. 完善并购反垄断审查市场主体的义务设置

（1）完善按法定期限进行申报的义务设置。法律、法规应当对申报材料补充的次数和周期进行必要的限制。法律在赋予反垄断执法机构要求补充申报材料的权力的同时，也给予其一定的限制，即最长的补充材料期。超过了该期限，反垄断执法机构必须作出选择，要么认定提交的材料不完备而视为未申报，终止申报程序；要么宣布接受申报材料而完成申报程序并开始下一步的审查程序。申报企业对第一种决定不服的，可以提请行政复议或者行政诉讼。这样，法律对双方都有制约，有利于经营者集中审查制度的正常运行。[1]

（2）完善遵守承诺的义务设置。经营者集中审查抗辩制度应与承诺制度相配合。例如，欧共体理事会《关于企业集中控制的第139/2004号条例》规定："应当明确规定委员会在其决定中可以附加条件和义务，以便确保相关企业能以及时和有效的方式遵守承诺，从而使该集中与共同体市场相一致。"我国须进一步完善经营者承诺制度的相关规定，并购当事人在并购审

〔1〕 参见史建三、钱诗宇等：《企业并购反垄断审查比较研究》，法律出版社2010年版，第140页。

查过程中作出采取消除集中的限制竞争影响的措施的承诺，并购反垄断机构经审查认为合理且能够消除限制性竞争影响的，可以予以接受，作出附条件批准决定。并购当事人有义务遵守所作出的承诺，严格履行附条件批准决定，否则应承担相应法律责任。

第四节　法律责任：设计违反并购反垄断审查抗辩制度的法律后果

一般认为，法律责任是指主体违反了法律义务而应承担的不利后果或制裁。法律责任是法律规范运行的保障机制，一套系统的法律责任制度对于并购反垄断审查抗辩制度的有效实施具有重要价值。并购当事方企业、第三方和监管机构及其工作人员都可能成为违法主体，依法应承担相应的法律责任，受到相应的法律制裁。以法律调整手段为依据，法律责任可分为行政责任、民事责任和刑事责任。以具体责任承担方式为依据，法律责任可分为财产责任、行为责任和人身责任等类型。

一、完善并购反垄断审查抗辩行政责任制度

日本经济法学家金泽良雄认为，企业行政责任的存在，在经济法中是通例，不外是采取了具体政策为目的的规制，以保护公益而产生的。[1] 我国《反垄断法》第48条、49条和52条规定了相关主体的行政法律责任；同时规定，处以行政罚款应

---

〔1〕 参见［日］金泽良雄著，满达人译：《经济法概论》，中国法制出版社2005年版，第145页。

当考虑“违法行为的性质、程度和持续的时间等因素”。[1]

（一）行政责任的承担主体

根据《反垄断法》及商务部规章规定，行政责任的承担主体包括并购交易当事方、第三方和其他相关主体。并购审查机关的工作人员如违反法律规定，亦承担相应的行政责任。[2] 反垄断执法机构对并购当事人的抗辩申请进行审查，开展调查，作出裁决，必须健全监督机制和责任追究制度，否则容易产生权力寻租与腐败，从而损害并购当事人及利害关系人的利益，损害社会公共利益。可见，我国应加强对反垄断执法机构及人员的监督制约机制，提高反垄断执法的透明度，强化执法的程序化，推行反垄断执法问责制。[3]

（二）行政违法行为的种类

我国《反垄断法》把并购当事人及其他主体的行政违法行为划分两大类：一是经营者违反本法规定实施集中的；二是拒

---

〔1〕 我国《反垄断法》第48条规定：“经营者违反本法规定实施集中的，由国务院反垄断执法机构责令停止实施集中、限期处分股份或者资产、限期转让营业以及采取其他必要措施恢复到集中前的状态，可以处五十万元以下的罚款。”《反垄断法》第49条规定：“对本法第四十六条、第四十七条、第四十八条规定的罚款，反垄断执法机构确定具体罚款数额时，应当考虑违法行为的性质、程度和持续的时间等因素。”《反垄断法》第52条规定：“对反垄断执法机构依法实施的审查和调查，拒绝提供有关材料、信息，或者提供虚假材料、信息，或者隐匿、销毁、转移证据，或者有其他拒绝、阻碍调查行为的，由反垄断执法机构责令改正，对个人可以处二万元以下的罚款，对单位可以处二十万元以下的罚款；情节严重的，对个人处二万元以上十万元以下的罚款，对单位处二十万元以上一百万元以下的罚款；构成犯罪的，依法追究刑事责任。”

〔2〕 我国《反垄断法》第54条规定：“反垄断执法机构工作人员滥用职权、玩忽职守、徇私舞弊或者泄露执法过程中知悉的商业秘密，构成犯罪的，依法追究刑事责任；尚不构成犯罪的，依法给予处分。”

〔3〕 关于监管权的监督问题论述，参见张忠军：“金融监管权的监督问题研究”，载《首都师范大学学报（社会科学版）》2007年第1期。

绝、阻碍反垄断执法机构审查和调查的行为。具体而言，违反本法规定实施集中的行为应当包括：违反申报义务、未经许可实施并购交易、违反并购审查机构决定或命令实施或完成被禁止的并购交易等。拒绝、阻碍反垄断执法机构审查和调查的行为，应当包括：拒绝提供有关材料、信息，提供虚假材料、信息，提交不完整信息，隐匿、销毁、转移证据等行为。

（三）行政责任的承担方式

并购反垄断审查行政违法责任的追究方式主要包括：责令停止实施集中、限期处分股份或资产、限期转让营业以及其他必要措施恢复到集中前的状态、责令改正、罚款等形式。行政责任重在实现处罚救济，旨在尽量减少违法行为造成的不利后果。相应地，罚款只是辅助性的行政处罚措施，而且只规定了50万罚款的上限，商务部具有较大的自由裁量权。

违法实施集中行为可能造成重大反竞争影响，损害消费者利益，给并购交易者带来巨大的垄断利益。为增强《反垄断法》的威慑力，我国可借鉴欧盟的立法规定，对违反集中控制法律规定的种类及处罚措施进行详细规定，加大处罚力度。可通过修法规定，因当事人故意或过失导致未及时申报或虚假申报的，反垄断执法机构可处以金额为参与集中的企业总营业额1%以下的罚款；违反反垄断执法机构决定实施集中的，可处以金额为参与集中企业总营业额10%以下的罚款。

（四）确定行政责任的考虑因素

我国应当通过执法机构的规章，细化违法行为的性质、违法行为的严重程序、违法行为的持续时间等裁量因素。首先，应把违反经营者集中审查抗辩制度的违法行为按照不同性质划分为具体种类。具体违法行为包括：违反申报义务、提交错误信息、实施被禁止的交易、不配合或阻碍调查、未经许可实施交易、不遵守反垄断执法机构的决定、违反反垄断执法机构的命令和提交不完整的信息等。其次，可把违法行为根据严重程度划分为严重、较严重、轻微三个档次，以便正确裁量违法程度，作出相应的行政处罚。再次，可以把违法行为的持续时间划分为若干档次，例如，3 个月以下为短期行为，罚款按最低法定数额；3 个月到 6 个月则为中期行为，在法定数额的中档确定罚款；6 个月以上的为长期行为，执行罚款的最高法定数额。最后，还应当兼顾一些特殊情形，可规定为处罚的加重或减轻情节。[1]

二、完善并购反垄断审查抗辩民事责任制度

日本著名经济法学家金泽良雄认为，经济法中的民事责任，不外是为了达到一定的经济政策目的，以采用私法性的手段而产生的民事责任；只要它是民事责任，无疑也是调整有关个人之间利害关系的手段。[2] 并购反垄断审查抗辩制度规定的民事责任，应当也符合经济法责任特征，除了实现对受害人的补偿性责任救济外，更多的还是实现国家维护公平自由竞争秩序的政策目标。

国际组织的竞争法律范本要求相关主体有权通过司法机构起诉，维护自身合法权益。[3] 美国并购反垄断控制法律也规定，

---

〔1〕 参见史建三、钱诗宇等：《企业并购反垄断审查比较研究》，法律出版社 2010 年，第 366—367 页。

〔2〕 参见［日］金泽良雄著，满达人译：《经济法概论》，中国法制出版社 2005 年版，第 140 页。

〔3〕 例如，《联合国消除或控制限制性商业惯例法律范本》（1984 年联合国贸发会议秘书处制订）第 11 条规定：“［要求赔偿的法律行动］凡是因其他任何企业或个人违反本法律的规定的行为或不行为而蒙受损失或遭到损害的个人或作为其代表的国家或企业，均应使之有权通过向有关的司法机构起诉而对其所受的损失或损害（包括费用和利息）如数取得赔偿。”参见尚明主编：《主要国家（地区）反垄断法律汇编》，法律出版社 2004 年版，第 669 页。

合并交易当事方的竞争者等主体，如果认为自己受到合并的损害或威胁，则可以主张合并交易违反了《克莱顿法》第7条而向法院寻求禁令或提出私人赔偿诉讼，追究并购当事人的民事责任。当然，法院对私人原告在对合并提起诉讼强加了严格的条件，原告必须证明不仅并购交易可能损害市场上的竞争，而且其也因此而遭受损害。[1]

“通过民事责任的承担责令经营者消除垄断影响，补偿受害者的损失，以维护社会公正，同时加大垄断者的成本，抑制垄断行为的发生。”[2] 我国《反垄断法》第50条规定，经营者实施垄断行为，给他人造成损失的，依法承担民事责任。可见，根据我国《反垄断法》规定，违反经营者集中控制制度的行为给他人造成损失的，也应承担相应民事责任。相关主体可以就违法行为人提起民事诉讼，要求违法行为者履行停止侵害、赔偿损失等民事责任。[3]

最高人民法院2012年5月3日公布《最高人民法院关于审理因垄断行为引发的民事纠纷案件应用法律若干问题的规定》，对案件管辖、当事人与诉讼方式、证据与证明责任、民事责任承担等方面作出系统规定。但该《规定》只适用于垄断协议和滥用市场支配地位行为，建议我国最高人民法院应当尽快出台以指导包括经营者集中反垄断审查在内的垄断民事纠纷案件审判工作的法律文件，依法追究垄断行为主体的民事责任，这必

---

〔1〕 参见白艳：《美国反托拉斯法/欧盟竞争法平行论：理论与实践》，法律出版社2010年版，第172页。

〔2〕 张瑞萍：“关于反垄断民事责任的若干思考”，载《北京交通大学学报（社会科学版）》2011年第2期。

〔3〕 日本《禁止垄断法》在2000年修改中导入了“停止请求制度”。当消费者或企业受到了反垄断法违法行为显著的损害或者有受到损害的可能性，那么被害者可以向法院提起诉讼，提出停止违法行为的诉讼请求。参见张杰军：《反垄断、创新与经济发展》，知识产权出版社2008年版，第177页。

将具有重要的法治意义。

“鼓励私人反垄断民事诉讼，藉以提升反垄断法实施的效率和效果，降低反垄断执法成本，维护当事人合法权益，已成为普遍的共识和趋势，中国也不应例外。”[1] “反垄断民事诉讼的进展，既影响着反垄断私人执行的效果，更直接关涉反垄断法最佳实施效果的实现。”[2] 因此，我国须按照现代法治要求，充分肯定、利用垄断行为利害关系人的利益驱动和约束机制，来实施并购反垄断控制。法律不必设置行政前置程序，应授权私人或私人组织团体可以直接向法院提起反垄断民事诉讼，追究反竞争行为人的停止损害、赔偿损失等民事责任。[3] 重视发挥私人民事诉讼机制的作用，有利于克服监管机构玩忽职守、滥用权力、寻租腐败、专业能力不足等问题。鼓励私人针对违法实施并购行为提起民事诉讼，有利于与反垄断执法机构的公共职能相互补充，弥补政府执法的不足，降低并购反垄断执法成本，维护当事人的合法权益。

鉴于违法并购行为可能损害消费者福祉，损害社会公共利益，我国应当建立民事公诉制度。具体来说，既应包括检察院对损害公共利益的垄断案件提起诉讼，也应包括经授权的执法机关或监管部门等基于其管辖的事务和权限提起反垄断民事诉讼，以及地方政府代表本地方提起的反垄断民事诉讼。[4] 值得

---

〔1〕 史际春：“《反垄断法》与社会主义市场经济”，载《法学家》2008 年第 1 期。

〔2〕 孔祥俊、朱理：“中国反垄断民事诉讼的新进展”，载中国世界贸易组织研究会竞争政策与法律专业委员会主编：《中国竞争法律与政策研究报告（2011年）》，法律出版社 2012 年版，第 29 页。

〔3〕 参见吴长军：“民主法治框架下反垄断法私人执行体制建构”，载《法学杂志》2011 年第 5 期。

〔4〕 参见史际春等：《反垄断法理解与适用》，中国法制出版社 2007 年版，第 310 页。

一提的是，十一届全国人大常委会第二十三次会议初次审议的《民事诉讼法》（修正案草案）第8条，增加规定了公益诉讼制度："对污染环境、侵害众多消费者合法权益等损害社会公共利益的行为，有关机关、社会团体可以向人民法院提起诉讼。"[1] 鉴于违法实施并购等垄断行为亦属于损害社会公共利益的行为，有关机关、社会团体当然也可以向人民法院提起诉讼。

三、完善并购反垄断审查抗辩刑事责任制度

（一）并购当事方和第三方的刑事责任

我国《反垄断法》第52条确立了经营者集中控制领域的刑事责任，刑事制裁的对象为单位和个人。但刑事制裁只适用于拒绝提供有关材料、信息，或者提供虚假材料、信息，或者隐匿、销毁、转移证据，或者拒绝、阻碍反垄断执法机构依法实施审查和调查的行为，而不能适用于垄断协议、滥用市场支配地位及违法实施集中等垄断违法行为。实际上，该规定也通用于当事方拒绝、阻碍其他行政机关依法实施调查的行政违法行为，具有共通性，并非《反垄断法》所独有。

（二）并购审查工作人员的刑事责任

并购审查工作人员如果在审查过程中存在贪污、受贿等犯罪行为，应当依据《刑法》的相关规定追究其刑事责任。《反垄断法》第54条规定，对反垄断执法机构工作人员滥用职权、玩忽职守、徇私舞弊或者泄露执法过程中知悉的商业秘密，构成犯罪的，依照《刑法》规定追究刑事责任。

（三）并购审查制度的刑事责任构建

需要反思我国所有刑事责任条款均由刑法典规定的问题。

---

〔1〕《民事诉讼法修正案（草案）条文及草案说明》，http：//www. npc. gov. cn/npc/xinwen/syxw/2011－10/29/content_ 1678367. htm，访问日期：2012年4月28日。

当代刑法的发展趋势是针对复杂多变的经济犯罪形势，具体的经济基本法律完全可以规定相应的刑事责任条款，以增强经济法律调整的针对性和灵活性。如果只靠不断地通过刑法修正案来弥补刑事法律责任的不足，往往不能适应对经济领域刑事犯罪预防与制裁的实际需要。我国亟需克服原来的传统部门法划分的思维樊篱，适应世界经济犯罪立法经验，直接在《反垄断法》等经济法律中对刑事法律进行规定，更能适应对经济犯罪的调整需求。

为增强《反垄断法》的权威性和威慑力，我国有必要借鉴国际先进立法案例，修订刑法典或直接修订《反垄断法》以明确规定，实施垄断协议、滥用市场支配地位及违法集中等垄断违法行为情节严重的，应处以罚金或有期徒刑的刑事责任，以增加《反垄断法》的威慑效力，有效规制违法垄断行为。[1] 我

---

〔1〕 韩国《规制垄断与公平交易法》对违反限制企业结合有关规定的行为规定了严格的制裁措施，公平交易委员会不但会处罚违法企业，而且对其直接责任人也予以处罚。其一，该法第69条第2款规定，在规定的申报期限内，没有进行企业结合申报或者虚假申报的，对事业者或者事业者团体，处以1亿韩元以下的罚款；对高级管理人员、从业人员或者其他利害关系人，处以1000万韩元以下的罚款。其二，该法第16条规定，公平交易委员会对违反限制企业结合规定的企业，可以命令其采取以下纠正措施：中止该行为；出售全部或部分股份；辞退高级管理人员；转让营业；取消债务担保；公布违法事实；采取能够防止因企业结合造成限制竞争的营业方式，限制营业范围；其他纠正违法行为的必要措施。其三，该法第17条第3款规定，对接到公平交易委员会纠正措施后在规定的期限内不履行的，公平交易委员会可以命令其缴纳每日不超过以下各项规定金额的万分之三的履行强制金：对于以取得股份或参与新设公司方式进行的企业结合，为取得或者持有股份的账面价值和承担的债务的实际金额；对于以合并方式进行的企业结合，为以合并对价交付的股份的账面价值和承担的债务的实际金额；对于以经营转让方式进行的企业结合，为经营转让的金额。此外，对于以兼任高级管理人员方式进行的企业结合，公平交易委员会可以命令其每日缴纳200万韩元以内的履行强制金。其四，公平交易委员会对严重违反规定而进行企业结合者，可以处以3年以下有期徒刑或者2亿韩元以下的罚金。

国《反垄断法》直接规定对违法集中等垄断违法行为的具体刑事责任，有利于增强反垄断法的威慑力与权威性，更好地实现维护公平自由竞争秩序和社会公共利益的价值目标。

四、并购反垄断审查抗辩责任制度的发展与创新

（一）并购反垄断审查抗辩责任制度的新问题

经济法学责任理论日臻成熟，经济法责任形式具有综合性特征。“责、权、利、效相统一也是经济法与行政法的一个重大区别。”[1] 经济法更加注重问责制度建设。经济法对其关注的经济关系，使用所需的任何手段进行调整，包括民事的、行政的、刑事的、程序的、褒奖的、社会性的，等等。除了传统的调整手段外，经济法还采用公、私融合的新型调整手段，包括奖励手段、专业暨社会性调整手段。这些新型的调整手段并非经济法特有，而是当代社会经济和法治的新发展，尤为公、私法融合的各种新型法的门类所采用。[2] 这种责任制度创新是对传统法律责任理论与实践的突破，构成了责任理论的内在紧张关系。

并购反垄断审查的一些独特责任形式，可能无法归入传统的民事责任、行政责任和刑事责任类型。例如，企业拆分、资产处置、股权转让等。禁止经营者集中或强制拆分应该是经济法责任中另一较有特色的责任形式。以解割大企业为例，包括将一个大企业分离成若干个小企业、令一个大企业放弃自己部分产业、勒令结合的企业分离三种措施内容，对恢复和维持公

---

〔1〕 刘文华：《中国经济法基础理论》，学苑出版社2002年版，第156页。

〔2〕 参见潘静成、刘文华主编：《经济法（第2版）》，中国人民大学出版社2005年版，第70—71页。

平竞争秩序有着很强的灵活性。[1]

（二）经济法律责任：并购反垄断审查抗辩制度的创新

我国须运用经济法的责任理论来构建并购反垄断审查抗辩责任制度。经过对各国并购反垄断审查抗辩制度的考察，至少有以下几种责任承担方式可以纳入并购审查抗辩经济法律责任范畴。广义的法律责任等同于角色权义配置暨法律义务，也可泛指行为人依法承担的各种法律后果，包括褒奖形式的后果；狭义的法律责任是指违法责任，即违法行为人对自己的行为必须承担某种带有强制性的法律上的不利后果。根据责任具体形式，并购反垄断审查抗辩法律责任可以分为行为、财产、人身、资格等责任。[2]

1. 行为责任

并购反垄断审查制度中的行为责任是指，要求行为人承担为或不为某种行为的义务，消除其对他人合法权益的侵害或者对竞争秩序及社会公共利益的影响，恢复正常的竞争秩序。

（1）停止实施集中。停止实施集中既包括停止正在进行的违法集中行为，也包括及时排除违法集中可预期的危害。根据我国《反垄断法》第 48 条规定，“经营者违法实施集中的，国务院反垄断执法机构可责令停止实施集中、限期处分股份或者资产、限期转让营业以及采取其他必要措施恢复到集中前的状态，可以处五十万元以下的罚款”。根据国际立法惯例，有权请求停止违法行为的既可以是反垄断执法机构，也可以是利害关系人，并可能通过法院的命令或判决得以实现。我国《反垄断

〔1〕 参见徐孟洲：《耦合经济法论》，中国人民大学出版社 2010 年版，第 177 页。

〔2〕 参见史际春等：《反垄断法理解与适用》，中国法制出版社 2007 年版，第 314 页。

法》的实施亦应允许利害关系人提起停止违法行为的民事诉讼，以及时有效维护自身的合法权益。

（2）恢复集中前的竞争状态。对于违法实施集中的，仅仅停止违法行为还不足以弥补其限制性竞争后果，还必须采取其他补救措施，使市场结构和竞争秩序恢复到集中前的状态。拆分企业是恢复集中前竞争状态的重要方法，是指当市场上存在具有垄断地位的企业限制或可能限制市场竞争时，反垄断法执行机构为了恢复市场的正常竞争状态，依法定程序要求该垄断企业拆分为两家以上的企业或者出让一定的营业资产。[1] 企业违法实施集中，其取得的优势地位本身就具有违法性，而且由于集中的时间一般不长，易于消除违法行为的不利后果，恢复到集中前的竞争状态，对企业本身和社会造成的影响也较小。拆分企业是集中状态下恢复竞争的一种典型方法，即当因违法实施集中后造成了垄断的市场结构、产生实质性限制竞争后果时，反垄断执法机构或者法院可依法要求该企业拆分为两家以上的企业或出让一定的营业；在一方收购另一方股权的情况下，也可强制收购方转让股份，从而恢复到集中前的竞争状态。拆分企业这一责任形式，直接介入企业的内部组织和经营管理，具有明显的强制性，请求主体一般只能为反垄断执法机构或法院。[2]

随着经济的发展，企业集中的手段日益多样化，反垄断法

---

〔1〕 参见李国海：《反垄断法实施机制研究》，中国方正出版社2006年版，第177页。

〔2〕 例如，欧盟理事会《第139/2004号条例》第8条规定，对于已经履行的集中行为，委员会可以要求所涉企业将该项集中解散，特别是采用解散合并的方式或将所有已获得的股份或资产予以处分，从而恢复到该集中执行之前的通常状态；如果通过解散不可能恢复到上述局面，委员会可采用其他任何可能的适当手段予以恢复。参见许光耀：《欧共体竞争立法》，武汉大学出版社2006年版，第403页。

也逐渐允许对不法行为采用各种灵活的改善措施，只要能够达到恢复竞争的效果即可。如有些企业并购是通过股权收购实现的，在这种情况下，可以不强制一方转让另一方股份解除企业之间的控制关系，而是通过限制并购方行使表决权等方式，使其降低或者消除对另一方的控制权，这样既避免了转让股份的消极影响，又能维持竞争秩序。如德国《反限制竞争法》第41条第4款规定，为了实现其目的，联邦卡特尔局可以禁止或限制拥有者行使这些股份的表决权。在企业通过干部兼任实现集中的情况下，还可以通过强制该干部辞职以恢复竞争状态。我国台湾地区《公平交易法》中对此也有规定。我国《反垄断法》第48条规定的拆分企业仅限于不当集中的情况。该条规定可以采取“其他必要措施”，在实践中应当根据具体情况，平衡协调各方利益，在能够维持竞争秩序的范围内，尽量选取对企业和利害关系人震荡最小的解决方案。[1]

2. 财产责任

违法实施经营者集中行为给受害人造成财产损失的，应承担相应的财产责任。财产责任有利于弥补受害人的损失，有利于对违法行为人予以惩罚。

（1）实际赔偿。实际赔偿是指要求行为人赔偿给受害者造成的损失，包括直接损失和可得利益损失。违法实施集中给受害人造成损失的，依法应承担赔偿责任。日本《禁止垄断法》第25条规定，事业及事业者团体对被害人承担损害赔偿责任。事业者及事业者团体不得证明自己没有故意或者过失而免除前款规定的责任。我国《反垄断法》规定“依法承担民事责任”，

---

〔1〕 参见史际春等：《反垄断法理解与适用》，中国法制出版社2007年版，第321—322页。

但并未规定不法行为人承担无过错责任，应当在修法时完善或通过法规、规章予以明确。

（2）惩罚性赔偿。“惩罚性赔偿”作为一种凸显“社会性”的新型经济法责任形式，有机地融合了“惩罚”的公法性和“赔偿”的私法性。[1] 惩罚性赔偿能够补偿受害人的损失，还能鼓励当事人积极提起诉讼，惩罚与威慑违法垄断行为。美国《谢尔曼法》第7条规定了私人诉讼3倍损害赔偿制度，[2] 我国《消费者权益保护法》和《食品安全法》均规定了惩罚性赔偿制度，但《反垄断法》并未规定惩罚性赔偿条款。

惩罚性赔偿也可能存在负面影响，如过高的赔偿可能引发滥诉的后果，增大司法成本，影响市场主体的积极性和创新精神。有学者建议我国反垄断民事责任宜采双倍损害赔偿规定[3]，以加大违法成本，增强民事诉讼激励机制。本书认为，我国《反垄断法》的修订可借鉴我国台湾地区的相关立法规定。我国台湾地区《公平交易法》第32条规定，法院因前条被害人之请求，如为事业之故意行为，得依侵害情节，酌定损害额以上之赔偿。但不得超越已证明损害额之三倍。侵害人如因侵害行为受有利益者，被害人得请求专依该项利益计算损害额。[4] 具体

---

〔1〕 参见徐孟洲：《耦合经济法论》，中国人民大学出版社2010年版，第174页。

〔2〕 美国《谢尔曼法》第7条规定了私人诉讼3倍损害赔偿制度：“对受反托拉斯法所禁止事项而遭受财产或营业损失的人，一律给予损害额的三倍赔偿及诉讼费和合理的律师费。”转引自尚明主编：《主要国家（地区）反垄断法律汇编》，法律出版社2004年版，第187页。

〔3〕 参见李国海：《反垄断法实施机制研究》，中国方正出版社2006年版，第260页。

〔4〕 参见尚明主编：《主要国家（地区）反垄断法律汇编》，法律出版社2004年版，第816页。

赔偿数额由反垄断执法机构在损害额以上、损害额三倍以下酌情自由裁量，既能发挥惩罚性赔偿的积极作用，又比较灵活，可抑制可能滥诉。[1]

（3）罚款和罚金。按照大陆法系的划分方法，罚款是指国家对行为人进行财产处罚，属于行政处罚范畴。罚金是指由司法机关判处的财产性处罚，属于刑罚手段。对经营者违法实施集中的行为，反垄断执法机构可以依法决定予以罚款或没收违法所得。根据我国《反垄断法》第48条规定，违法实施集中的，可以处五十万以下的罚款。相较欧盟和美国的规定，我国罚款数额的上限规定过低，行政违法成本很低，威慑力不足；有必要通过修法来予以完善，大幅提高违法罚款的上限。

各国一般对不履行反垄断执法机构决定的行为人适用执行刑，对于已经判处罚款而拒不交付的，要再次处以罚款。欧盟委员会采取日罚款制度，对未在规定期限内停止违法行为的企业按每日一定数额的罚款累计至违法行为停止之日止。[2] 我国《反垄断法》没有规定对拖延罚款的处理，建议修订予以增加，以确保罚款等行政处罚措施的执行。目前，我国反垄断执法机构可以依据《行政处罚法》第51条规定采取相应措施，到期不缴纳罚款的，每日按罚款数额3%加处罚款。

3. 资格责任

资格责任是指暂时或者永久性地剥夺不法行为人从事某些

---

〔1〕 参见史际春：《反垄断法理解与适用》，中国法制出版社2007年版，第324页。

〔2〕 我国《行政处罚法》第51条规定，当事人逾期不履行行政处罚决定的，作出行政处罚决定的行政机关可以采取下列措施：①到期不缴纳罚款的，每日按罚款数额3%加处罚款；②根据法律规定，将查封、扣押的财物拍卖或者将冻结的存款划拨抵缴罚款；③申请人民法院强制执行。

活动的资格，包括直接解散企业、吊销营业执照等。经营者违反法律规定进行集中，拒不执行执法机构的处分的，执法机构可依法命令其解散或者停止营业。[1] 我国《反垄断法》第48条规定，对违法实施集中的，反垄断执法机构可以采取各种必要措施，使其恢复到集中前的状态，也应包括责令违法集中后的企业停止营业、解散等。

4. 人身责任

法律上的人身包括人格和身份，人格包括人身自由、生命、健康、姓名、肖像、名誉等。人身责任包括减损名誉、赔礼道歉、限制人身自由乃至剥夺生命等。《反垄断法》所涉及的人身责任通常为赔礼道歉、减损名誉、限制人身自由等。[2]

名誉责任是指将行为人的垄断行为及其所受处罚公之于众，达到某种通报、警示、告诫的效果，可能对其声誉造成减损性影响。公布行为人的违法集中行为及相应处罚，也是对行为人的一种名誉性惩罚。如我国台湾地区《公平交易法》第34条规定，被害人依本法之规定，向法院起诉时，得请求由侵害人负担费用，将判决书内容登载新闻纸。[3] 我国《反垄断法》第44条规定，反垄断执法机构对涉嫌垄断行为调查核实后，认为构

---

〔1〕 例如，我国台湾地区《公平交易法》第13条规定，事业违反第11条第1、3项规定而为结合，或申报后经中央主管机关禁止其结合而为结合，或未履行前条第2项对于结合所附加之负担者，中央主管机关得禁止其结合、限期命其分设事业、处分全部或部分股份、转让部分营业、免除担任职务或为其他必要之处分。事业违反中央主管机关依前项所为之处分者，中央主管机关得命解散、停止营业或勒令歇业。

〔2〕 参见史际春等：《反垄断法理解与适用》，中国法制出版社2007年版，第335页。

〔3〕 参见尚明主编：《主要国家（地区）反垄断法律汇编》，法律出版社2004年版，第816页。

成垄断行为的，应当依法作出处理决定，并可以向社会公布。这实际上具有减损当事人声誉的作用，有利于从声誉上督促行为人停止违法行为，消除对市场竞争的不利影响。

信用减损等措施是针对经济法律关系主体在行为中未履行法律规定的义务而采取的公布行为状况记录，对主体资信施加不利影响，或因行为记录较差限制主体扩展发展空间的措施，包括公布不良信息、实施信誉制裁等。此类责任属于信誉罚。不良的商誉往往会使企业经营活动受阻、产品销售不畅、失去交易伙伴、丧失交易机会，甚至使企业陷入瘫痪、倒闭破产。以合法手段将经营者的不良记录公布于众，将对督促重视名誉的经营者具有警示意义。[1]

限制人身自由也是人身责任的重要手段。世界上许多国家和地区的反垄断法对垄断行为规定了人身自由刑，适用于违法性质和情节严重的垄断行为。如前所述，我国《反垄断法》没有规定违法垄断行为的刑罚责任，不利于对违法垄断行为的规制力度，应当在修订刑法典或修订《反垄断法》时，增加规定垄断行为的具体罪名、犯罪构成及刑罚措施。

总之，并购反垄断审查抗辩制度贯彻经济法的责任理念，首先，须重视责任、职责、义务的设置及优化，做到责、权、利、效的辩证统一。其次，须完善问责即责任追究。加强并购反垄断执法机构内部的问责，包括行政、刑事乃至政治等各种责任形式。再次，须发挥社会主流价值观的作用，强化外部的问责，比如人大及其常委会的立法及执法监督、检察机关等的反腐败监管等。最后，还要发挥媒体和社会公众自发的社会监

---

〔1〕 参见刘继峰：《横向价格卡特尔法律规制研究》，中国政法大学出版社2010年版，第256—257页。

督，发挥社会公众与媒体对并购反垄断审查案件的参与监督作用，这是一种更广义也有效的问责机制。只有问责到位，并购反垄断审查抗辩法律制度的各项权义设置才能真正落实，维护公平自由竞争秩序和社会公共利益的价值目标方能有效实现。[1]

本章小结

通过本章分析与论述，可以得出以下认识与结论：

第一，完善并购反垄断审查抗辩制度的基本原则和规则体系。并购反垄断审查抗辩制度设计及实施，应贯彻平衡协调原则、合理原则、正当程序原则、公开透明原则、规制与合作原则。从实体性规则角度看，并购当事人提出潜在市场进入、效率、破产企业、公共利益等实体性抗辩理由及相关证据材料，应当证明并购交易利大于弊，或者不存在反竞争的后果，以得到审查机关的批准。从程序性规则的角度看，我国应坚持正当程序原则与公开透明原则，科学设计及实施立案受理、审查抗辩、裁决及公告、法律救济等规范系统，保障审查抗辩过程及结果的公平与公正。

第二，完善并购反垄断审查抗辩法律行为模式。其一，须完善申报材料完备性认定和申报时间确定抗辩行为的规则和模式。其二，须完善审查环节的法律行为模式，具体包括完善信息提交抗辩法律行为、初步裁决的抗辩法律行为、缩短审查期限抗辩法律行为和豁免经营者集中中止的抗辩法律行为。

---

〔1〕 参见史际春、冯辉："经济法与经济法治"，载《西部法律评论》2008 年第 6 期。该文对问责制及社会主流价值观理论进行了精到阐述。

第三，完善并购反垄断审查抗辩的主体、客体和内容要素。并购反垄断审查抗辩主体主要包括并购反垄断执法机关、并购当事人和利害关系第三人。我国须完善反垄断执法机构的组织结构及职能设置，实现调查与裁决职能分离，增强并发挥其准司法功能。重视对并购当事人实体性和程序性抗辩权力保障，重视保障利害关系第三人对并购审查的参与、抗辩及救济权利。特别是须重视并保障社会公众对并购反垄断审查的参与权利，保证并购审查抗辩过程及裁决的正当性与公正性。法律关系的客体应该确定为并购行为，具体是指相关经济法主体通过并购反垄断审查经济法律关系，以达到特定的社会经济效益和经济效用目标的行为。反垄断执法机构、并购当事人、利害关系第三人等主体的权利义务应当实现科学有效配置。

第四，完善并购反垄断审查抗辩法律责任设置。我国须运用经济法的责任理论来构建并购反垄断审查抗辩责任制度。并购反垄断审查抗辩制度设计与实施应贯彻经济法的责任理念，重视责任、职责、义务的设置及优化，做到责、权、利、效的辩证统一。我国亟需克服原来的传统部门法划分的思维樊篱，适应世界经济犯罪立法经验，直接在反垄断法等经济法律中对刑事法律进行规定，以更能适应对经济犯罪的调整需求。

结　论

并购反垄断审查制度是反垄断法的一个组成部分，旨在防止因企业经济力过度集中而产生严重的排斥和限制竞争效果，以维护公平自由竞争秩序。并购反垄断实质审查抗辩制度的基本体系包括：实质审查标准、实质审查及抗辩的主要因素、实质审查抗辩程序等法律规则系统。反垄断执法机构在界定相关市场、分析市场份额和集中度、对限制性竞争影响进行评估的基础上，对市场进入情况进行分析，评估是否存在进入障碍，进入能否及时、充分、可能，是否能有效抵消限制竞争效应；评估并购能否产生足够大的效率以抵消限制竞争效应；评估是否存在破产企业抗辩等其他因素。反垄断执法机构在上述评估的基础上，对正反两方面效应进行权衡，以判定并购是否会对竞争产生实质性的损害，从而决定是否批准该项并购。

并购反垄断审查抗辩制度作为反垄断法的具体制度，是国家实施经济管理职能与市场经济竞争机制发挥耦合作用的产物。垄断等市场失灵现象不能由市场本身予以矫正，需要并购反垄断审查抗辩制度规制经营者的集中行为。国家通过规制并购交易市场活动，实现国家管理职能与市场经济调节的良性互动，维护公平自由竞争秩序。

并购反垄断审查抗辩制度以社会本位为立法宗旨，防范、禁止实质性限制竞争的并购行为，有效维护自由公平竞争秩序，维护社会整体效益，同时也保障市场主体的合法权益，促进市场主体的竞争活力发挥，提升企业的技术和管理创新水平，增进社会公众和一般消费者的福祉。并购审查抗辩制度突破了传统的形式正义观念，把实质公平正义作为基础性价值，以维护公平自由竞争秩序为基本理念。并购反垄断审查抗辩制度的价值目标具有多元性和多层次性特征，以公平自由竞争为直接法益目标，以经济效率为间接法益目标，以消费者福利为核心目标，以社会整体利益为最终目标。

我国已经初步建立了较为完善的实体性和程序性抗辩规范体系，与国际并购反垄断审查的特点与趋势逐步接轨，基本满足经营者集中审查控制要求。实体性与程序性法律规范运行较好，竞争评估越发重视经济合理性分析的作用，在透明度建设方面也取得一定成就。但并购反垄断审查实体性抗辩规则的具体性与操作性不强，尚需进一步予以细化；程序性规则在申报材料完备性认定、听证制度设计、公开透明原则的贯彻等方面尚需改革与完善；大量的无条件批准案件决定并未公布，不完全符合行政执法透明度原则；并购反垄断审查程序中调查与审理裁决的职能分离机制未有效建立与运行。

并购反垄断审查抗辩制度的基本原则包括平衡协调原则、合理原则、正当程序原则、公开透明原则、规制与合作原则。从实体性规则角度看，并购当事人提出潜在市场进入、效率、破产企业、公共利益等实体性抗辩理由及相关证据材料，应当证明并购交易利大于弊，或者不存在反竞争的后果，以得到审查机关的豁免或批准。从程序性规则的角度看，应贯彻正当程序原则与公开透明原则，科学设计及实施立案受理、审查抗辩、裁决及公告、法律救济等规范系统，保障并购反垄断审查抗辩过程及结果的公平与公正。完善并购反垄断审查申报环节的法律行为模式，具体包括：完善申报材料完备性认定抗辩法律行为和申报时间确定抗辩法律行为；完善审查环节的法律行为模式，具体包括完善信息提交抗辩法律行为、初步裁决的抗辩法律行为、缩短审查期限抗辩法律行为和豁免经营者集中中止的抗辩法律行为。完善反垄断执法机构的组织结构及职能设置，实现调查与裁决职能分离，增强并发挥其准司法功能。我国须重视并购当事人实体性和程序抗辩权力保障，重视保障利害关系第三人对并购审查的参与、抗辩及救济权利。特别是须重视并保障社会公众对并购反垄断审查的参与权利，保证并购审查抗辩过程及裁决的正当性与公正性。

尽管本书对于并购反垄断审查抗辩制度进行了系统研究，但仍有一些重要问题需要予以深入探讨。本书主要对欧盟、美国、日本等主要发达国家的并购反垄断审查抗辩制度立法及实践，进行了系统分析阐述。对俄罗斯等一些经济转型国家的分析论证涉及相对较少。本书追踪各国最新研究成果方面还需要继续努力，特别需要结合当前社会政治经济形势，敏锐关注并把握各国和地区最新的立法及执法动态、最新的研究成果，以期对我国并购反垄断审查法治的改革与完善提供借鉴。本书虽然对国内外一些并购反垄断审查的典型案例进行了分析与探讨，但分析的广度与深度还需要加强。特别是对最新的并购反垄断审查典型案例，需要进行更加全面的比较、分析与论证，加大实证性研究的力度。本书对并购反垄断审查抗辩制度的研究为整体性体系研究成果，对我国经营者集中审查制度的立法及执法具有借鉴意义。但本书尚需要针对并购反垄断审查抗辩制度的具体理论、具体制度进行深入研究，方能更好地发挥其理论与实践价值。

以本书研究成果为基础，作者今后将会在并购反垄断审查抗辩制度的透明度原则、正当程序原则、听证制度、反垄断执法机构准司法职能的完善机制、并购当事人的抗辩权等方面进行专题性研究，为完善我国经营者集中审查控制制度，提供学术理论支持。

参考文献

一、中文原著

1. 白艳:《美国反托拉斯法/欧盟竞争法平行论:理论与实践》,法律出版社 2010 年版。
2. 边颖:《美国反托拉斯法并购控制“实体标准”研究》,复旦大学出版社 2008 年版。
3. 包锡妹:《反垄断法的经济分析》,中国社会科学出版社 2003 年版。
4. 曹康泰主编:《中华人民共和国反垄断法解读:理念、制度、机制、措施》,中国法制出版社 2007 年版。
5. 陈秀山:《现代竞争理论与竞争政策》,商务印书馆 1997 年版。
6. 董红霞:《美国欧盟横向并购指南研究》,中国经济出版社 2007 年版。
7. 方立维、徐步云:《兼并与收购上市公司的反垄断规制》,知识产权出版社 2011 年版。
8. 范建得、庄春发:《公平交易法——独占、结合、联合》,汉兴书局有限公司 1999 年版。
9. 冯必扬:《现代竞争》,中国发展出版社 1996 年版。

10. 龚维敬:《垄断理论的争议——经济学家精彩对话》，上海财经大学出版社 2008 年版。
11. 龚维敬:《垄断经济学》，上海人民出版社 2007 年版。
12. 辜海笑:《美国反托拉斯理论与政策》，中国经济出版社 2005 年版。
13. 何家弘、刘品新:《证据法学》，法律出版社 2011 年第 4 版。
14. 黄铭杰:《竞争法与智慧财产法之交会——相生相克之间》，元照出版有限公司 2009 年版。
15. 黄伟峰:《企业并购法》，元照出版有限公司 2007 年版。
16. 胡光志主编:《欧盟竞争法前沿研究》，法律出版社 2005 年版。
17. 何之迈:《公平交易法专论》，中国政法大学出版社 2004 年版。
18. 黄勇、董灵:《反垄断法经典判例解析》，人民法院出版社 2002 年版。
19. 韩峰:《入世后的企业并购》，中国社会出版社 2002 年版。
20. 胡建淼:《比较行政法：20 国行政法评述》，法律出版社 1998 年版。
21. 孔祥俊:《反垄断法原理》，中国法制出版社 2001 年版。
22. 刘继峰:《横向价格卡特尔法律规制研究》，中国政法大学出版社 2010 年版。
23. 刘文华:《中国经济法基础理论》，学苑出版社 2002 年版。
24. 刘瑞复:《经济法学原理》，北京大学出版社 2000 年版。
25. 刘俊海:《公司的社会责任》，法律出版社 1999 年版。
26. 刘宁元:《中外反垄断法实施体制研究》，北京大学出版社 2005 年版。
27. 刘宁元、司平平、林燕燕:《国际反垄断法》，上海人民出版社 2002 年版。
28. 李国海:《英国竞争法研究》，法律出版社 2008 年版。
29. 李国海:《反垄断法实施机制研究》，中国方正出版社 2006

年版。
30. 李钟斌:《反垄断合理原则研究》，厦门大学出版社2005年版。
31. 赖源河编审:《公平交易法新论》，元照出版有限公司2002年版。
32. 潘静成、刘文华主编:《经济法》，中国人民大学出版社2008年版。
33. 潘静成、刘文华主编:《经济法（第2版）》中国人民大学出版社2005年版。
34. 潘静成、刘文华主编:《中国经济法教程》，中国人民大学出版社1999年版。
35. 彭海斌:《公平竞争制度选择》，商务印书馆2006年版。
36. 邱本:《经济法研究（中卷：市场竞争法研究）》，中国人民大学出版社2008年版。
37. 邱本:《自由竞争与秩序调控——经济法的基础构建与原理阐析》，中国政法大学出版社2001年版。
38. 阮方民:《欧盟竞争法》，中国政法大学出版社1998年版。
39. 史际春主编:《经济法》，中国人民大学出版社2010年版。
40. 史际春、邓峰:《经济法总论》，法律出版社2008年版。
41. 史际春等:《反垄断法理解与适用》，中国法制出版社2007年版。
42. 史际春主编:《经济法评论》（第1卷），中国法制出版社2000年版。
43. 史建三、钱诗宇等:《企业并购反垄断审查比较研究》，法律出版社2010年版。
44. 时建中主编:《三十一国竞争法典》，中国政法大学出版社2009年版。
45. 时建中主编:《反垄断法——法典释评与学理探源》，中国人民大学出版社2008年版。

46. 邵建东等:《竞争法学》，中国人民大学出版社 2009 年版。
47. 尚明主编:《企业并购反垄断控制：欧盟及部分成员国立法执法经验》，法律出版社 2008 年版。
48. 尚明主编:《〈中华人民共和国反垄断法〉理解与适用》，法律出版社 2007 年版。
49. 尚明主编:《反垄断——主要国家与国际组织反垄断法律与实践》，中国商务出版社 2005 年版。
50. 尚明主编:《主要国家（地区）反垄断法律汇编》，法律出版社 2004 年版。
51. 尚明主编:《中国企业并购反垄断审查相关法律制度研究》，北京大学出版社 2008 年版。
52. 孙效敏:《外资并购国有企业法律问题研究》，北京大学出版社 2007 年版。
53. 沈四宝、刘彤:《美国反垄断法原理与典型案例研究》，法律出版社 2006 年版。
54. 沈敏荣:《法律的不确定性——反垄断法规则分析》，法律出版社 2001 年版。
55. 唐家要:《反垄断经济学：理论与政策》，中国社会科学出版社 2008 年版。
56. 吴宏伟主编:《经济法》，中国人民大学出版社 2007 年版。
57. 吴宏伟:《竞争法有关问题研究》，中国人民大学出版社 2000 年版。
58. 吴汉洪:《垄断经济学》，经济日报出版社 2008 年版。
59. 吴汉洪主编:《产业组织理论》，中国人民大学出版社 2008 年版。
60. 吴炯主编:《中华人民共和国反垄断法解读》，中国工商出版社 2007 年版。
61. 吴秀明:《竞争法研究》，元照出版有限公司 2010 年版。

62. 吴晓求主编:《公司并购原理》，中国人民大学出版社 2002 年版。
63. 王欣新主编:《破产法》，中国人民大学出版社 2002 年版。
64. 王晓晔主编:《反垄断法实施中的重大问题》，社会科学文献出版社 2010 年版。
65. 王晓晔主编:《中华人民共和国反垄断法详解》，知识产权出版社 2008 年版。
66. 王晓晔主编:《反垄断法热点问题》，社会科学文献出版社 2007 年版。
67. 王晓晔、伊从宽:《竞争法与经济发展》，社会科学文献出版社 2003 年版。
68. 王晓晔:《欧共体竞争法》，中国法制出版社 2001 年版。
69. 王晓晔:《竞争法研究》，中国法制出版社 2000 年版。
70. 王晓晔:《反垄断法与市场经济》，法律出版社 1998 年版。
71. 王晓晔:《企业合并中的反垄断问题》，法律出版社 1996 年版。
72. 王先林:《竞争法学》，中国人民大学出版社 2009 年版。
73. 王先林:《知识产权与反垄断法：知识产权滥用的反垄断问题研究》，法律出版社 2008 年版。
74. 王先林:《WTO 竞争政策与中国反垄断立法》，北京大学出版社 2005 年版。
75. 王中美:《并购与反垄断》，上海世纪出版集团、上海人民出版社 2008 年版。
76. 王黎明、沈君:《反垄断：从国别走向世界》，山东人民出版社 2007 年版。
77. 王传辉、葛菲等:《外资并购的反垄断管制》，经济管理出版社 2011 年版。
78. 王传辉:《反垄断的经济学分析》，中国人民大学出版社 2004 年版。

79. 王炳:《反垄断非强制性执法制度与实践分析》，法律出版社2011年版。
80. 王利明:《民法总则研究》，中国人民大学出版社2003年版。
81. 王为农:《企业集中规制基本原理——美国、日本及欧盟的反垄断法比较研究》，法律出版社2001年版。
82. 王长河等译:《日本禁止垄断法》，法律出版社1999年版。
83. 王名扬:《美国行政法》，中国法制出版社1995年版。
84. 卫新江:《欧盟、美国企业合并反垄断规制比较研究》，北京大学出版社2007年版。
85. 徐孟洲:《耦合经济法论》，中国人民大学出版社2010年版。
86. 徐孟洲:《经济法学原理与案例教程》，中国人民大学出版社2006年版。
87. 徐孟洲、孟雁北:《竞争法》，中国人民大学出版社2008年版。
88. 郗伟明:《经济全球化下中国反垄断执法专题研究》，法律出版社2010年版。
89. 徐士英:《竞争法新论》，北京大学出版社2006年版。
90. 许光耀:《欧共体竞争立法》，武汉大学出版社2006年版。
91. 于立、吴绪亮:《产业组织与反垄断法》，东北财经大学出版社2008年版。
92. 尹春梅:《民事抗辩权研究》，知识产权出版社2008年版。
93. 叶军、鲍治:《外资并购境内企业的法律分析》，法律出版社2008年版。
94. 杨建顺:《日本行政法通论》，中国法制出版社1998年版。
95. 中国世界贸易组织研究会竞争政策与法律专业委员会主编:《中国竞争法律与政策研究报告（2011年）》，法律出版社2012年版。
96. 中国世界贸易组织研究会竞争政策与法律专业委员会主编:《中国竞争法律与政策研究报告（2010年）》，法律出版社2010年版。

97. 种明钊:《竞争法》，法律出版社 2008 年版。
98. 种明钊:《竞争法》，法律出版社 2005 年版。
99. 种明钊:《竞争法》，法律出版社 1997 年版。
100. 朱景文主编:《法理学》，中国人民大学出版社 2008 年版。
101. 钟刚:《反垄断法豁免制度研究》，北京大学出版社 2010 年版。
102. 张世明:《经济法学理论演变研究》，中国民主法制出版社 2009 年版。
103. 张杰军:《反垄断、创新与经济发展》，知识产权出版社 2008 年版。
104. 张穹:《反垄断理论研究》，中国法制出版社 2007 年版。
105. 张守文:《经济法理论的重构》，人民出版社 2004 年版。
106. 张千帆:《西方宪政体系》（上册 · 美国宪法），中国政法大学出版社 2000 年版。
107. 张瑞萍:《反垄断法理论与实践探索》，吉林大学出版社 1998 年版。
108. 中国民用航空局政策法规司、航空安全技术中心编:《航空运输业反垄断典型案例解析》，中国民航出版社 2008 年版。
109. 詹昊:《〈反垄断法〉下的企业并购实务：经营者集中法律解读、案例分析与操作指引》，法律出版社 2008 年版。
110. 郑鹏程:《反垄断法专题研究》，法律出版社 2008 年版。
111. 周彧主编:《反垄断法律问题研究》，中国社会科学文献出版社 2007 年版。
112. 周昀:《反垄断法新论》，中国政法大学出版社 2006 年版。
113. 赵旭东主编:《公司法学》，高等教育出版社 2006 年版。

二、中文译著

1. 安德雷斯 · 冯特 · 葛拉雷兹、爱德娜 · 纳瓦罗 · 瓦罗纳等著，解琳、叶军译:《欧盟企业合并控制制度——法律、经济与实践分析》，法律出版社 2009 年版。

2. ［美］爱德华·张伯仑著，周文译：《垄断竞争理论》，华夏出版社 2009 年版。

3. ［美］奥利弗·E. 威廉姆森著，张群群、黄涛译：《反托拉斯经济学——兼并、协约和策略行为》，经济科学出版社 1999 年版。

4. ［法］阿莱克西·雅克曼、居伊·施郎斯著，宇泉译：《经济法》，商务印书馆 1997 年版。

5. ［德］艾哈德著，祝世康、穆家骥译：《来自竞争的繁荣》，商务印书局 1983 年版。

6. ［美］B. 盖伊·彼得斯著，吴爱明、夏宏图译：《政府未来的治理模式》，中国人民大学出版社 2001 年版。

7. ［苏］B. B. 拉普捷夫主编：《经济法理论问题》，中国人民大学出版社 1981 年版。

8. ［日］村上正博著，姜姗译：《日本禁止垄断法》，法律出版社 2008 年版。

9. ［日］丹宗昭信、伊从宽著，吉田庆子译：《经济法总论》，中国法制出版社 2010 年版。

10. ［美］戴维·J. 格伯尔著，冯克利、魏志梅译：《二十世纪欧洲的法律与竞争》，中国社会科学出版社 2004 年版。

11. ［美］E. 博登海默著，邓正来译：《法理学：法律哲学与法律方法》，中国政法大学出版社 2004 年修订版。

12. ［美］E. 吉尔霍恩、W. E. 科瓦西克著，王晓晔注，汤树梅校：《反垄断法律与经济》，中国人民大学出版社 2001 年版。

13. ［美］弗雷德·威斯通、［韩］郑光、［美］苏珊·E. 侯格著，唐旭译：《并购、重组与公司控制》，经济科学出版社 1998 年版。

14. ［日］根岸哲、舟田正之著，王为农、陈杰译：《日本禁止垄断法概论（第 3 版）》，中国法制出版社 2007 年版。

15. [美] 赫伯特·霍温坎普著，许光耀、江山、王晨译：《联邦反托拉斯政策——竞争法律及其实践》，法律出版社 2009 年版。
16. [美] 基斯·N. 希尔顿著，赵玲译，刘凯校：《反垄断法：经济学原理和普通法演进》，北京大学出版社 2009 年版。
17. [日] 金泽良雄著，满达人译：《经济法概论》，中国法制出版社 2005 年版。
18. [日] 金泽良雄著，刘瑞复译：《当代经济法》，辽宁人民出版社 1998 年版。
19. [美] 理查德·A. 波斯纳著，孙秋宁译：《反托拉斯法（第 2 版）》，中国政法大学出版社 2003 年版。
20. [日] 铃木满著，武晋伟、王玉辉译：《日本反垄断法解说》，河南大学出版社 2004 年版。
21. [美] 美国律师协会反垄断分会编，伊莲·K. 格茨主编，李之彦、王涛译：《美国并购审查程序暨实务指南（第 3 版）》，北京大学出版社 2011 年版。
22. [美] 迈克尔·D. 温斯顿著，张嫚、吴绪亮、章爱民译：《反垄断经济学前沿》，东北财经大学出版社 2007 年版。
23. 马西莫·莫塔著，沈国华译：《竞争政策——理论与实践》，上海财经大学出版社 2006 年版。
24. [美] 默里·L. 韦登鲍姆著，张兆安译：《全球市场中的企业与政府》，上海三联书店、上海人民出版社 2006 年版。
25. [德] 曼弗里德·诺伊曼著，谷爱俊译：《竞争政策——历史、理论及实践》，北京大学出版社 2003 年版。
26. [美] 马歇尔·C. 霍华德，孙南申译：《美国反托拉斯法与贸易法规》，中国社会科学出版社 1991 年版。
27. [澳] 欧文·E. 休斯著，彭和平等译：《公共管理导论（第 2 版）》，中国人民大学出版社 2001 年版。
28. [美] 帕特里克·A. 高根著，顾苏秦、李朝晖译：《兼并、收购和公司重组（第4版）》，中国人民大学出版社2010年版。
29. ［美］帕特里克 A. 高根著，朱宝宪、吴亚君译：《兼并、收购和公司重组（第3版）》，机械工业出版社2009年版。
30. ［英］庇古著，金镝译：《福利经济学》，华夏出版社2007年版。
31. ［韩］权五乘著，崔吉子译：《韩国经济法》，北京大学出版社2009年版。
32. ［美］罗伯特·F. 布鲁纳著，张陶伟、彭永江译：《应用兼并与收购》，中国人民大学出版社2011年版。
33. ［美］斯蒂格利茨著，梁小民、黄险峰译：《经济学》，中国人民大学出版社2000年第2版。
34. ［德］沃尔夫冈·费肯杰著，张世明等译：《经济法（第1卷）》，中国民主法制出版社2010年版。
35. ［德］沃尔夫冈·费肯杰著，张世明译：《经济法（第2卷）》，中国民主法制出版社2010年版。
36. ［美］W. 吉帕·维斯库斯、约翰·M. 弗农、小约瑟夫·E. 哈林顿著，陈甬军等译：《反垄断与管制经济学》，机械工业出版社2004年版。
37. ［美］小贾尔斯·伯吉斯著，冯金华译：《管制和反垄断经济学》，上海财经大学出版社2003年版。
38. ［英］约翰·亚格纽著，徐海等译：《竞争法》，南京大学出版社1992年版。
39. ［英］约翰·凯恩斯著，高鸿业译：《就业、利息和货币通论》，商务印书馆1996年版。

三、外文文献

1. Thomas B. Leary, The Essential Stability of Merger Plicy in the United States, 70 Antitrust L. J. 105, 29～30 (2002).

2. David Balto, The Efficiency Defense in Merger Review: Progress or Stagnation, ANTITRUST, Fall 2001, p. 74.

3. Josef Drexl, Real Knowledge Is to Know The Extent of Ones Own Ignorance: On The Consumer Harm Approach in Innovation – related, 76 Antitrust L. J. 677 (2010).

4. Thomas W. Ross & Ralph A. Winter, The Efficiency Defense in Merger Law: Economic Foundations and Recent Canadian Developments, 72 ANTITRUST L. J. 471 (2005).

5. Michael J. Trebilcock, The Great Efficiencies Debate in Canadian Merger Policy, 10 NEW ZEALAND BUS. L. Q. 298 (2004).

6. Neil W. Averitt, Robert H. Lande, Using The "Consumer Choice" Approach to Antitrust Law, 74 Antitrust L. J. 175 (2007).

7. Keith N. Hylton Fei Deng, Antitrust Around The World: An Empirical Analysis of The Scope of Competition Laws and Their Effects, 74 Antitrust L. J. 271 (2007).

8. Timothy J. Muris, The Efficiency Defense Under Section 7 of the Clayton Act, 30 CASE W. RES. L. REV. 381, 420 (1980).

9. Bruce M. Owen, Su Sun, Wentong Zheng, China's Competition Policy Reform: The Anti – Monopoly Law and Beyond, 75 Antitrust L. J. 231 (2008).

10. ICN Merger Working Group: Investigation and Analysis Subgroup, ICN MERGER GUIDELINES WORKBOOK, Prepared for the Fifth Annual ICN Conference in Cape Town, April 2006.

五、博士学位论文

1. 吴宏伟:《论竞争法》,中国人民大学 1999 年博士学位论文。

2. 何然:《经营者集中审查中的买方力量研究》,中国人民大学 2010 年博士学位论文。

3. 金俊镐:《中韩反垄断法中企业合并制度的比较研究——以企业合并申报审查制度为视角》，华东政法大学 2010 年博士学位论文。
4. 王仁富:《中国竞争法律体系及其协调性研究》，安徽大学 2010 年博士学位论文。
5. 王小梅:《反垄断司法审查管辖研究》，中国社会科学院研究生院 2010 年博士学位论文。
6. 金善明:《竞争法法益研究》，中国人民大学 2009 年博士学位论文。
7. 张伟:《公司并购的反垄断监管制度研究》，复旦大学 2009 年博士学位论文。
8. 王彦芳:《开放经济条件下企业并购的反垄断规制》，山东大学 2009 年博士学位论文。
9. 李俊峰:《私人实施反垄断法研究》，华东政法大学 2007 年博士学位论文。
10. 李剑:《反垄断法立法价值的冲突与选择》，吉林大学 2007 年博士学位论文。
11. 徐士英:《日本反垄断法的理论与实践研究》，中南大学 2006 年博士学位论文。
12. 曾宏伟:《国际反垄断法研究》，中国人民大学 2005 年博士学位论文。
13. 刘和平:《欧盟并购控制法律研究》，华东政法大学 2005 年博士学位论文。
14. 李钟斌:《反垄断法的合理原则研究》，西南政法大学 2002 年博士学位论文。
15. 林新:《企业并购与竞争规制》，中国社会科学院研究生院 2001 年博士学位论文。

后　记

本书是在我博士论文的基础上修订完成。此刻，最想表达的当然是感激之情。

感谢我的博士生导师吴宏伟教授。恩师引领我进入博士之门，学习上严格要求，生活上关心有加。我学业的点滴进步都凝结着恩师的智慧和劳动。在本书选题、写作过程中，从理论观点到篇章结构，恩师都进行了悉心指导与点拨。恩师严谨的作风、渊博的知识、精到的见解、豪爽的性格、乐观的精神，更是我求学与做人的榜样。

感谢我的博士后导师、恩师魏礼群院长。魏礼群院长曾任国务院研究室党组书记、主任，国家行政学院党委书记、常务副院长。在北京师范大学中国社会管理研究院从事博士后研究期间，魏礼群院长的“学高为师，行为世范”的人格魅力、“老骥伏枥，志在千里”的责任担当，时刻警醒着后辈们在“教学、科研、资政、合作”的道路上努力进取。

感谢我的硕士生导师、授业恩师人民大

学史际春教授。史师是我经济法的入门恩师。史师高尚的人格及深邃的学问，鼓舞着我继续踏上深造之路；史师博大精深、经世济民的学术思想，让学生受益良多。史师多年来的指导、帮助、支持和鼓励，成为我完成学业继续前行的重要动力。

感谢人民大学经济法教研室的刘文华教授、徐孟洲教授、王欣新教授、朱大旗教授和刘俊海教授，感谢各位恩师的传道授业解惑与关心支持帮助。感谢人民大学经济法教研室王宗玉副教授、孟雁北副教授、宋彪副教授、杨东副教授、姚海放副教授、徐阳光副教授等全体老师。各位老师的指导帮助和学术思想，将是一生弥足珍贵的财富。

感谢北京大学刘瑞复教授、中国人民大学吴汉洪教授、北京交通大学张瑞萍教授、中国计量学院王艳林教授、中国社会科学院王晓晔教授、对外经济贸易大学黄勇教授、中国政法大学时建中教授、北京大学张守文教授、首都经贸大学王雨本教授。感谢博士论文校外评阅老师北京大学盛杰民教授和中国政法大学刘少军教授的悉心评阅与指导。感谢攻读博士学位期间的各位师长、各位教授的直接或间接的指导帮助，惠我良多。

感谢硕士同学兼好友的李业顺博士，李业顺博士在学习、生活等方面均给予宝贵的支持与帮助。感谢同学兼好友的侯仰坤博士、李永贞博士、余瑞涛先生等一直以来的关心支持帮助。感谢博士同学张弛、陈小东、赵忠龙、蔡云红、李培华、李伟舜、胡延玲、杨晖、陈鑫艳、亢力、吴爱萍、李劼、林红珍、林子程等诸位同学的相互鼓励与帮助。

感谢北京师范大学中国社会管理研究院直属党总支书记兼副院长赵秋雁教授的支持与帮助；感谢石新中博士、鲁智勇博士、刘耀辉先生、许崇苗博士、郗伟明博士、金善明博士等诸位同门师兄、师姐的关心帮助；感谢黄尧、谭袁、胡润田、黄令、王辉霞、廖娟等诸位师弟、师妹的支持协助。感谢中国人民大学教务处刘东风博士的真诚帮助。

感谢北京物资学院王旭东校长、李石柱书记，感谢北京物资学院劳动科学与法律学院院长尚珂教授等领导、同事的帮助；感谢山东省七五生建煤矿等诸位领导、同事、朋友的真诚关心、支持与帮助。

感谢我的父亲吴庆科先生和母亲于瑞英女士，父母赐予我生命，养育我成人，关心我成长。母亲于2009年岁末仙逝，生死相隔的伤痛梦里梦外刻骨铭心，这是子欲养而亲不在的巨大痛楚！祈愿母亲大人天堂安息！感谢我的诸位兄姐，在我求学与工作之途中替我承担了更多奉养老人的义务。感谢我的爱人邹皆艳女士与爱女吴苑小朋友，亲人的温暖与鼓励是人生前进的重要力量源泉。

吴长军

2014年9月